刑事訴訟法
の基本 ［第2版］

中川孝博 著 Nakagawa Takahiro

法律文化社

第2版 はしがき

　初版を刊行して5年が経ったため、この間の動きをフォローした。具体的には、❶2021年少年法改正の内容を反映させた。❷2022年刑法等改正の内容を反映させた。❸初版刊行以後に出された判例を盛り込んだ。❹葛野尋之・中川孝博・渕野貴生編『判例学習・刑事訴訟法［第3版］』（法律文化社、2021年）に合わせて判例の番号を改めた。❺学生の反応を踏まえ、いくつかの箇所につき、より教育効果が上がるよう表現を修正した。❻誤字を修正した。

　2020年に新型コロナウイルスの感染が拡大し、大学の授業は変容を迫られた。幸い、本書初版が前提としていたアクティブラーニング型授業のスタイルは、遠隔授業の形態においても維持することができた。実践の詳細は、中川孝博「ウィズコロナ時代の実定法解釈学授業」石田倫識ほか編『大出良知・高田昭正・川崎英明・白取祐司先生古稀祝賀論文集　刑事法学と刑事弁護の協働と展望』（現代人文社、2020年）858頁をご参照いただきたい。教育効果の上がるこの授業システムが法学の世界においても普及することを夢見ている。

　2023年3月　　　　　　　　　　　　　　　　　　　　　　　　　中川　孝博

はしがき

　経済格差の拡大、18歳人口の激減、高等教育の変革を迫る圧力の増大、文系バッシング——このような時代の中にあって実定法解釈学の授業をどのように変えるべきかを考え、私見を公表してきた（拙著『法学部は甦る！（上）』［現代人文社、2014年］等参照）。本書は、授業のあり方に関する私見に基づいて執筆した、ニュータイプの教科書である。以下のような特色を持つ。

　第一に、高等教育改革の要請に応え、アクティブラーニング型授業での使用に耐えるものにした。本書を用いた授業時間外学修が容易にできるよう、講義動画を YouTube にアップし、基本的知識の理解・定着を図る「これだけは！シート」を web ページ（www.nakagawatakahiro.com）にアップしている。本書と合わせてこれらのマテリアルを活用することにより、反転授業を行うことが容易にできる。もちろん、一方通行型の授業であっても、本書や関連マテリア

ルは学生の自習に役立つだろう。

　第二に、不況対策である。経済的理由により長距離通学を余儀なくされる学生が増えている。分厚い六法と判例学習教材のみならず、分厚く重い教科書（頁数に比例して価格も高くなる）まで持たせて通学させるのは気の毒である。何とか頁数を少なくして持ち運びやすくし、かつ、価格を下げねばならない。しかし教科書の質を落とすわけにはいかない。そこで、❶条文の多くは条数を掲げるにとどめ、文言の参照は六法に委ねた。❷紹介する判例は原則として最高裁判例に限り、かつ、詳細な検討は判例学習教材に委ねた。❸学説は原則として判例を正当化するもの１つとそれに対抗するもの１つを紹介するにとどめ、それ以上の事柄についてはwebページに掲載している「文献ガイド」に盛り込むことにした。このように多くをアウトソーシングした結果、300頁弱のボリュームに抑えると同時に初学者の学修を容易にし、司法試験の準備にも使えるだけの情報量も確保できた。

　第三に、文系の学問にふさわしく、紙幅の許す限り私見を入れてみた。常識を破壊する物の見方に触れて対峙することにより、人間・社会を見る眼を豊かにしていくというのが文系学問の普遍的な学び方であろう。条文・判例を紹介するだけの教科書では学修者の思想を深めることはできないし、己の思想を鍛えるよう学修者に指示しておきながら、執筆者の思想は示さないのは背理である。

　私見の基盤となるものの見方は「訴訟関与者のコミュニケーションの適正化」である。応訴強制され、裁判の結果を自己決定できない被告人が、主体性を害され、個人の尊厳を傷つけられないよう、他の訴訟関与者とのコミュニケーションの適正化が図られねばならない。このようなものの見方を事実認定の場面に適用した報告を日本刑法学会で行ったことがある（拙著『刑事裁判・少年審判における事実認定』［現代人文社、2008年］289頁に、その内容が掲載されている）が、本書ではこれを刑事手続の全場面に適用し、個々の解釈論に反映させてみた。1990年代末期から現在に至るまで、効率性を重視した刑事訴訟法の改正が幾度も行われている。刑事手続に限らず時代の風潮は効率性の重視に傾いているが、効率性の追及にはヒューマニティの破壊という弊害が伴いやすい。他の領域ではこの弊害を弾劾する理論が多数出ている。刑事手続の領域において同種の理論を提示することには意味があると信じている。

　本書の刊行にあたり、学部時代から指導を賜っている村井敏邦先生に感謝申し上げる。村井敏邦編著『現代刑事訴訟法』（三省堂、1990年）の刊行と同時に村井ゼミに所属した私は、この名著が絶版になっていることをずっと残念に思ってきた。本書を後継の書にするという強い想いがあったのだが、浅学の故、結果が伴わなかったことを申し訳なく思う。また、本書は國學院大學2017年度国内派遣研究の成果である。まとまった研究を行う機会を与えてくださった國學院関係者のみなさまに感謝申し上げる。最後に、編集の労をとっていただいた法律文化社代表取締役社長の田靡純子さんに御礼申し上げる。田靡さんは、大学の教育改革に対し出版社がどのようなアシストをすべきかについて真摯に考え続けていらっしゃる方である。本書を2016年12月に構想してからわずか16か月で刊行できたのは、ひとえに田靡さんのご尽力によるものである。

　　2018年３月　　　　　　　　　　　　　　　　　　　　　　　　　中川　孝博

目　次

7章　第一審公判①：公判概説

8章　第一審公判②：証拠能力その1

本書の使い方

1．本書とリンクしている web ページの把握

最初に、本書と併用して活用する web ページにアクセスしてほしい。

❶「音楽と刑事法の研究所」 https://www.nakagawatakahiro.com にアクセス

❷「刑事法」タブをクリックし、「刑事訴訟法の基本」ページにアクセス

この「刑事訴訟法の基本」ページの主要コンテンツは、「レクチャー動画」、「これだけは！シート」、「学修ガイド」である。以下の説明中に登場するので実物を確認してほしい。

2．本書の構造の把握

本書は頁数を節約するため、中扉を挿入せず、大見出しや中見出し等を柱（ヘッダー）にしか示していない。そこで、勉強する際にはまず「目次」と「本書の構造」（xii～xiv頁）を開き、今回勉強する領域について書かれてある箇所やその前後を読み、全体の中でどのような位置にあるのかを把握してほしい。

3．レクチャー動画を活用した勉強

構造を把握したら、本書を読み進めてほしい。「はしがき」に書いたように、条文の文言を直接引用していない箇所が多いので、六法で丁寧に条文を確認してほしい。また、判例も主要判例の結論しか紹介していないので、お手持ちの学習用判例教材で事案の概要等を確認してほしい。学習用判例教材はお好みのものや大学の授業で指定されたものをお使いいただければよいが、お好みのものがなかったり授業で指定されていなかったりする場合は、葛野尋之＝中川孝博＝渕野貴生編『判例学習・刑事訴訟法［第3版］』（法律文化社、2021年）を利用してほしい。本書とぴったりマッチした内容である。

本書の文章は論文に近いスタイルにしてある。大学で本格的に研究活動を行うためには大量の論文を読みこなす必要があるが、論文は学習者にわかりやすく色付けされたり、セクションが細かく分けられたりしていないので、初学者には壁となる。この壁を少しでも低くするために、本書で慣れてもらおうとしているのである。

そのため、レクチャー動画を用意し、本書を正確に読めるようアシストしている。本書のテクストを用い、さまざまな色付けを施して講義をしているので、「これは重要キーワードだな」、「ここで意味段落が変わるんだな」などと意識しながら聴いてほしい。文章をより理解できるだけでなく、専門論文の読み方（文章の構造の解析方法）に

ついて多くのヒントをつかむことができるだろう。ただし、レクチャー動画で行っている多彩な色付けをあなた自身でも行いなさいと示唆しているわけではない。それは煩瑣にすぎ、学修よりも作業の時間の方が長くなってしまう。レクチャー動画を参考にしつつ、自分なりの色付け方法を編み出してほしい。レクチャー動画における色付けの意味は以下のとおりである。

> 紫マーカー：条数や条文の文言
> 青マーカー：重要キーワードや論点名
> 緑マーカー：キーワードの定義や、条文の解釈論
> 赤マーカー：強調ポイント
> 黄マーカー：判例の出典
> 黄の雲枠　：判例について言及した箇所
> 青枠　　　：当該主張の論拠
> 赤枠　　　：当該主張に対する批判
> 赤線　　　：話題の変わり目
> 黒線　　　：一つの話題の中での小さな変わり目
> 赤丸　　　：❶❷❸、ａｂｃなどの箇条書き番号や、「第一に」「第二に」「第三に」

　なお、大学の授業によってはこのレクチャー動画の用い方を指定されることがありうるので、教員の指示に従ってほしい。例えば私の授業では、レクチャーはこの動画に全て委ね、授業時間中は、動画や本書によって得た知識をグループで確認したり、得た知識を用いて実務上の問題の解決を図るグループ・ディスカッションをしたりすることに全てを費やす。いわゆる反転授業形式である。

4．「これだけは！シート」による基本知識の整理
　webページ内に置かれている「これだけは！シート」は、本書やレクチャー動画で説明した基本的知識を整理するノートである。うまく活用してほしい。
　ちなみに、私の授業では、「これだけは！シート」を事前に提出した者だけが授業時間中のグループ・ディスカッション等に参加できる。したがって、学生はしっかりと自習せざるをえないし、かつ、しっかりと自習した者だけによるディスカッションとなるので生ぬるい授業にならないというメリットがある。

5．「学修ガイド」による学修の深化
　「はしがき」にも書いたように、学説や判例の詳細を本書は紹介していない。また、取り上げた事項も、司法試験や法学検定試験で出そうなものを優先させたので、各種試験には出そうもないが理論的な観点や実務的観点からは重要といえる論点を取り上げる

ことが十分にできなかった。そこで、さらに学修を深めたい方のために、参考文献や関連論点を紹介する「学修ガイド」を web ページ内に置いている。ぜひ活用されたい。

　なお、参考文献については、主要論文を漏れなく紹介するのではなく、主要論文を漏れなく取り上げている最新の論文を数点紹介するという形をとっている。みなさんはその論文をまず入手し、引用されている論文群をさらに検索・入手してほしい。いわゆる芋づる式検索という手法である。オンライン・データベース等で網羅的に検索すると、膨大なデータが出てきて、初学者には収拾がつかなくなる。まずは芋づる式検索をお勧めする。

本書の構造

　本書は以下のような流れで進んでいく。全体の構造を把握して学修してほしい。なお、初学者が後回しにしたほうがよい箇所は網かけにしてある。

　序では、文系学問の一つである刑事訴訟学を学ぶ意義（【001】）、学修の対象（【002】）、基本的視点（【003】）を簡単に述べている。

　刑事手続は起訴前手続から始まる。1～4章で扱う。起訴前手続における捜査機関の活動は捜査と呼ばれるが、この捜査に関する基本的知識を1章でまず仕込もう。I【004】【005】では捜査の定義を学ぶ。II【006】では捜査機関に関する基礎知識を学ぶ。III【007】では捜査機関が守らねばならない7つの原則を簡潔に説明する。IV【008】～【012】では、7原則の中から実務上とりわけ問題となることの多い強制処分法定主義（および捜査比例原則）を取り上げ、詳細に検討する。V【013】～【018】では、捜査の端緒を検討する視点（【013】）を得た後、検討すべき点の多い行政警察活動（【014】～【016】）と告訴（【017】）を取り上げて詳細に学ぶ。実際の世界では捜査の端緒を得てから捜査が行われるわけだが、捜査の端緒にまつわる論点を検討するためには捜査の知識が必要なので、ここに配置した。なお、罪数の知識が必要な論点がこれ以降断続的に登場するので、【018】で罪数上の用語を簡単に説明している。

　2章では、捜索、差押などの対物的強制処分を学ぶ。まず刑訴法に明文規定のある対物的強制処分をI【019】で学んだ後、II【020】～【024】において、規定の解釈やあてはめに関する基本論点を学ぶ。論点群は、令状主義を規定する憲35の構造に沿って整理してある。その後、応用問題として、強制処分法定主義や令状主義と衝突しうる要素を多数有する通信傍受（III【025】～【027】）と強制採尿等（IV【028】～【031】）を検討する。

　3章では、逮捕・勾留という対人的強制処分を学ぶ。まずI【032】～【034】において、身体不拘束原則、捜査と拘禁の分離原則、令状主義という大原則を拠り所にして刑訴法の規定の特徴を大きく掴む。その後、II【035】～【039】において刑訴法の規定を一通り学ぶ。さらに、これら規定の解釈やあてはめに関して論点となっているものをIII IV Vで学ぶ。III【040】～【042】では、IV Vで取り上げるもの以外の論点を扱う。IV【043】～【047】では、身体拘束下における被疑者取調に関連する論点を扱う。便宜上、起訴後においても問題となる司法取引の説明も入れている（【047】）。V【048】～【051】では、事件単位原則に関連する論点を扱う。

　4章では、まずⅠⅡⅢⅣ【052】〜【057】において、起訴前段階における被疑者の防御手段を学ぶ。便宜上、起訴後にも問題となる自己負罪拒否特権や刑事免責制度の説明も入れている（【054】）。最後に、捜査の終結に関連する知識を得る（Ⅴ【058】【059】）。

　起訴前のステージを終えると、検察官による公訴の提起がなされる。5・6章において公訴の提起・追行を学ぼう。5章のⅠでは、公訴提起の意味（【060】）と基本ポリシー（【061】）を仕込んだうえで、権限濫用に対する対応策について学ぶ（【062】【063】【064】）。Ⅱでは、起訴の方式（【065】）について学び、【066】において起訴状記載事項に関する基礎知識を得た後、起訴状記載事項のうちとりわけ重要な訴因の明示の問題（【067】）と起訴状一本主義の問題（【068】）を検討する。起訴によって生じる効果についても学ぶ（【069】）。Ⅲでは、公訴提起を有効にする条件である訴訟条件について詳細に学ぶ。【070】〜【072】で基礎知識を得た後、論点の多い公訴時効につき詳細に検討しよう（【073】〜【075】）。
　ところで、公訴提起の際に設定された審判対象（訴因）や争点等が訴訟の進行に伴い変動することがある。6章ではそのような事態に関する処理方法を学ぶ。Ⅰ【076】で訴因変更の基礎知識を仕込んだ後、訴因変更の要否（【077】）、争点変更（【078】）、罰条変更（【079】）を検討する。その後、ⅡⅢⅣ【080】〜【089】でさらに複雑な論点を検討する。

　公訴の提起がなされると、ステージは第一審公判に移る。7〜11章で扱う。7章のⅠにおいて、まず公判手続の規定（【090】）や原則（【091】）を仕込む。イレギュラーな手続である即決裁判手続等もあわせて学んでおこう（【092】。略式手続もあるが、これは【162】で学ぶ）。Ⅱでは、公判をつつがなく進めるための準備手続について学ぶ。【093】で基本的知識を仕込んだ後、被告人にとってとりわけ重要なイシューである保釈（【094】）と証拠開示（【095】）を学ぶ。そのうえで、証拠開示に関する手続を含む公判前・期日間整理手続を学修しよう。従来型の準備手続（【096】）と比較しながら公判前・期日間整理手続のありようを検討してほしい（【097】〜【100】）。

　8〜11章では、「証拠法」と呼ばれる領域を扱う。8・9章は、公判廷で取り調べられる資格を意味する証拠能力を扱う。8章のⅠ【101】で証拠能力について概説した後、証拠能力の3類型のうち自然的関連性（【102】）と法律的関連性（【103】〜【105】）の基礎知識を得る。法律的関連性の中には伝聞法則という超重要な法則があるので、ⅡⅢ【106】〜【119】において詳細に検討しよう。
　9章は証拠能力の3類型のうち証拠禁止を扱う。証拠禁止に属する二大法則である違法収集証拠排除法則（Ⅰ【120】）と自白法則（【121】）の基礎知識を得た後、これら法則のあてはめについて検討する（Ⅱ【123】【124】、Ⅲ【126】【127】【128】）。なお、こ

のあたりで自白という言葉を正確に理解しておく必要があるので、Ⅲ【125】で解説する。また、同じく証拠禁止に属する「余罪と量刑」という問題についてもここで扱う（Ⅰ【122】）。

　自白については、証明力を制限する補強法則というルールがあるので、10章のⅠ【129】【130】、【131】～【133】で学ぼう。本章ではさらに共犯者供述の取扱というイシューも扱う（Ⅱ【134】【135】【136】）。これまで学んできた基本ルールの修正を迫る点が多いので、応用問題として検討しよう。

　第一審公判を扱う最後の章となる11章では、証明や事実認定について学ぶ。Ⅰ【137】において事実認定に関する基本原則を学び、【138】で証拠評価方法に関する基礎知識を得た後、証明に関する用語（Ⅱ【139】）、証明の方式（【140】）、証明の必要（【141】）、証明責任（【142】）について詳しく検討する。Ⅲでは裁判の意義についてまとめて学ぶ（【143】【144】【145】）。

　裁判に不服がある場合は上訴する。そこで12章では上訴について学ぶ。Ⅰ【146】で上訴について大まかな知識を仕入れ、【147】で上訴のあり方に関する基本的な視点を得た後、世間で話題となることの多い控訴（Ⅱ【148】【149】）、上告（【150】【151】）についてやや詳しく学ぶ。

　さて、裁判が確定すると一定の効力が生じる。13章では確定裁判の効力について学ぶ。Ⅰ【152】で裁判の効力につき大まかな知識を得た後、【153】で一事不再理効、Ⅱ【154】で拘束力、【155】で執行力を学ぶ。なお、未確定ではあるが同じく裁判の効力に関する領域ということで、上級審の裁判の拘束力も【156】において学ぶ。

　14章では、判決が確定した後の非常救済手段について学ぶ。Ⅰ【157】～【159】において非常救済手続につき大まかな知識を得た後、Ⅱ【160】【161】において、実務で争われることの多い435⑥の解釈論を検討する。

　15章では、訴訟関与者・機関に関する概念や規定を整理する。Ⅰでは被疑者・被告人（【162】。略式手続の説明も便宜上行う）、被害者（【163】）、救援者（【164】）を学ぶ。Ⅱでは弁護人（【165】）、検察官（【166】）、裁判所・裁判官（【167】）、裁判員制度（【168】～【171】）を学ぶ。

凡　例

1．法令および法令名の略語

＊法令は、以下のような略語を用いて表記した。

条	：算用数字	項	：ローマ数字	号	：丸囲み算用数字
前段	：「前」	後段	：「後」	柱書	：「柱」
本文	：「本」	但書	：「但」		

＊刑事訴訟法（昭和23年法律131号）は条数のみを記した。ただし、附則を挙げる際には、「附則」と記している。

＊その他の法令名については以下のように略記した。

確記：刑事確定訴訟記録法
覚取：覚せい剤取締法
規　：刑事訴訟規則
旧　：旧刑事訴訟法（大正11年法律75号）
刑　：刑法
警　：警察法
警職：警察官職務執行法
憲　：憲法
検　：検察庁法
検審：検察審査会法
交即：交通事件即決裁判手続法
公犯：人の健康に係る公害犯罪の処罰に関する法律
国賠：国家賠償法
裁　：裁判所法
裁員：裁判員の参加する刑事裁判に関する法律
自規：市民的及び政治的権利に関する国際規約
児買：児童買春、児童ポルノに係る行

為等の規制及び処罰並びに児童の保護等に関する法律
児福：児童福祉法
銃刀：銃砲刀剣類所持等取締法
少　：少年法
通傍：犯罪捜査のための通信傍受に関する法律
道交：道路交通法
地公：地方公務員法
犯捜：犯罪捜査規範
被収：刑事収容施設及び被収容者等の処遇に関する法律
被収規：刑事施設及び被収容者等の処遇に関する規則
被保：犯罪被害者等の権利利益の保護を図るための刑事手続に附随する措置に関する法律
被補：被疑者補償規程
弁　：弁護士法
法支：総合法律支援法

麻　：麻薬及び向精神薬取締法　　　　　　精神薬取締法等の特例等に関す
麻特：国際的な協力の下に規制薬物に　　　　る法律
　　　係る不正行為を助長する行為等　　民　：民法
　　　の防止を図るための麻薬及び向　　民訴：民事訴訟法

2．判　　例

＊判例は以下のように略記した。

　　　最高裁判所平成16年 7 月12日決定　　→　　最決平16・7・12

　　　最大判：最高裁判所大法廷決定　　　　　最大決：最高裁判所決定
　　　最判　：最高裁判所判決　　　　　　　　最決　：最高裁判所決定
　　　高判　：高等裁判所判決　　　　　　　　高支判：高等裁判所支部判決
　　　地判　：地方裁判所判決　　　　　　　　地支判：地方裁判所支部判決
　　　地決　：地方裁判所決定

＊オンラインデータベース等が発達し、判例検索が容易になったため、掲載誌名、掲載
　号数、掲載頁等は省略した。

＊葛野尋之＝中川孝博＝渕野貴生編『判例学習・刑事訴訟法』（法律文化社）に紹介さ
　れている判例については、以下のように番号を記した。

　　　10　　　　　『判例学習・刑事訴訟法［第 3 版］』10番の判例
　　　10c　　　　『判例学習・刑事訴訟法［第 3 版］』10番の「コメント」に登場する判例
　　　2-10　　　『判例学習・刑事訴訟法［第 2 版］』10番の判例
　　　1-10　　　『判例学習・刑事訴訟法［第 1 版］』10番の判例

＊葛野尋之＝中川孝博＝渕野貴生編『判例学習・刑事訴訟法』（法律文化社）を「判学」
　と略記することがある。

刑事訴訟法の基本

【001】 刑事訴訟法学を学ぼう

　与党、与党所属者の多い内閣、行政諸官庁、裁判所などの考えが絶対的に正しく、彼らが目的としているものを達成するために有用な手段を考えるだけでよいのであれば、文系（人文社会系）の学問はいらない。文系の学問は、既存の価値を批判して新しい価値を創造するところにその真髄がある。

　したがって文系の学問は、新しい価値など創造されては困る人や機関から「役に立たないから潰してしまえ」と攻撃される宿命を負っている。そのような攻撃をする人や機関は、どのような立場にあり、何を目的としているのか、よく見極める必要がある。よく見極められるようになるためには、文系学問の世界に飛び込み、知識や技術を修得するのが一番の近道である。

　刑事訴訟法学もまた、文系の学問である。刑訴法は、犯罪者を迅速に処罰して社会の平安を取り戻す役割を果たすが、政治的に濫用される危険もまた有している。独裁政治を時の政権が狙う場合、刑訴法を改悪し、警察権限を強化するなどして市民の抵抗を無化しようとするから注意が必要である。健全な民主主義を維持し、自由主義を守るために、多くの市民が刑訴法について確固たる知識と物の見方を身に付けてくれることを願っている。

【002】 刑事訴訟法学の対象

　犯罪・犯人・刑罰を確定させる手続を規定するのが刑訴法である。これから刑訴法を学んでいくにあたり、以下の3つの対象を明確に区別して検討するぞ、と意識しておくとよい。第一に、「書かれた法」である。法律等に規定されているテキストのことを意味する。第二に、「生きた法」である。書かれた法を実際に解釈し、運用している実務世界のことを意味する。判例もこれに含まれる。第三に、「あるべき法」である。生きた法に問題があればそれを批判して新たな解釈を提唱する。どのように解釈しても問題が解消されない場合には、書かれた法自体を批判して法改正を提唱する。逆に、生きた法に問題がないと考えるのであればそれを正当化し、別の解釈や立法論を批判する。

　書かれた法や生きた法を知っているだけの者は、単なる物知りハカセにすぎない。書かれた法や生きた法を学びながらあるべき法を考えていくことによって、あなたの物の見方は成長していく。

　刑事訴訟法学の世界では、生きた法とは距離をおいたあるべき法を提唱すると、すぐに「実務には役立たない」、「実務を知らない者の遠吠えに過ぎない」などと罵倒される。しかし、そのような罵倒にめげてはいけない。「理想的な熟議は、……現実に行われる意思形成を市民自身が反省的にとらえ返すための参照基準を与える。現実のコミュニケーションは参加者による実際の受容を見込めそうなものに端から傾き、（一見そう思われないとしても）受容可能であるものが視野から失われることがある。理想的な熟議を参照することは、現実の条件として自明視されている事柄から距離をとり、異なった視点からそれをとらえ返すチャンスを市民に提供する」（齋藤純一、2017）――これが熟議デモクラシーの肝であることを忘れないでほしい。

【003】刑事訴訟法学の基本的視点

　書かれた法、生きた法を分析し、あるべき法を考察するツールとして、刑訴法に対する基本的な物の見方をまずおさえておこう。

　第一に、実体的真実主義という考え方がある。刑事手続は実体的真実（刑法という実体法上の真実）に基づかねばならないという意味である。刑法は、人を殺した者は処罰すると規定している（刑199）。そうである以上、人が殺されたならば犯人を処罰しなければならないのだ。この考え方を優先させる者は、効率よく処罰を確保することを最優先とし、国家の権限を拡大しようとする。

　第二に、適正手続主義という考え方がある。刑事手続は人権の保障に最大限配慮して行われなければならないという意味である。犯人でもないのに犯人と決めつけられ、国家によって人生を破壊させられる悲劇を絶対に生じさせてはならない。この考え方を優先させる者は、人権保障を最優先に考え、国家の権限を縮小しようとする。

　書かれた法は、「事案の真相を明らかに」することや、「個人の基本的人権の保障」を全うすることなどを刑訴法の目的として挙げている（1）。どちらの考え方も取り入れていそうである。そうであるだけに、この条文についてはさまざまな解釈がなされているが、それは、実体的真実主義と適正手続主義のどちらを優先させるかに関する考え方の違いを反映している。

【004】捜査の定義

　刑事手続は捜査から始まる。捜査とは、❶捜査機関が、❷犯罪が発生したと考えるときに、❸公訴の提起・追行のために、❹犯罪の証拠を収集・確保し、被告人となりうる者を発見し、その身体を保全する活動をいう、と定義されてきた。ただし、【005】で述べるように、❷については現在争いがある。

　定義に含まれる4つの要素のうち、さしあたりここでは、主体を定める❶に注目してほしい。被疑者も証拠を収集する活動を行うわけだが、それを捜査とはいわない（179参照）。私人についても、現行犯逮捕の場合にのみ例外的に登場するのみである（213、214参照）。原則として捜査は捜査機関のみが行うものなのである（189Ⅱ、191参照）。捜査機関の行動を規制するためにこの定義はある。

【005】未発生の犯罪に対する捜査

　捜査の定義のうち、❷については争いがある。争いが深刻化したのは、通信傍受法制定の頃、20世紀終盤である。激しく反対の声が挙がったにもかかわらず通信傍受法は1999年に制定され、この捜査手法のみについては、まだ発生していない犯罪についてこれを用いることが可能であると明記された（通傍3Ⅰ②③参照）。これに対し、他の捜査手法全般については明文規定がない。書かれた法（189Ⅱ）は、「犯罪があると思料するとき」に捜査をすべしと規定しているのみである。この「犯罪がある」の解釈が争われているのである。

　生きた法の世界において、「犯罪がある」の解釈を正面から示した判例はないが、おとり捜査（【012】参照）を認める判例を出している（最決平16・7・12 ②）ため、未発生犯罪に対する捜査を認める考えを持っているだろう。高裁の裁判例の中には、犯罪発生前から証拠保全活動としてビデオ録画を行うことを認めた事例判例がある（東京高判昭63・4・1 2-1 ）。

　このような生きた法の世界では、おそらく「犯罪がある」を「犯罪が発生した、または、犯罪が発生する可能性があると捜査官が認知したとき」と解釈するのであろう。そのような解釈をとるべき理由として、犯罪が発生する前から捜査を認める必要性（組織犯罪に対抗し、確実に真相を解明する必要性など）が強調される。

　しかし、必要性だけで特定の解釈が正当化されるものではない。相当性（弊害が生じないことなど）の要求も満たさねばならない。

　未発生犯罪に対する捜査を認めない見解は、この相当性を問題にする。もともと警察作用は、行政警察作用（犯罪の予防・鎮圧）と司法警察作用（犯罪捜査）の2つに分けられていた。戦前の行政警察規則4条は、「行政警察、予防の力及ばずして法律に背く者あるとき、その犯人を探索し、逮捕するは司法警察の職務とす」、すなわち、犯罪発生前は行政警察活動を行って犯罪予防に努め、犯罪が発生してしまった場合は司法警察活動すなわち犯罪捜査を行えと規定していた。行政警察作用と司法警察作用の切り替え時点は犯罪発生だと規定していたのである。そしてそれぞれの作用に与えられている権限は異なっていた。戦前の刑事訴訟法は、警察に強制捜査権限をほとんど与えなかった（私人も行える現行犯逮捕と、逮捕に伴う捜索・差押のみ）が、行政警察活動については行政検束（戦前の行政執行法1Ⅰ参照）などの強制処分を認めていた。そこで当時の警察は、行政警察活動上の強制処分を捜査のために濫用する違法活動を行い、想像を絶するような人権侵害事件が多発したのである。

　戦後を迎え、人権侵害事件に対する反省がなされた。その結果、2つの改革がセットでなされた。第一に、警察に対し強制捜査権限を大幅に与えた。ただし権限濫用を防止するため、裁判官による事前審査をセットにした。第二に、行政警察に関する権限を縮小し、権限濫用の極小化を意図した（例えば警職1Ⅱ、2Ⅲ参照）。

　このような歴史的経緯をふまえると、犯罪発生前の捜査を認めるならば、行政警察作用である犯罪発生前の犯罪予防活動（権限が小さい）と司法警察作用である犯罪捜査活動（権限が大きい）の混同が生じ、戦前とは逆の方向で権限濫用が起きるおそれはないだろうか。また、犯罪発生前の捜査を認めるということはすなわち、犯罪が発生することが予想されながらその犯罪を未然に防ごうとしないことを意味する（犯罪が発生しないと処罰できないため）わけだが、このような活動に相当性は認められるだろうか。

　以上のように相当性に疑問を持つ者は、189Ⅱ「犯罪がある」を「犯罪が発生したと捜査官が認知したとき」と解釈する。

【006】捜査を担当する機関

　捜査を担当することができるのは、司法警察職員、検察官、検察事務官のみである。順番に説明しよう。

　捜査というとまず警察官が脳裏に浮かぶと思うが、実は警察官だけでなく、海上保安官、労働基準監督官、麻薬取締官なども、職務に関連して捜査ができる。そこで刑訴法は、これらの公務員をまとめて「司法警察職員」とネーミングしている（189Ⅰ、190、189Ⅱ参照）。

　警察官には階級がある（警62参照）。このうち一番下の階級である巡査とそれ以外とを刑訴法は区別し、巡査のことを「司法巡査」、それ以外を「司法警察員」と呼んでいる（39Ⅲ参照）。巡査をあまり信用せず、捜査権限を制限しているためにこのような括りが必要となったのである（例えば218Ⅳ参照。捜索・差押等の令状請求権限を巡査に認めていない）。

　次に検察官と検察事務官である。検察官も自ら捜査できる。補助スタッフである検察事務官は検察官の指揮を受けて捜査を行う（191）。

　検察官と司法警察職員は、基本的には対等の立場で補充・協力しあう関係にある（192参照）。歴史的経緯があってこのように規定されている。戦前の刑訴法下では、司法警察職員は検察官の補佐にすぎず、検察官と司法警察職員は上下の関係にあった。検察に権限が集中していたことから権限の濫用が起きたため、権力を分散させるために補充・協力の関係となったわけである。

　もっとも、公訴を提起する権限と義務は検察官のみに与えられているため、司法警察職員が公訴権の適正な行使を妨げるような捜査をしてしまわないよう、3つの指示・指揮関係が認められている。第一に一般的指示権である（193Ⅰ）。捜査の一般的な手続や手法につき準則を定めるという形で検察官が司法警察職員に指示するものである。例えば、検事総長の一般的指示「司法警察職員捜査書類基本書式例」である。捜査官によって作成する書類の書式がばらばらであっては、検察官は迅速にチェックすることができない。そこで基本的な書類につき統一フォーマットを定めているわけである。

　第二に、一般的指揮権である（193Ⅱ）。「交通犯罪の検挙につとめよ」などと一般的な捜査指揮を行うものである。

　第三に、具体的指揮権である（193Ⅲ）。検察官自ら捜査する個別具体的事件

において、捜査の補助をしてもらうのである。

　司法警察職員は、以上の指示・指揮に従う義務がある（193Ⅳ）。懲戒・罷免という制裁を用意して、この義務が果たされるようにしている（194）。

【007】捜査の大原則

　捜査機関は、捜査を行うためにさまざまな権限が与えられている。それらの権限が濫用されないよう、憲法・条約・法律は大原則を7つ規定している。捜査に関する細かな知識をつける前に、まずはこの7原則を一通り頭に仕込んでおこう。そして、細かな知識を勉強していく際には、これら7原則とその知識とを結び付けて理解するよう意識するとよい。

　第一に、捜査比例原則である。捜査の際に用いられる処分は、必要にみあった相当なものでなければならない。必要だからといって何をしても許されるというものではなく、やりすぎてはいけないよといっているわけだ。権限濫用防止が本原則の趣旨である。被疑者をその場に止めて質問をする必要があったとしよう。しかし、その場に止めるために拳銃5発を被疑者に命中させ、下半身不随にさせたとしたら、それはやりすぎとしかいいようがない。このような場合に、「被疑者を止める必要性はあったが、下半身不随にさせたその手段は相当性を欠くので、当該処分は比例原則に違反し、違法である」とあてはめられることになる。比例原則は本当にいろいろな場面で問題になる。

　憲法はこの比例原則を明記していないが、一般条項である憲31によって保障されると解されている。憲31が規定する「法律の定める手続」とは、法律で定めさえすればどんなものでもよいという意味ではもちろんなく、「適正な手続」でなければならない。憲法上明文規定がない原則も、そのような原則がない手続は「適正な手続」とはいえないので憲31が保障しているのだと解釈することによって憲法上に組み込まれるわけだ。なお、刑訴法上は197Ⅰ「必要な取調をすることができる」を縮小解釈して「必要かつ相当な取調（筆者注：捜査のこと）をすることができる」と読み、これが捜査比例原則の根拠規定だと解釈されている。また、比例原則から派生するものとして、捜査はできるだけ任意の処分によるべきであり、強制の処分は避けるべきであるという任意捜査の原則も197Ⅰは規定していると読まれている。

　第二に、強制処分法定主義である。強制処分は刑訴法の定めがないと許されないという原則である。憲法上は比例原則と同様に憲31が根拠条文とされており、刑訴法上は197Ⅰ但に明文規定がある。市民の人権を侵害するような重大な処分の遂行をどこまで捜査機関に認めてよいかは国会が決めるという民主主義的要請、そして、法律に定めることにより、どのような場合にどの程度の人権が捜査機関により侵害されるのかを予測可能とする自由主義的要請から、この原則が設けられている。刑法における罪刑法定主義と同じ趣旨だ。

　この強制処分法定主義については、検討することが非常に多い。【008】以下で詳しく検討しよう。

　第三に、令状主義である。裁判官の（事前）審査により発せられた令状に基づかなければ、強制処分は許されないという原則である。憲法上は憲33、憲35に明文規定がある。なお、これらの条文は「権限を有する司法官憲」が令状を発すると規定している（憲33、35Ⅱ）が、この司法官憲とは裁判官を意味する。刑訴法上は、199や218など、あちこちに根拠規定がある。

　趣旨は、いうまでもなく、捜査機関による強制処分権限の濫用防止である。強制処分法定主義だけではなお足りず、強制処分が必要だと捜査機関が考えたならばその都度、公正中立の立場にある法律家である裁判官が、法律の要件を満たしているか否かを審査するのである。権限濫用に対し非常に憲法が警戒していることがわかる。もちろん、【005】で触れたような警察の権限濫用、【006】で触れたような検察の権限濫用という歴史がその背景にある。

　なお、この令状主義から、事件単位の原則という派生原則が導かれている。逮捕・勾留の効力は令状記載の被疑事実にのみ及ぶという原則である。明文規定はない。【048】以下で詳しく検討しよう。

　第四に、物証中心主義である。捜査は、物証の収集を先に行い、嫌疑の集中できた人について取調をするのが望ましいというポリシーである。憲法上明文規定はないが、憲38を一読してほしい。Ⅰは、供述は強要されない（捜査機関は供述を強要してはならないぞ）と規定している。Ⅱは、供述を強要して自白を得ても証拠として使ってやらないぞ（だから強要しても無意味だからやめておけ）と規定し、Ⅲは、自白しか不利な証拠がない場合には、無罪にするぞ（だから有罪にしたければ、自白だけでなく他の証拠もきっちり収集せよ。テキトーに怪しそう

な人物をとっつかまえてきて拷問かけて自白をとって一丁上がりというお手軽見込み捜
査をするなよ）と規定している。このように３つもの項を設けて取調の適正
化、自白獲得中心の捜査からの脱却を狙っていることから、背景にこの考え方
があることがわかる。

　刑訴法上の規定も確認しておこう。供述を強要されない権利すなわち黙秘権
については198Ⅱ、311Ⅰなどの明文規定がある。強要により得られた自白を証
拠として使ってやらないという規定は319Ⅰにある。自白だけでは有罪にして
やらないぞという規定は319Ⅱにある。

　第五に、身体不拘束原則である。被疑者・被告人が身体を拘束されることは
例外的なことでなければならないという考え方である。自規９Ⅲに明文規定が
ある。被疑者・被告人は、裁判になった場合、検察官と闘わねばならない。身
体が拘束された状態では闘う準備を十分に行うことができないため、このよう
な原則が設けられている。もっとも、この原則を刑訴法が守っているか否かに
ついては争いがある。【033】等で詳しく検討しよう。

　第六に、捜査（取調）と拘禁の分離原則である。取調を行うために身体拘束
を利用してはならないという考え方である。捜査担当機関の手元に被疑者を置
いておくと拷問が加えられてしまうため、それを予防するために設けられてい
る。自規９Ⅲの「逮捕され……た者は、裁判官……の面前に速やかに連れて行
かれる」が根拠条文である。

　身体不拘束の原則と同様、この原則を刑訴法が守っているか否かについては
争いがある。これも【033】等で詳しく検討しよう。

　第七に、関係者の名誉保護原則がある。これは刑訴法上の原則である
(196)。関係者の名誉・プライバシー等を保護する目的で設けられているが、
実はもう１つ、隠された意味がある。196の前身である旧253は、「捜査に付い
ては秘密を保ち被疑者その他の者の名誉を毀損せざることに注意すべし」と規
定していた。この規定を根拠に、捜査関連の情報を一切公開しない「捜査密行
主義」が正当化されたのである。この「秘密を保ち」が196では削られている
ことがわかるだろう。つまり、書かれた法の上では、捜査密行主義は否定され
たのである。

【008】「強制の処分」の解釈

　強制捜査と任意捜査の区別や規制の方法についてもう少し詳しく検討しよう。ここでは、「強制の処分」（197 I 但）の解釈について総論的な説明を行う。

　現行法に明文規定がある強制処分は令状主義の規制を受けるものがほとんど（ただし両者を常にセットとして捉える必然性はない）であり、それらの処分は二重の規制を受けていることになる。これに対し任意処分は、強制処分法定主義や令状主義の規制がかからない。かかってくる規制は比例原則くらいである。したがって、ある処分が強制処分とされるか任意処分とされるかによって、当該処分に対するしばりの強さは全く異なるものとなる。このような問題意識のもと、「強制の処分」の解釈が問題とされてきた。なお、強制処分に該当しなければ任意処分ということになるので任意処分に固有の定義はないとされてきた。

　かつては、❶直接に物理的な力を加える場合（逮捕、勾留、捜索、差押等）または❷相手方に、あることを命じ、法的義務を課す場合（捜査機関は行使できないが召喚、提出命令等）を強制処分と定義していた。しかしこれは、規定があった処分を2つに分類整理したものにすぎない。この解釈では、例えば写真撮影等によるプライバシー侵害を強制処分とすることはできず、不合理と考えられた。そこで別の解釈が必要とされた。

　最高裁が一般的に「強制の処分」の解釈を示したといわれているのは、取調の際に被疑者に対し有形力を行使した事案であった（最決昭51・3・16①）。そこでは、「強制手段とは、有形力の行使を伴う手段を意味するものではなく、個人の意思を制圧し、身体、住居、財産等に制約を加えて強制的に捜査目的を実現する行為など、特別の根拠規定がなければ許容することが相当でない手段を意味するもの」と定義されている。「特別の根拠規定がなければ許容することが相当でない手段」とは、重要な法益を侵害するような手段ということであろう。最近も、最決昭51・3・16の表現を用い、GPS捜査について、「個人のプライバシーの侵害を可能とする機器をその所持品に秘かに装着することによって、合理的に推認される個人の意思に反してその私的領域に侵入する捜査手法」であるから「個人の意思を制圧して憲法の保障する重要な法的利益を侵害するものとして、刑訴法上、特別の根拠規定がなければ許容されない強制の

処分に当たる」と判示した大法廷判決が出された（最大判平29・3・15⑳）。このように、生きた法においては、重要法益侵害行為を強制処分とする解釈が定着している。捜査比例原則による規制（197Ⅰ本）があるわけだから、それでは規制が不十分な場合のみ類型的に法定すれば、強制処分法定主義の趣旨（【007】参照）を満たしている、という理由で多くの者が判例を支持している。

　しかし私は支持できない。法益侵害がある（同意がない等）のに「任意」処分とするのは本来の言葉の意味から離れすぎているし、重要な法益侵害といえるか否かの判断は人によってかなり異なりうる（【009】～【012】で紹介する判例には、刑訴のプロの間でも賛否が分かれるものが多い）。これでは強制処分と任意処分との限界が曖昧になり、捜査官も判断に困るだろう。そして、事件ごとに、処分がなされた後で、裁判になった際に、アド・ホックに、裁判所が適法か否かを判断することになるため、捜査比例原則の適用による事後規制と変わらない。

　それではどう考えるべきか。もともと197Ⅰは、警察に任意捜査の権限すらほとんど認めていなかったのを改め、警察に任意捜査の権限を与えるとともに、警察の権限（任意処分）と予審判事の権限（法定されている強制処分）との棲み分けを明確にするため、大正時代に設けられた、当時の刑事訴訟法254条を受け継いだものである。制定経緯を素直にみる限り、「強制の処分」とは「刑訴法に強制処分として規定されている処分の総称」と形式的に解するのが素直である。また、「任意」という概念を日常用語とは異なる意味で立法者が捉えていたエビデンスは見当たらないため、「対象者の自由意思にまかされていた」という通常の意味で捉えるべきである。

　この私見に最決昭51・3・16①の事案をあてはめてみよう。無令状で呼気検査を行なったり、目的達成のために被疑者の手首をつかんだりすることを認める規定はないので「強制の処分」として行うことはできない。また、被疑者の意思に反しているので任意処分としても行えない。そのため、本件行為は違法である。不当な捜査が行われないための事前規制に重きを置くならば、このようなシンプルな処理のほうが望ましい。この解釈が採用されれば、重要法益侵害の有無だけでなく多種多様な指標に基づき、比例原則による規制では不十分と考えられる様々な措置の法定が促されることとなろう。

【009】判例の判断枠組①：総論

　強制処分に関する判例の枠組を使いこなせない学生が多いので、やや詳しく解説しておこう。判例が積み重ねられてきた現在において、判例の基本枠組はほぼ固まっている。まず、当該処分が一般的に重要な法益侵害をもたらすか否かで強制処分か否かを判断する。任意処分ならば、当該事件の具体的事情に照らして比例原則を満たすか否かを検討する。比例原則のあてはめは当該事件の具体的事情を用いるので、判示を丸暗記するのは危険である。どのような要素を取り上げ、重視・軽視しているかを分析し、参考にするだけにとどめておこう。以下、【010】〜【012】において敷衍してみよう。

【010】判例の判断枠組②：行動の自由や黙秘権を侵害する処分

　よく問題になるのが、取調を目的として行われる任意同行の適法性である。警職法には職務質問のための任意同行を認める明文規定がある（警職2Ⅱ）が、被疑者取調のための任意同行を認める明文規定は刑訴法上にない。しかし実務では、任意取調の根拠規定である198Ⅰ本に基づき、「被疑者の出頭を求め」る一手段として任意同行を認める。意思を制圧するほどの行動の自由侵害があればそれは強制処分たる逮捕であり、違法となる。そこまでの侵害がない場合には任意処分と評価され、比例原則を満たせば適法となる。

　任意同行後に行われる任意取調や、取調のために捜査機関のテリトリーに留め置くことの違法性もよく争われる。意思を制圧するほどの行動の自由侵害があったり黙秘権侵害があったりすれば強制処分であり、違法となる。そうでなく、かつ比例原則をみたせば、198Ⅰに基づく任意取調となる。

　熟読すべき判例は2つある。第一に、任意同行後の取調の際に有形力を行使した事案において「強制手段とは、有形力の行使を伴う手段を意味するものではなく、個人の意思を制圧し、身体、住居、財産等に制約を加えて強制的に捜査目的を実現する行為など、特別の根拠規定がなければ許容することが相当でない手段を意味するものであって、右の程度に至らない有形力の行使は、任意捜査においても許容される場合がある」と判示した判例（最決昭51・3・16［1］）である。これにより、強制処分か否かが判断される。

　第二に、宿泊を伴う長期間の取調が問題となった事案において、「任意捜査

の一環としての被疑者に対する取調べは、右のような（筆者注：最決昭51・3・16が示したような）強制手段によることができないというだけでなく、さらに、事案の性質、被疑者に対する容疑の程度、被疑者の態度等諸般の事情を勘案して、社会通念上相当と認められる方法ないし態様及び限度において、許容されるものと解すべきである」と判示した判例（最決昭59・2・29 5 ）である。比例原則を適用すべきことを示し、かつ、必要性と相当性を衡量する際に考慮すべきファクターを例示している。本決定の枠組を用いて徹夜の取調の適法性を判断した判例（最決平元・7・4 5c ）も合わせて検討されたい。

【011】判例の判断枠組③：プライバシー等を侵害する処分

　写真撮影、ビデオ撮影、通信傍受、X線検査、GPS捜査等がこれまで問題とされてきた。写真撮影を強制処分として行うのであれば、それは検証の手段なので、218Ⅰにより認められる。しかし、無令状の写真撮影を認める明文規定は218Ⅲ（および220）しかない。そこで、写真撮影等を任意処分（根拠条文は197Ⅰ）として行えるかが争われてきた。

　リーディングケースは、無令状の写真撮影を適法と認めた大法廷判決（最大判昭44・12・24 3c ）である。この判決が示した枠組による事例判例もある（最判昭61・2・14 3c ）。もっともこれらの判決は、当該処分を強制処分として認める（超法規的措置または220の類推適用）のか、任意処分として認めるのかを明示しなかったので、理解に混乱が生じた。しかしその後の判例群をみると、重要な法益侵害を伴う場合には強制処分とし、そうでない場合は任意処分と捉えたうえで比例原則違反がないかをチェックするという通常の判断枠組によっていると考えてまず間違いない。

　強制処分と判断したのは以下の判例である。第一に、電話傍受は「通信の秘密を侵害し、ひいては、個人のプライバシーを侵害する強制処分」であると判示した判例（最決平11・12・16 18 ）である。第二に、宅配便の荷物に対し外部からX線を照射して内容物の射影を観察する行為は「プライバシー等を大きく侵害するものであるから」強制処分と判示した判例（最決平21・9・28 19 ）である。第三に、GPS捜査の違法性が争われた事案において「個人のプライバシーの侵害を可能とする機器をその所持品に秘かに装着することによって、合

理的に推認される個人の意思に反してその私的領域に侵入する捜査手法である
GPS捜査は、個人の意思を制圧して憲法の保障する重要な法的利益を侵害す
るものとして、刑訴法上、特別の根拠規定がなければ許容されない強制の処分
に当たる」と判示した判例である（最大判平29・3・15[20]）。最後の判決は、強
制処分を一般的に定義した判例（最決昭51・3・16[1]）の枠組をそのまま用い
ており、プライバシー等を侵害しうる処分についてもこの枠組によって判断す
ることが明らかにされている。

　これに対し、任意処分として適法だと判断したと思われる判例は1つある。
ビデオ撮影行為について「通常、人が他人から容ぼう等を観察されること自体
は受忍せざるを得ない場所におけるものである」ことを指摘するなどして「必
要な範囲において、かつ、相当な方法によって行われた」と評価した判例（最
決平20・4・15[3]）である。重要なプライバシー侵害はないので任意処分と捉
え、かつ、比例原則を満たしていると判断したと思われる。

　このような枠組に沿う限り、多くの事案においては、重要なプライバシー侵
害があったと評価できるか否かが、強制か任意かを分ける決め手となるだろ
う。なお、上記のように電話傍受を強制処分と判断した判例はあるが、その事
案は、電話する両当事者の同意を得ない形態のものであった。これに対し、一
方当事者が同意していたり、一方当事者が秘かに録音し、録音媒体を捜査機関
に提供したりしたような場合は、通信・会話の内容を受け手が漏らす可能性が
常にあることに鑑み、プライバシーがそれほど期待できない状況にあったと捉
えられ、重要なプライバシー侵害はないと判断される可能性がある。

【012】おとり捜査、コントロールド・デリバリー

　おとり捜査とは、捜査機関またはその依頼を受けた捜査協力者が、その身分
や意図を相手方に秘して犯罪を実行するように働きかけ、相手方がこれに応じ
て犯罪の実行に出たところで現行犯逮捕などにより検挙する捜査手法をいう。

　ほとんどの学説は、犯罪実行を働きかけているだけであって自由意思の侵害
はないから任意処分と捉える。したがって、明文規定がなくとも、197Ⅰ本を
根拠に行うことができる。

　任意処分に対しては、通常は比例原則の規制を受けることになる。しかし学

説は、被疑者等を騙して犯罪を実行させるおとり捜査のダーティーな性格に鑑み、比例原則とは異なる基準を定立しようとしてきた。古典的な基準（主観説）は、機会提供型と犯意誘発型に分け、前者は既に犯意がある者に対し機会を提供しただけだから不公正さは少なく許されるが、後者は犯意なき者に新たに犯意を誘発したわけだから不公正さが際立っており、許されないと考える。

　これに対し、諸事情を比較衡量して判断すべきだとする客観説が有力になってきているが、この説は実質的に、おとり捜査についても比例原則で判断すればよいと主張するものであろう。

　判例は、「少なくとも、直接の被害者がいない薬物犯罪等の捜査において、通常の捜査方法のみでは当該犯罪の摘発が困難である場合に、機会があれば犯罪を行う意思があると疑われる者を対象におとり捜査を行うことは、刑訴法197条1項に基づく任意捜査として許容されるものと解すべきである」と述べた（最決平16・7・12 2 ）。機会提供型の事案であったが、機会提供型か犯意誘発型であったかだけをみて判断しているわけではなく、直接の被害者がいない犯罪であること、摘発の困難性を比較衡量の対象としており、客観説に立つか、あるいは比例原則を適用したようにみえる。

　私自身は、おとり捜査は強制処分であり、かつ個人の尊厳（憲13）、ひいては自由主義を脅かすものであるから法定することも許されないと考えている。自由主義社会に住む人間は、国家によって試されない権利を有していると思う。身分を秘した国家機関から犯罪実行しないかどうか不意に試されることを甘受しなければならない社会は、自由主義社会とはいえない。また、未発生犯罪に対する捜査であるという点からも、認めることはできない。

　なお、被疑者等を騙すという点でおとり捜査と似ている、コントロールド・デリバリーという手法もある。禁制品であることを知りながらその場で押収せず、捜査機関の監視下で流通させ、追跡し、不正取引に関与する人物を特定する手法である。令状に基づき禁制品を抜き取ったうえで入っていた箱などを流通させ、追跡するクリーン・コントロールド・デリバリーと、抜き取らずに追跡するライブ・コントロールド・デリバリーがある。どちらにせよ、特に重要な法益は侵害しておらず、任意処分であり、比例原則を満たせば適法だと一般的に考えられている。

【013】 捜査の端緒を検討する視点

　捜査の端緒とは、「犯罪があると思料」（189Ⅱ）するきっかけのことである。本書では2種について検討する。第一に、行政警察活動が捜査の端緒となる場合である（【014】〜【016】）。不審事由があったので職務質問を開始した（警職2Ⅰ）が、やりとりを深めていくうちに特定の犯罪について嫌疑を抱く、という場合が典型である。行政警察活動が犯罪捜査のために濫用されないよう、法律上の根拠、要件をきっちり画定させねばならない。

　第二に、告訴である（【017】）。親告罪の場合、有効な告訴がないと起訴は違法なものとなってしまう（338④）。そのようなことにならないよう、告訴の意義や要件をしっかり理解する必要がある。

【014】 職務質問の適法性判断

　実務でよく問題となる論点を4つ検討する。第一に、警察官は不審事由のある者を「停止させて」質問することができる（警職2Ⅰ）。ただし「身柄を拘束され、又はその意に反して……連行され、若しくは答弁を強要されることはない」（警職2Ⅲ）とも規定されており、「停止させ」る行為は任意処分である。そこで、この任意の意味が問題となる。停止行為が適法か違法かによって、それに抵抗した市民の行為が公務執行妨害罪（刑95）にあたるか否かが決まるので、この判断基準は重要である。

　この点に関する判例は全て事例判例である。逃走する対象者を追いかけ、背後から手をかけた事案につき、この程度の実力行為に出ることは真に止むを得ないという原判決の判示を正当と述べた判例（最決昭29・7・15）、車の窓から手を差し入れ、エンジンを切った行為について「必要かつ相当」と判示した判例（最決昭53・9・22 6c ）、車のエンジンキーを引き抜いて取り上げた行為について「必要かつ相当」と判示した判例（最決平6・9・16 8 ）がある。これらの事例判例群をみる限り、犯罪捜査の場合と同様の判断枠組、すなわち、重要な法益侵害があるか否かで強制処分か否かを判断し、任意処分の場合には比例原則の適用を行うという判断枠組を採用していると考えてよいだろう。

　この枠組は、警職2Ⅲを手がかりに、刑訴法上の「強制の処分」（198Ⅰ但）ではない行為、すなわち重要な法益を侵害しない行為が警職法上も許容される

とするのが合理的という理由で正当化されている。なお、警職法における比例原則の根拠条文は警職1Ⅱ「目的のため必要な最小限度において用いるべき」である。刑訴法の197Ⅰではない。

　しかし、立法者は質問権限を明示しようとして職務質問の規定を設けただけであり、対象者の自由意思に任されているという通常の意味で任意処分と捉えていた。現在よりも格段に治安の悪かった当時において立法者はそのような決断をしている、現在において異なる解釈をとる合理性はないと思われる。

　第二に、その場での職務質問に問題がある場合には同行を求めることができる（警職2Ⅱ）。警職法上の任意同行である。この同行も任意（警職2Ⅲ参照）なので、警職2Ⅰの「停止させ」る行為と同様の判断枠組によって判断されることになる。逃走する対象者を追いかけ、取り押さえてパトカーに乗せ、連行した行為を違法と判断した判例がある（最決昭63・9・16）。

　第三に、職務質問を続けていくうちに特定の犯罪につき嫌疑を抱くに至った場合の処理が問題になる。特定の犯罪の嫌疑を抱いた時点で職務質問は犯罪捜査たる被疑者取調に切り替わり、根拠条文も警職2から刑訴法の198に移ると考えるべきだろう。したがって、黙秘権の告知が必要となり（198Ⅱ）、任意同行も198Ⅰが根拠条文となる。判例は、任意同行を説得し、6時間半以上も現場に留め置いた措置を違法とした事案において「任意捜査として」許容される範囲を逸脱したと判示している（最決平6・9・16⑧）。

　第四に、職務質問の途中で犯罪捜査に切り替わり、刑訴法上の強制処分を行う準備をするために被疑者を留め置くことは許されるだろうか。最高裁判例はまだないが、強制採尿令状を請求している前後でステージを二分し、令状発付に備えて対象者を警察の手元に留め置いた措置を任意処分として適法とした下級審判例はある（東京高判平22・11・8⑧ｃ、同平21・7・1⑧ｃ参照。神戸地姫路支判令2・6・26はこの「二分論」を批判している）。しかし、強制処分を行うために行動の自由を制限する措置は「特別の根拠規定がなければ許容することが相当でない」（最決昭51・3・16①）処分と評価されるべきであり、令状発付以前の段階については根拠規定がないため認められるべきでない。ただし、被疑者取調等の任意捜査を行う必要性があった場合には、その必要性だけを対象にして比例原則の適用を検討し、相当性を満たす場合に適法とすることができよう。

【015】職務質問に付随して行われる所持品検査

　実務では、職務質問の際に対象者の衣服や所持品を検査している。しかし、所持品検査を認める明文規定はない。判例は、警職2Ⅰを根拠条文としている。「口頭による質問と密接に関連し、かつ、職務質問の効果をあげるうえで、必要性、有効性の認められる行為」であるから、「職務質問に附随してこれを行うことができる」というのである。そして、「捜索に至らない程度の行為」は、「強制にわたらない限り」、「所持品検査の必要性、緊急性、これによって害される個人の法益と保護されるべき公共の利益との権衡などを考慮し、具体的状況のもとで相当と認められる限度においてのみ、許容される」という判断枠組を示した（最判昭53・6・20 7 ）。犯罪捜査において強制と任意を区別する場合と同様の判断枠組であるといってよい。

　所持品検査に必要性、有効性が認められることは確かだが、所持品検査は職務質問そのものではない。そして、警職法は権限濫用の歴史を反省して行政警察活動の権限を縮小し、任意・強制ともに「必要な手段を定め」た（警職1Ⅰ）ものである（【005】参照）。刑訴法（197Ⅰ）とは異なり、任意処分であれば明文規定がなくとも行える旨の規定はない。やはり、新たな立法がない限り、所持品検査は認められるべきではない。なお、所持品検査を認める法案が1958年に国会で審議されたが、反対の声が強く、廃案となっている。最判昭53・6・20は、国会で認められなかった法を創造し、司法の限界を超えたという意味でも批判されるべきである。

　判例については、あてはめの実際についてもよく分析しておこう。とりわけ、捜索に至っているか、強制にわたっているかという第一段階のあてはめをよく検討しておくとよい。バッグのチャックを開披して内部を一べつした措置について「法益の侵害はさほど大きいものではな」いと評価したり（最判昭53・6・20 7 ）、上衣の内ポケットに手を差し入れた行為を「一般にプライバシイ侵害の程度の高い行為」と評価しつつも「捜索に類する」と述べるにとどまった（最判昭53・9・7 73 ）のは妥当か。重要な法益侵害と認める幅が小さすぎはしないか。また、対象者の車の内部を4人の警察官が丹念に調べた行為を違法としながらも、捜索に至ったと評価したからなのか、それとも比例原則違反と評価したのかを明言せず、理由を曖昧にしている（最決平7・5・30 7c ）。さ

らに、鍵のかかったアタッシュケースをドライバーで差し込んでこじ開けたという強烈な事案でさえ、捜索に至っているとは明言せず、刑訴220による逮捕に伴う無令状捜索と「同一視しうる」から適法と判示している（最判昭53・6・20[7]）。しかし、このような類推適用により警察のミスを救済するのは、強制処分法定主義違反である。

　関連して、似たような法律構成を判例がとっている他の問題にも触れておこう。判例は、「停止させ」る行為でなくとも、「職務質問に付随するものとして」一定の措置をとることを認めている（ホテル客室の内ドアを押し開け、足を踏み入れ、内ドアが閉められるのを防止した事案につき、最決平15・5・26[6]）が、それは法的に可能か。所持品検査と同様、職務質問に附随する行為として警職2Ⅰが認めていると判例は解しているのだろうが、職務質問と職務質問に附随する行為とは異なる。

【016】 自動車検問

　警職2Ⅰが規定している不審事由が認められる車両に対し、職務質問のための停止を求めることは当然できる。これに対し、外観上不審事由がない車を、一斉または個別に停止させ質問することは許されるだろうか。明文規定はないが、実務では行われている（いわゆる警戒検問や交通検問）。

　交通検問につき判例は、警職法上の条文を根拠とするのではなく、警2Ⅰが「交通の取締」を警察の責務として定めていることを根拠としたうえで、「相手方の任意の協力を求める形で行われ、自動車の利用者の自由を不当に制約することにならない方法、態様で行われる限り、適法なものと解すべきである」と判示し、任意処分として認めること、および比例原則の適用を受けることを宣言した（最決昭55・9・22[1-9]）。

　しかし、警察法を根拠とすることはできないであろう。警察法は組織法であり、具体的な権限を授権するものではないからである。警職法上に根拠条文が見出せないのであれば、現行法上は認められないというのがもっとも自然な結論である。

【017】告　訴

　告訴とは、告訴権者（230～234）が捜査機関に犯罪事実を申告して訴追を求める意思表示をいう。犯罪事実を申告するだけで訴追を求める意思表示が含まれていない被害届とは区別しよう。各種試験において告訴に関する問題が執拗に出されている。面倒がらずに230～244を丁寧に確認しておこう。ここでは、条文を見ただけではわからない点についていくつか補足説明しておく。

　第一に、親告罪の捜査や告訴期間について。親告罪とは、告訴がなければ起訴できない犯罪をいう。親告罪なのに告訴なく起訴された場合には門前払いされる（338④）。そのため、親告罪の捜査開始時期については議論がある。捜査の利益侵害性に鑑みると、告訴されない限り起訴できない以上、告訴があるまで捜査を待つのが相当ではないか。ただ、迅速に捜査を開始しないと証拠が散逸してしまうかもしれない。そこで実務では利益侵害に注意しつつ緊急の場合には捜査するという方針をとっている（犯捜70参照）。

　親告罪（刑180Ⅰ、209Ⅱ、229、232、244Ⅱ、244Ⅱ・251、244Ⅱ・255、264）の趣旨は各犯罪によって異なり、❶被害者の名誉保護（名誉毀損）、❷侵害法益の軽微性（過失傷害、器物損壊）、❸犯人と被害者の関係の尊重（親族相盗例の一部）の3種類に分けられる。

　これら親告罪については、一定期間内に起訴すべきか否かを確定させねばならない必要から、原則として犯人を知った日から6カ月以内に告訴をしなければならない（235Ⅰ）が、例外も規定されている（235Ⅰ①②）。ただし、公訴時効が完成すれば結局起訴できないので注意しておこう。

　第二に、告訴の効力が及ぶ範囲について。どの人に及ぶかという「主観的範囲」（主観といっても心の中を問題にしているわけではないことに注意）と、事件のどの範囲に及ぶかという「客観的範囲」とに分けて論じるのが通常である。

　主観的範囲については、特定の者を告訴すると当該事件の他の共犯者にも効力が及ぶ（238Ⅰ）。告訴の主観的不可分と呼ぶ。嫌いな人だけを告訴する等のえり好みは許されないわけだ。客観的範囲については明文規定がないが、公訴事実の単一性が認められる（つまり一罪と認められる）範囲と解されている。告訴の客観的不可分と呼ぶ。被害者の意思を尊重することにも限度はあり、告訴権者に事件の分割まで許すべきではないと考えられているのである。

　ただし親告罪については例外を認めるべきだと考えるのが一般的である。主観的不可分についてみると、例えば窃盗被害者と共犯者の一部に親族関係があり、被害者が親族関係にない共犯者のみ告訴した場合、親族の共犯者にまで効力が及ぶとすると、刑244Ⅱの意味がなくなってしまうので相当でない。客観的不可分についてみると、住居侵入のうえ器物を損壊された被害者が、非親告罪である住居侵入のみ告訴したところ、住居侵入と器物損壊は牽連犯（刑54Ⅰ後）であり一罪であるから器物損壊にも効力が及ぶとすると、刑264の意味がなくなってしまうので相当でない。以上のような場合には、不可分の原則を適用しない。

　告訴について一通り学んだら、告発（告訴権者や犯人以外の者が捜査機関に犯罪事実を申告して訴追を求める意思表示）と請求（外国政府や労働委員会など特定の機関が捜査機関に犯罪事実を申告し、訴追を求める意思表示）の規定も確認しておこう（告発について239、238Ⅱ、241、242、243参照。請求について237Ⅲ、238Ⅱ参照）。告訴・告発・請求をしておくと、183、260、261、262の対象となるので、これらも参照のこと。

　なお、刑訴法は、捜査の端緒につき、他に検視と自首についても規定を置いている（検視は229、自首は刑42ⅠⅡおよび刑訴法の245）。確認しておこう。

【018】　一罪とは

　【017】で、告訴の客観的範囲は一罪と認められる範囲だと説明したが、実はこの「一罪」には4種ある。❶構成要件に該当する事実が1回発生する「単純一罪」、❷数個の構成要件に該当するように見えるが実際は構成要件相互の関係で1個の構成要件にしか該当しない「法条競合」、❸数個の単純一罪が存在するがその実質的一体性により1個の罰条だけを適用して処断する「包括一罪」、❹数個の犯罪が成立するが科刑上は一罪として処理される「科刑上一罪」である。❷についてはさらに、特別関係、補充関係、択一関係、吸収関係の4つに細分化される。❹については、1個の行為が2個以上の罪名に触れる観念的競合と、犯罪の手段もしくは結果である行為が他の罪名に触れる牽連犯に細分化される。これらの知識を持っていることを前提として論じるところが多々あるので、今のうちに刑法の教科書をみて確認しておこう。

【019】 物的証拠収集のための強制捜査 （明文規定あるもの）

　はじめに、刑訴法が物証収集のための強制処分（対物的強制処分）としてどのようなものを規定しているか、概観しておこう。

　強制捜査に関する規定の構造は複雑で、初学者は混乱しやすいから、苦難に立ち向かう覚悟を持って進んでほしい。【005】で述べたように、旧刑訴法は捜査機関に強制処分権限をほとんど与えていなかった。強制処分を行うのは、なんと裁判所・裁判官であった。裁判所・裁判官は、捜査段階、（現在は廃止されている）予審段階、公判段階等、さまざまな段階において強制処分を行い得たので、総則の中にまとめて強制処分の規定を置いていた。現行法はこの旧刑訴法の構造を引き継いでしまっている。対物的強制処分についてみると、「第一編　総則」の中に「第九章　押収及び捜索」、「第十章　検証」という章が置かれている。そして、99以下を眺めてみればすぐにわかるが、強制処分を行う主体は「裁判所」となっている。身体拘束処分も含め、捜査機関が行う強制捜査については、各則である「第二編　第一審」「第一章　捜査」で規定を設けてはいるものの、大半を第一編中の条文を準用して済ませている（222、207Ⅰ参照）。

　そこで、捜査機関が行う強制処分について知りたい者は、捜査の章を見るだけでは足りず、第一編の60以下も見なければならない。しかも、❶207Ⅰや222は60以下の規定の全てを準用しているわけではないので、準用している条文と準用していない条文を区別しなければならず、❷準用される規定の中には、捜査機関が行える処分と行えない処分を一緒くたに規定しているものがあるので、準用する部分としない部分をより分けねばならず、❸準用した部分については、「裁判所は」を「検察官、検察事務官又は司法警察職員は」と読み替えたり、「被告人」を「被疑者」と読み替えたりしなければならない。

　不当な強制処分を受けて憤った市民が、抗議するために条文を調べようとしても、以上のような困難が待ち構えている。強制処分法定主義の趣旨の１つである自由主義的要請に鑑みると、刑訴法を開いても条文を発見できなかったり正しく読めなかったりするリスクが高いこの規定の仕方は問題である。

　とはいえ、全面改正されていない現在、この現行法を何とか理解するしかない。頑張ろう。１人では挫けやすいので、志を同じくする仲間と励まし合い、支え合いながら学ぶとよいだろう。

　それではまず、明文規定のある対物的強制処分の種類と定義についてざっくりとみておこう。捜査機関が行う強制処分として捜索、差押・記録命令付差押、領置、検証・身体検査・通信傍受が規定されている。また、捜査機関の嘱託を受けて任意に鑑定を行う者が行える強制処分も規定されている。

　第一に、捜索である（218Ⅰ、220Ⅰ②）。一定の場所、物、身体につき、物または人の発見を目的として行われる強制処分である。「人の発見」という目的が含まれているが、これは被疑者等の身体を拘束するためにその人を探すもの（220Ⅰ①参照）であって、ここだけは対物的強制処分ではないので注意。

　第二に、差押である（218Ⅰ、220Ⅰ②）。他人の占有を排除して物の占有を取得する強制処分である。警察官の家宅捜索を受け、自分が持っていた友人の手紙を持っていかれる場面をイメージするとよい。

　差押にはヴァリエーションがある。「記録命令付差押」（218Ⅰ）である。電磁的記録を保管する者その他電磁的記録を利用する権限を有する者に命じて必要な電磁的記録を記録媒体に記録・印刷させたうえ、当該記録媒体を差し押さえることをいう（99の2参照）。みなさんのメールは、特別な設定をしない限り、PCやスマホには自動的には保存されておらず、別のサーバで保管されている。そのサーバ管理者に命じて、必要なものだけをコピペ・印刷させるわけである。サーバ管理業務を必要以上に妨害しないよう配慮する措置である。

　第三に、領置である（221）。遺留物や任意提出物を占有する強制処分である。犯行現場に落ちていた凶器を警察署に持参したり、服をいきなり切り裂かれた被害者が切られた服を提供してくれたりした場面をイメージするとよい。占有移転は任意で行われるが、被害物件を提供した被害者の気が変わり、返してくれと主張しても、簡単には返してくれない（222Ⅰ、123参照）。つまり、占有移転後は差押と同じ効果を発生させるので、強制処分と捉えるのが一般である。

　第四に、検証である（218Ⅰ、220Ⅰ②）。五感（みる、きく、かぐ、あじわう、ふれる）の作用により、物の性状・作用を認識する強制処分である。警察官が犯行現場をつぶさに観察している場面をイメージするとよい。

　検証にもヴァリエーションがある。第一に、「身体検査」（218Ⅰ）である。人の身体に対する検証を意味する。プライバシー侵害等の程度が著しいので、

特別な配慮を施すために「検証」一般から括りだしている。

　ヴァリエーションの第二に、通信傍受がある。多種の通信傍受のうち法律が規定しているのは、「通信の当事者のいずれの同意も得ないで電気通信の傍受を行う」強制処分である。電話でやりとりしている時に、その回線に秘かに侵入して盗聴する場面をイメージするとよい。条文数が多いので、特別法に規定されている（222の２、通信傍受法参照）。197Ⅰは、「強制の処分は、この法律に特別の定のある場合でなければ、これをすることができない」と規定していた。通信傍受は、「この法律」すなわち「刑事訴訟法」という法律に規定されていないのだが、222の２で刑訴法と特別法を接合させているから問題なしと一般的には解されている。

　以上が、法律が明文で定めている、捜査機関が行うことのできる強制処分である。刑訴法は他に、裁判所・裁判官のみが行える「提出命令」という強制処分も規定している（99Ⅲ、100ⅠⅡ）。差し押さえるべき物を指定して提出を法的に義務付ける裁判（裁判所・裁判官の意思表示のこと）と定義されている。捜査機関が提出命令を請求できる規定はないが、いきなり差押をするよりも法益侵害の程度は低いので、捜査機関が請求できるよう立法がなされてもよい。なお、被疑者・弁護人は請求できる（179Ⅰ、179Ⅱ・99Ⅲ）。

　ここで「押収」という言葉についても説明しておこう。１行前に登場した179Ⅰを実際に調べ、そこに「提出命令」が書かれていないので本書の記述は間違っているのではないかと思った人がいるかもしれないが、そうではない。179Ⅰの中に「押収」という語があることに注目してほしい。刑訴法上で「押収」と書いてある場合、それは差押（記録命令付差押を含む）、提出命令、領置の３点を意味している。99の直前に「第九章　押収および捜索」という見出しがついているが、この第九章に規定されている強制処分は、差押（記録命令付差押を含む）、提出命令、領置、捜索である。したがって、「押収」とは、捜索以外の差押（記録命令付差押を含む）、提出命令、領置を意味することとなるわけである。

　なお、「押収」という言葉は憲35Ⅰにも登場するが、これは差押のみを意味する。提出命令や領置は令状を必要としない処分なので、令状主義を規定する憲35に含ませる必要がないからである。

　最後に、捜査機関による鑑定嘱託（223参照）を受けた鑑定受託者が行える強制処分を紹介しておこう。鑑定とは、特別の知識経験ある者が、専門的知識または専門的知識に基づく判断を提供することをいう。DNA の専門家が、DNA 型に関する知識を提供したり、その知識を使って被疑者の DNA 型と犯行現場に遺留されていた精液が示した DNA 型が一致しているか否かを判断して結果を報告したりする場面をイメージすればよい。鑑定受託者は、必要があるときは、鑑定処分許可状を得て、167Ⅰが規定する鑑定留置（224Ⅰ）や168Ⅰが規定する処分をすることができる（225Ⅰ）。

　なお、裁判所・裁判官から鑑定を命じられた場合、その者は鑑定人と呼ばれる。167や168は鑑定人の規定である。これに対し捜査機関から鑑定嘱託を受けた者は、任意で応じているだけなので、鑑定受託者と呼ばれ、区別される。鑑定人には宣誓義務（166）が課され、虚偽の鑑定をした場合は処罰されうる（刑171参照）。これに対し鑑定受託者には宣誓義務を課す規定がなく、刑171で処罰される対象にはならない。また、鑑定のために身体検査をしようとしたが対象者がそれを拒んだ場合、鑑定人は被検査者の身体検査を請求できる（172）が、鑑定受託者にそれを認める規定はない。

【020】憲35の構造

　これから対物的強制処分の規定を細かく検討していくわけだが、検討のためには骨太な視点が必要である。対物的強制処分については憲35が規制しているので、刑訴法の条文や解釈・運用が憲35に合致しているかという観点から、刑訴法の細かな条文や判例を検討していこう。

　憲35は４つのセクションからなっているから、その構造をまず理解しておこう。第一に、侵入・捜索・押収を行うためには「正当な理由」が必要だと規定している（憲35Ⅰ）。第二に、捜索する場所や押収する物を明示する令状が必要だと規定している（憲35Ⅰ）。第三に、各別（「格別」ではないことに注意。個別という意味）の令状が必要だと規定している（憲35Ⅱ）。第四に、憲33の場合、すなわち逮捕する場合には、侵入・捜索・押収に関して令状は不要、と例外を設けている（憲35Ⅰ）。

【021】正当な理由（憲35 I）

　憲35は、アメリカ合衆国憲法修正4条をたたき台にして作られた。修正4条は、抵抗する者の弾圧や徴税のためにイギリスが用いていた一般令状（被疑事実や捜索場所や目的物を全く特定しない令状）が絶大な権限濫用をもたらしていたことに反発して設けられた。この趣旨を憲35が受け継いだと考えると、憲35の文言も主としてこの趣旨から演繹して解釈されることになる。

　憲35 I は、侵入・捜索・押収（刑訴法上は広義の検証・捜索・差押）をするためには「正当な理由」が必要だと規定している。正当な理由があるといえるためには、一般令状を禁ずる趣旨から、❶特定事件の嫌疑、❷関連性が必要である。さらに、❸相当性も求められる。捜査比例原則に適っているということである。それでは順に詳しく見ていこう。

　第一に、特定事件の嫌疑について。「特に怪しいところはないのだが、叩けばホコリが出てくるかもしれないから、捜索してみるか！」などと捜査機関が一般探索をしかけ、それを市民が我慢しなければならない謂れはない。そのために嫌疑が必要とされる。嫌疑があるために捜索等の必要性が生じるのであるから、「必要があるとき」（218 I ）という文言が嫌疑を要求していると解されている。222 I が準用する99 I の「必要があるとき」も参照のこと。

　第二に、関連性について。事件と無関係な場所に侵入して検証することを認めても意味がない。事件と関係のある証拠物がその場所に存在しないにもかかわらず捜索を認めても意味がない。事件と無関係な物の差押を認めても意味がない。意味がないにもかかわらず行うのは権限濫用である。以上のようなことがないように、「事件と場所の関連性」と「事件と物の関連性」が求められる。関連性があるから当該措置の必要が生じるので、ここでも「必要があるとき」（218 I ）が根拠とされる。222 I が準用する99 I 「必要があるとき」、同「証拠物」（事件と関連性のない物は証拠とは呼べない）も参照のこと。

　書かれた法が憲法の要求を満たしていないのではないかと疑われているものが2つある。1つめは、郵便物の押収に関する規定（222 I ・100 I ）である。100 II は「被告事件に関係があると認めるに足りる状況のあるものに限り」差押ができるとしており、事件と物との関連性を要求する明文規定が置かれているが、I にはない。I は関連性を求めていないと解すると憲35 I 違反となる。

封緘物は開けてみなければ内容の確認が困難という事情が指摘されているが、「封を開き」（222Ⅰ・111）内容を確認する手続を一律に省くことができるほどまでに切羽詰まった事情ではない。関連性がないことが明らかな場合には差押は認められない等の合憲限定解釈を施す必要があろう。

　2つめは、捜索に関する規定（222Ⅰ・102Ⅰ）である。102Ⅰ・Ⅱは、100Ⅰ・Ⅱと同じ構造・文言を持つ条文であり、100Ⅰと同様の解釈を施す必要がある。

　さて、生きた法においても関連性が問題となることがある。令状執行の場合に問題とされることが多い。例えばPCの中には大量のデータが入っており、事件とは無関係なものも多数含まれているにもかかわらず、中身を確認することなく丸ごと差押してよいか。この点について判断した事例判例が1つあり（最決平10・5・1 [11]）、被疑事実に関する「情報が実際に記録されているかをその場で確認していたのでは記録された情報を損壊される危険があるときは、内容を確認することなしに右パソコン、フロッピーディスク等を差し押さえることが許される」と述べている。

　この判示をどのように解すべきかについては争いがあるが、必要性が高い場合には関連性のない情報を多数含む物の差押も許されると判断したとみるのがもっとも文理に忠実だろう。この考え方の当否については意見が分かれると思う。通信傍受やGPS捜査といった、事件と無関係の情報を大量に捕捉してしまいやすい捜査手法の当否という重要論点と地続きの論点であり、令状主義に関する思想の根幹となりうるものなので、よく考察しておくとよい。ただ、判例を是とする場合も、あてはめの際には比例原則の適用を忘れずに。

　なお、PC等の差押等については2011年に多くの条文が追加され、捜査が容易になると同時に、処分を受ける側の負担を軽減することも容易となった。例えば、PCを丸ごと差押するのに代えて、令状執行者がPC内に記録されたファイルをUSBメモリ等の他の記録媒体に複写（コピペ）・印刷・移転（カット＆ペースト）したり、差押を受ける者にそのような処分をさせたりして、その記録媒体を差し押さえることができるようになった（222Ⅰ・110の2）。これにより、差し押さえられた者が業務を継続できなくなる等の問題が生じにくくなった（ただし、リモート・アクセスの場合につき最決令3・2・1参照）。

　電磁的記録媒体の捜索・差押に関しては他にも、❶既に紹介した「記録命令付差押」（218Ⅰ。定義は99の2にある）や、執行の方法として❷リモートアクセス（218Ⅱ。クラウドに保存しているファイルをPC上にコピペする様子をイメージするとよい）や、❸処分を受ける者に対するPCの操作等の協力要請（222Ⅰ、111の2）という規定が設けられているので、チェックしておくこと。

　さて、関連性については、その程度も問題になる。「風が吹けば桶屋が儲かる」とばかりに何らかの理屈をつけて関連性の著しく低いものまで差押を認めると、一般令状に限りなく近くなってしまう危険がある。判例は、恐喝被疑事件で発付された捜索差押許可状に基づき、常習的に賭博場を開帳していた（賭博場開帳図利罪は別罪である）ことを示す賭博メモを差し押さえた事件につき、「別罪である賭博被疑事件の直接の証拠となるものではある」が、O組という暴力団に所属したり親交があったりした被疑者たちにより、当該暴力団に所属したり親交があったりしているという事実を背景として本件恐喝被疑事件が行われたものであることを考慮すると、本件賭博メモは、被疑者と「同組との関係を知りうるばかりでなく、O組の組織内容と暴力団的性格を知ることができ」るから、恐喝事件の証拠にもなりうると判断した（最判昭51・11・18 9 ）。しかし、被疑事実そのものを証明する事実ではなく、事件の背景を明らかにするにすぎない事実まで広く関連性を認めると、地引網的捜索差押がしやすくなり、令状審査による権限濫用を抑制できない。背景事実や、同じように何でも関連性が肯定されてしまいそうな情状事実については、比例原則の適用による絞り（特に必要性の審査）をしっかりとかける必要がある。

　なお、他の犯罪の証拠物であること等を理由として差押が認められなかったとしても、捜査が暗礁に乗り上げるわけではない。捜索中に他の犯罪の証拠物を発見した場合には、❶任意提出させ領置する、❷要件を満たしているのであれば現行犯逮捕して無令状差押を行う、❸別途令状を得て差し押さえるという手段があるので安心しよう。他に実務では、他の犯罪の証拠物となりそうなものを写真撮影する場合がある（最決平2・6・27 10 ）。日記帳の中身を全て読み取れるような形で逐一撮影するような措置は、実質的に「差押」と同じといってよい。このような脱法的な捜査は違法である。

　第三に、相当性が認められることが必要である。218は「必要なとき」に差

押等をすることができると規定しているが、197Ⅰと同様、これを「必要（狭義）かつ相当なとき」と解釈し、比例原則を組み入れるのである。もちろん、比例原則に適っているか否かについて、令状請求された裁判官は審査できる（最決昭44・3・18 12c）。

　相当性についてケース・バイ・ケースの判断に委ねず、法律が利益衡量を済ませ、処理方法を一律に規定しているものがある。押収拒絶権である（222Ⅰが準用する103、104、105）。このうち105は、業務上得た秘密を保護することが、その業務そのものや、業務に対する信頼の保護につながるようなものが列挙してある。例えば、トップに挙げられている「医師」をみてみよう。患者は治療のために自分の秘密をさらけだす。医師が勝手に自分の秘密を公にしないという信頼があるからさらけ出せるのである。にもかかわらず、捜査機関がカルテを押収し、メディアにカルテの内容を伝え、メディアが大きく報道したりしたならば、人は萎縮して、病気になっても病院に行かなくなってしまうかもしれない。そのようなことを避けるために本規定はある。

　このような趣旨に鑑みると、105に列挙されていないものにつき、105を類推適用してよい場合があるのではないかという点が問題となる。「報道機関」がその一例である。報道機関は、情報源を秘匿したうえで社会的に重要な事実を報道し、健全な民主主義社会の維持に貢献する。ところが報道機関に捜査の手が入り、取材の様子をおさめたマスターテープが押収され、情報源が誰であったかが明らかにされるという事態が生じると、人は萎縮して報道機関に情報を提供しなくなるかもしれない。そうなると、時の政権に都合の良い情報のみが報道され、健全な民主主義社会が崩壊する危険性がある。そこで、報道機関にも押収拒絶権を認めるべきではないか。

　しかし判例は、105の類推適用までは認めず、今のところケース・バイ・ケースの比較衡量で対処している（最大決昭44・11・26 12、最決平元・1・30 12c、最決平2・7・9 12c）。判例が定立した比較衡量の基準や実際のあてはめについては、萎縮効果の危険を軽んじているという批判も強い。よく咀嚼しておこう。

【022】 場所および物の明示 （憲35Ⅰ）

　憲35Ⅰが「捜索する場所及び押収する物」を明示する令状を求めたのは、捜索・押収の範囲を限定し、執行機関の権限濫用を防止するためである。範囲を執行機関に示すことによって権限濫用防止を図ろうとしていることについては争いがないが、令状を被処分者に呈示し、令状に示された範囲内の捜索・押収にとどまっているかをチェックさせることをも含めて権限濫用防止を図ろうとしているのかについては争いがある。この問題については【025】で論じることにし、ここではとりあえず、前者の要請を満たしているかという観点から書かれた法や生きた法を検討しよう。

　218が認める捜索、検証、差押、記録命令付差押につき、令状に何を記載しなければならないかは219が規定している。実務では、捜索と差押をセットにして、「捜索差押許可状」という令状が発付されているので、サンプルを入手し、そのサンプルと219Ⅰの文言を照らし合わせ、各文言の意味を理解してほしい。その際には、逮捕状（200Ⅰ）とは異なり、被疑事実の要旨の記載が要求されていないことに注意しておこう。ただし、通信傍受の場合のみは明文で要求されている（通傍6）ことも確認しておこう。

　問題は、219をもとに作成され用いられている令状書式にどのように記載すれば場所および物を明示したといえるかである。場所については、住居権保護という見地から、居住場所の管理権の個数を基準として書かねばならないと解されている。例えばマンションであれば、「Hマンション」とだけ書くのは違法で、「101号室」まで書かないと明示されたとはいえない。

　物についてはどうか。書式中の「差し押さえるべき物」欄に具体的に書くことが望ましいが、それが困難な場合もある。「物から人へ」（物証中心主義）の流れで捜査を進めるということは、捜索・押収が捜査の初期段階で行われるということを意味する。そうすると、事件に関する情報がまだ少なく、対象物を具体的に特定することが困難になってしまうことがありうる。それなのに具体的特定を要求すると、見込み捜査による取調によって詳細な供述を得ようとする危険性を高めてしまうかもしれない。

　そこで、「差し押さえるべき物」欄だけでなく、令状に記載されている事項を総合的にみて、他事件への捜査に流用されないように関連性の絞りがかけら

れているかを検討するという手法がとられている。特に重要になるのが「罪名」（219Ⅰ）の記載である。実務では、刑法犯であれば犯罪の通称（「殺人被疑事件」等）を用いるが、特別法犯の場合には法令名のみを記載する（「地方公務員法違反被疑事件」等）ことが多い。

　しかし、特別刑法は、刑法典とは異なる規定の仕方をしている。地方公務員法を例にみてみよう。60以下が、さまざまな犯罪に対する刑罰をまとめて規定しているのである。60に示されている13、34ⅠⅡ、50Ⅲをみてみると、性質の全く異なる犯罪群であることはすぐにわかるだろう。令状に「地方公務員法違反」とだけ書かれては、どの犯罪を問題にしているのかがわからず、関連性に絞りをかけることができない危険が高い。

　最高裁が取り上げた事案では、捜索差押許可状の罪名記載欄に「地方公務員法違反」と記載され、「差し押さえるべき物」欄に「会議議事録、斗争日誌、指令、通達類、連絡文書、報告書、メモその他本件に関係ありと思料せられる一切の文書及び物件」と記載されていた。「本件に関係ありと思料せられる一切の文書及び物件」という概括的な記載、そして、罪名と合わせてみても関連性の絞りをかけることができない危険性が問題となった。

　最高裁は、「許可状に記載された地方公務員法違反被疑事件に関係があり、且つ右例示の物件に準じられるような闘争関係の文書、物件を指すことが明らか」であるから物の明示がなされていると判断した（最大決昭33・7・29[13]）。つまり、「地方公務員法違反」とだけ記載されていても関連性の絞りはかけられており、「その他本件に……」という記載も例示物件に準じるようなものに限られている（つまり、関連性があれば何でも差し押さえてよいわけではなく、一定の類型に該当するものしか差押を許していない）のでさらに絞りがかけられていると判断したのである。本件は、「斗争日誌」などの記載からストライキ（地公61④）に関するものであることが容易に読み取れる事案であったことに注意しなければならない。一般的には、219Ⅰの「罪名」には罰条（適用法条）も含まれると拡大解釈する必要があるだろう。さらに、関連性の絞りを容易にするために被疑事実の要旨も記載すべきである。もともと令状請求の際には請求書に「犯罪事実の要旨」を記載しなければならない（規155Ⅰ④）のであるから、捜査機関や裁判官に無理を強いる解釈ではない。

【023】各別の令状（憲35Ⅱ）および令状の執行

　各別の令状が求められている趣旨については争いがある。❶場所や機会が変われば正当な理由の存否も異なりうるので、その都度その存否の判断を裁判官に求める必要があると捉える見解と、❷捜索・押収の際に侵害される利益の質や程度が異なりうるので、ごちゃまぜにならないように、被侵害利益ごとに令状を要請する必要を強調する見解とに分かれる。

　どちらの見解を採るかによって結論が大きく変わることがあるのかよくわからないが、捜索差押許可状における「捜索すべき場所」の解釈・あてはめが争われる事例等においては説明の仕方が異なってくる可能性がある。最高裁が取り上げた事案を例にみてみよう。Aに対する覚せい剤取締法違反被疑事件につき、AおよびX（内縁の夫）の居住するマンションの居室を捜索場所とする捜索差押許可状が発付されたが、執行の際、当該居室にいたXがバッグを持っていたため、バッグを取り上げて捜索したという事案である。中には覚せい剤が入っていたため、Xは覚せい剤所持の被疑事実で現行犯逮捕された。最高裁は、「右のような事実関係の下においては、前記捜索差押許可状に基づき被告人が携帯する右ボストンバッグについても捜索できる」と判示した（最決平6・9・8 14）。理由が示されていないので、理論的にはどのように正当化できるかが問題となる。

　❶の見解は、その場所のプライバシー総体を令状裁判官は考慮しており、Xの携帯品のプライバシーは場所のプライバシーに包摂されるから、もともと各別の令状は不要だと考える。つまるところ、令状裁判官の想定範囲内か否かが基準となりそうだ。これに対し❷の見解は、本件において場所のプライバシーの帰属主体と携帯品のプライバシーの帰属主体が同一なので、異なる権利・利益がごちゃまぜにならない以上、「各別の令状」は不要だったと説明する。つまるところ、当該処分により侵害された利益が異なる帰属主体の者か否かが基準となりそうだ。

　ところで、場所に対する捜索令状の執行中、捜索場所に荷物が届いた場合、その荷物を捜索してよいか（つまり執行開始前には当該場所に存在しなかった物に対しても令状の効力は及ぶか）が争われることもある。捜索を認める判例もある（最決平19・2・8 14c）が、本件では被疑者宛の荷物が届けられたことに注意

しておこう。第三者宛だった場合にはあてはめが変わる可能性がある。

　さて、ここで令状執行を規律する法令についてもみておこう。憲35は、令状執行の方法について明文規定を置いているわけではないが、刑訴法はいくつか規定を設けている（222Ⅰが準用する110、111、111の2、112、114、115、118、119、120、121、122、123、124、129、131、137、138、139、140。司法巡査ができない処分を規定する222Ⅰ但。立会いに関し例外を認める222Ⅱ。222Ⅲが準用する116、117。222ⅣおよびⅤ。捜査協力のために被疑者を立ち会わせることを認める222Ⅵ。222Ⅶ）。面倒がらずに確認しておこう。

　これらの規定の解釈が争われている点につき、いくつか紹介しておこう。第一に、令状の呈示（222Ⅰ・110）である（【022】で述べたように憲35の要請と捉える見解がある）。判例は、「手続の公正を担保するとともに、処分を受ける者の人権に配慮する趣旨に出たものであるから」執行前の呈示を原則とするが、当該趣旨に反しない場合には例外を認めている（最決平14・10・4 15）。

　第二に、被疑者の立会（222Ⅵ）について。逮捕・勾留されていない被疑者に立会の強制はできないが、逮捕・勾留中の被疑者には立会を強制できると実務では解されている。しかし、このような解釈を正当化する理論的根拠も明文上の手がかりもない。被疑者は立会を拒否できると解すべきである。

　第三に、「必要な処分」（222Ⅰ・111Ⅰ）について。令状執行の実効性を確保するため、比例原則に基づき必要かつ相当な処分を行うことができる。ケース・バイ・ケースの判断となり、さまざまな事件がこれまで争われてきた。宅急便を装って玄関を開錠させてよいか（大阪高判平6・4・20 15c）、来意を告げずにマスターキーでホテル客室のドアを開錠し、令状呈示前に室内に入ってよいか（最決平14・10・4 15）、合鍵によって扉を開けてよいか（東京高判平8・3・6 15c）玄関ドアが施錠されていたためベランダにはしごをかけて上り、窓ガラスに穴を開けて錠を外して入室してよいか（東京高判平15・8・28）、等々。各事案が比例原則を満たしているか否か、よく検討しておこう。

　「必要な処分」は押収物に対してもできる（222Ⅰ・111Ⅱ）。実務では、差し押さえたフィルムを現像して証拠価値を精査したり、差し押さえた電磁的記録媒体の内容を精査したりするために別途検証令状を得る必要はなく、「必要な処分」として行えると解されている。

【024】 令状によらない捜索・差押・検証（憲35Ⅰ）

　憲35Ⅰは、憲33の場合（つまり逮捕する場合）に、令状なく侵入・捜索・押収をしてもよいと規定している。これを受け、220Ⅰは、全ての逮捕類型（199の通常逮捕、213の現行犯逮捕、210の緊急逮捕）の際に（220Ⅰ柱）、被疑者の捜索（220Ⅰ①）や逮捕の現場における差押、捜索、検証（220Ⅰ②）を無令状で行う（220Ⅲ）ことを認めている。

　このうち被疑者捜索は逮捕のために行われる処分であり、証拠収集ではないので注意しておこう。しかし、その執行については証拠収集のための捜索の規定が準用される。222Ⅰは「218条、220条及び前条の規定によってする押収又は捜索について……これを準用する」と規定し、220Ⅰ①と220Ⅰ②とを区別していないからである（ただし222Ⅱ参照）。その結果、解釈を要するところも出てくる。準用される110は捜索令状の呈示を義務付けているが、逮捕のために被疑者を捜索する場合、そのような令状を捜査機関はそもそも請求していない。そこで、222Ⅰ・110は、代わりに逮捕状の呈示を義務付けるものと解釈されている。逮捕状がない場合（緊急逮捕や現行犯逮捕の場合など）は、立ち入り目的を告知すべきと解されている。

　憲35が無令状の侵入、捜索および押収を認めた理由については、見解が一致しているところと一致していないところがある。一致しているのは、逮捕者（捜査官）の安全確保および被逮捕者（被疑者）の逃亡阻止である。被疑者がナイフをふりかざして抵抗しようとしているのに、令状がないのでそのナイフを取り上げられないというのでは、捜査官がそのナイフで傷つけられ、被疑者を逃がしてしまうことになりかねない。そこで令状不要としたのである。

　見解が一致していないのは、当該事件の証拠物に対する強制処分をどこまで行えるかという点についてである。この点につき、❶罪証隠滅防止のため緊急に必要な場合に限り例外的に認めたものと考える「緊急処分説」と、❷逮捕現場には証拠が存在する蓋然性が高い（から場所や物の関連性について裁判官が審査する必要がない）ので、証拠収集のために合理的な範囲で捜索等を許したものと考える「相当説」とに分かれている。❶は、逮捕の場合にも捜索等について令状審査が本来必要だと考えているが、❷は、逮捕の場合には捜索等についてそもそも令状は不要だと考えている。ここが根本的な違いである。判例は、

令状なくとも「人権の保障上格別の弊害もなく、且つ、捜査上の便益にも適うことが考慮された」ものと述べている（最大判昭36・6・7 16）が、これは相当説寄りの考え方を示したものと一般に解されている。

　しかし、逮捕の現場に証拠が存在する蓋然性がどの程度あるかは各事案の状況によるのであり、一律にどんな事件でも蓋然性が高いというのはフィクションであろう。また、「正当な理由」が認められるためには、嫌疑、場所・物の関連性だけでなく、相当性も審査されねばならないが、❷はこの点を不要とする説明がない。さらに、場所及び物を明示した令状による執行監視を不要とする説明もない。関連性の審査不要というだけでは正当化が不十分である。

　さて、❶と❷のいずれを採用するかで、220の解釈が変わってくる。第一に、「逮捕する場合」（220Ⅰ柱）とはどの時点から始まるのか。時間的範囲の問題である。憲35の趣旨について❶を採用すると、逮捕の際の証拠破壊を防ぐために緊急に必要な場合に限られるので「逮捕着手後」と解釈される。❷を採用すると、その場所に存在する証拠が逮捕によって変質するわけではないから、もっと広く「逮捕と時間的に接着している場合」と解釈される。判例は後者を採用している（最大判昭36・6・7 16）この解釈には、事後に逮捕できたか否かで適法性が決まる（被疑者が現在していないのに、間もなく被疑者が現れ逮捕できるだろうと期待して捜索を開始した場合、被疑者がすぐ現れて逮捕できたならば当該捜索は適法になるが、期待が外れて被疑者が現れず、逮捕できなかったならば違法になる）ので不安定だという難点が指摘されている。

　第二に、「逮捕の現場」（220Ⅰ②）とはどの範囲のことをいうのか。場所的範囲の問題である。❶を採用すると、差し迫った証拠破壊の危険に備えるために認められるだけなので「被疑者の身体およびその直接的支配下」と解釈される。❷を採用すると、「同一管理権の及ぶ範囲」と解釈される。一軒家のリビングで逮捕した場合、前者によると、リビングの中（被疑者の手の届くところ）のみ捜索等が許される。後者によると、敷地内全域において許される。

　なお、判例は、公道で逮捕し、3km離れた警察署まで引致し、当該警察署で被疑者の身体を無令状捜索し、一定の物を差し押さえた事案において、「逮捕の現場」における捜索、差押と同視できるから適法と判断した（最決平8・1・29 17）。強制処分法定主義に違反する類推解釈ではないか。

【025】 通信傍受の合憲性

　これまで学んできた強制処分法定主義（【007】～【012】）と令状主義（【007】、【019】～【024】）の知識を総動員して、通信傍受という捜査手法の合憲性について検討してみよう。ところで、会話を盗み聴いて犯罪関連の情報を得る「盗聴」がダーティーな手法であることにつき学界では共通了解があったが、政治の世界では、法案を通すためにダーティーなイメージを払拭する必要があるということで「通信傍受」という言葉が使用された。印象操作の典型であり、わだかまりはあるが、本書では1999年に成立した「犯罪捜査のための通信傍受に関する法律」に合わせて、「通信傍受」と呼ぶ。

　現在においては、通信傍受が重要な法益侵害を伴う強制処分であることは文句なく認められている。判例も、通信傍受法制定前に行われた電話傍受が問題になった事案において、「通信の秘密を侵害し、ひいては、個人のプライバシーを侵害する強制処分」であると認めた（最決平11・12・16[18]）。

　となると、通信傍受法が制定されておらず通信傍受を許容する明文規定がなかった時代に行われた通信傍受は強制処分法定主義に違反するのではないかが問題となる。判例は通信傍受を検証の一種と捉え、通常の検証令状に身体検査令状に関する218Ⅵ（当時はⅤ）を準用し、第三者を立ち会わせて対象外と思料される通話内容の傍受を速やかに遮断する措置を採らせなければならない等の条件を付すことによって通信傍受を行うことを認めた。

　最高裁は218Ⅵを準用することについて「条件の付加が強制処分の範囲、程度を減縮させる方向に作用する点において、身体検査令状以外の検証許可状にもその準用を肯定し得ると解される」というが、準用しないと通信傍受は許されないとする以上、これは対象者の利益になる準用ではなく、不利益になる準用に他ならない。対象者に不利益な類推適用を行って、いわば「通信傍受令状」を司法が創設し、明文規定なき強制捜査の手法を認めることは、強制処分法定主義に違反するといわざるをえない。

　現在は通信傍受法があるので、以上のような問題は過去のものになったといってよいが、同法が対象にしているのは「通信の当事者のいずれの同意も得ないで電気通信の傍受を行う」処分（222の２。いわゆる wiretapping）に限られるから、それ以外の方法（立ち聞きしたり集音器を用いたりして室内の会話を盗み聴

く eavesdropping や、盗聴器を使って室内の会話を盗み聴く bugging）による傍受が行われた場合には同様の問題が立つので注意しておこう。

　さて、強制処分法定主義をクリアーしたとしても、まだ憲35がある。憲35に違反する法律は違憲無効となる。それでは、通信傍受という捜査手法は憲35の要求をクリアーできるだろうか。

　第一に、「各別の令状」の要件を満たすか。電話はどこからでもかかってくるし、どこにもかけられる。したがって、傍受の対象を特定の電話回線に限定しても傍受実施の際には無数の第三者の会話・通信を包括的に侵害する。「各別の令状」の趣旨を、場所や機会が変わるたびに裁判官が正当な理由の存否を審査する必要があるためと考える見解に立てば、特定の回線につき裁判官が審査したのだから問題なしとの結論になるかもしれない。しかし、被侵害利益ごとに令状の発付が必要になるためと考える見解に立てば、およそこの要件を満たすことができない（A宅を捜索場所とする捜索令状が発付され、その執行中にたまたま保険勧誘員が訪れても、当該令状の効力が及んでいないとして保険勧誘員のバッグの捜索を止めることができる。通信傍受の場合には、たまたま保険勧誘員から電話がかかってきたらそれを否応なしに傍受してしまう）ため、違憲との結論になる。

　第二に、「場所及び物の明示」要件をみてみよう。先ほどの判例は、検証令状における「検証すべき場所若しくは物」の記載にあたり、「傍受すべき通話、傍受の対象となる電話回線、傍受実施の方法及び場所、傍受ができる期間をできる限り限定することにより、傍受対象の特定という要請を相当程度満たすことができる」と述べた。しかし、電話はどこにかけることもできるし、どこからでもかかってくるので、通常の検証のような空間による限定ができない。したがって、判例が挙げている事項を令状に記載したとしても、それによって関連性のない情報の入手を防ぐことはできない。実際、2021年の運用状況（毎年、国会報告がなされる。通傍36参照）によると、傍受した通話16,495件中、被疑事件と関連性があったのは2,320件（14.1％）にすぎない。これでは「相当程度満たすことができる」とはいえないだろう。

　また、「場所及び物の明示」は令状の事前呈示をも求めていると解すると、令状の事前呈示ができない通信傍受はこの要請をおよそ満たすことができないので違憲だということになる。もっとも、先ほどの判例は、事前呈示のみなら

ず「事後通知の措置や通話当事者からの不服申立ては規定されておらず、その点に問題があることは否定し難い」ことを認めつつ、検証許可状により通信傍受を行うことを適法と判断していた（通信傍受法には事後通知や不服申立に関する規定が置かれている。通傍30〜33参照）。また、GPS捜査の事案において、「他の手段で同趣旨（筆者注：手続の公正さの担保）が図られ得るのであれば事前の令状呈示が絶対的な要請であるとは解されない」と述べている（最大判平29・3・15[20]）。令状の事前呈示を憲35Ⅰが絶対的に要請していると最高裁が解していないことは確かである。

　憲35Ⅰが「捜索する場所及び押収する物」を明示する令状を求めたのは、捜索・押収の範囲を限定し、許される範囲を執行機関に示すことによって権限濫用を防止するためにすぎない、と解すると、このような捉え方も可能かもしれない（この考え方に立つと、222Ⅰ・110は憲法上の要請に基づくものではないことになる）。

　しかし、母法たるアメリカ憲法等とは異なり、憲35Ⅰは逮捕の場合を除き令状発付を絶対的要件としている。逮捕の場合でなくとも、任意同行を求めて参考人宅を訪れたところ、慌てて何かをトイレに流そうとしている場面に出くわした時など、緊急に捜索・押収が必要な場合はあるだろう。アメリカ憲法は、そのような場合に無令状捜索・押収を認めている。しかし日本の憲35Ⅰは、逮捕の場合以外、例外なく事前の令状発付を求めている。令状という裁判書をなぜこれほど重要なものと憲法が捉えているのだろうか。それは、令状の機能を広く捉えているからだろう。つまり、裁判官による権限濫用防止だけでなく、令状をもとに市民が権限濫用防止を図るという機能を重視したからと考えざるをえない。そうであれば、令状を被処分者に呈示し、令状に示された範囲内の捜索・押収にとどまっているかをチェックさせ、違法な捜査が行われている場合には直ちに不服申立してもらうという形で権限濫用防止・救済を図るシステムを「場所及び物の明示」は求めていると解さざるをえない。

　ところで、判例やほとんどの学説は通信傍受を検証の一種だと捉えているので、その枠組に沿って論じてきたが、本当に通信傍受は検証にとどまるのだろうか。声の性質等の認識は検証かもしれないが、通信傍受の一番の目的は、会話内容を把握することである。これは供述聴取であり、質問のない取調や、尋

問のない証人尋問と捉えるべきではないか。となると、性質上黙秘権や証言拒否権を保障し得ない通信傍受という捜査手法は憲38Ⅰにも違反する。

　以上のように、通信傍受という捜査手法は憲法の要請を満たすことがおよそできず、通信傍受法も違憲無効なのではないかという疑いが生じる。通信傍受法については、別件の傍受を認める通傍15や、電話番号等の探知を認める通傍17が、令状審査もなく令状発付もない傍受を認めているが、これらもまた憲35違反の規定である。

【026】 通信傍受と自由主義・民主主義

　以上のような違憲の主張が非常に強かったにもかかわらず、組織犯罪対策を理由として1999年に通信傍受法が制定された。そして、振り込め詐欺等の対策を理由とし、かつ手続の簡易化を図って2016年に通信傍受法が改正された。さらに2017年、共謀罪（テロ等準備罪）が創設された。

　共謀罪という罪でいろんな人を検挙しようと考えるならば、それに対応した捜査手法は必須のものとなる。そして盗聴がまさに、ぴったり対応した手法である。そこで、通信傍受法をさらに改正し、対象犯罪に共謀罪を含め、傍受の手法として eavesdropping や bugging も認めようとする動きが必ず出てくるだろう。屋内の会話をも網羅的に捕捉できるようにすることで、犯罪捜査と、さまざまな情報を収集する行政警察活動が融合し、国家の市民監視体制が強化される。国家の施策を批判しようと思うならば、その人のさまざまな言動が国家に捕捉され、そのうちの何かにつき共謀罪という名目で検挙されることを常に覚悟しなければならなくなる。そんな覚悟を多くの市民は持つことができず、言動を自粛することになる。さらには、政治のことは考えないように生きていこうとするか、特定の考え方を内面化させるようになる。かくして、独裁体制ができあがることとなる。盗聴は、それほどのインパクトを持っている捜査手法である。他にGPS捜査や覆面捜査・潜入捜査なども同様のインパクトを持っているので、立法の動きには非常に警戒しなければならない。

【027】 通信傍受法の規定概説

　通信傍受という捜査手法にはさまざまな問題があるが、通信傍受法が制定されている以上、その規定を知っておかねばならない。この法律は非常に複雑な書き方になっているが、がんばってほしい。以下、主要な点を紹介する。

　それでは実体的要件から始めよう。第一に、「正当な理由」（憲35Ⅰ）の第一要件である嫌疑につき、過去の犯罪については、罪が犯されたと疑うに足りる十分な理由がなければならない（通傍3Ⅰ①）。未発生犯罪については通傍3Ⅰ②③参照。未発生犯罪に対する捜査の問題点については【005】で論じた。

　第二に、「正当な理由」第二要件である関連性につき、犯罪関連通信が行われると疑うに足りる状況が要求されている（通傍3Ⅰ柱。ここには「犯罪関連通信」の定義が置かれているので注意）。

　第三に、「正当な理由」第三要件である相当性につき、他の方法によっては犯人の特定や犯行の状況・内容を明らかにすることが著しく困難という高度の必要性（補充性という）がなければならない（通傍3Ⅰ柱。同一事件の再傍受につき要件を加重する通傍8も参照。なお、相当性に関する規定としては押収拒絶権に対応する通傍16もある）。

　なお、通信傍受を行う対象は別表1・2の罪に限定されている（通傍3Ⅰ①②③）。かつ、数人の共謀によるものであると疑うに足りる状況でなければならない。別表2の罪についてはさらに、あらかじめ定められた役割の分担に従って行動する人の結合体により行われるものに限られる（通傍3Ⅰ①参照）。別表はもともと1しかなく、薬物、銃器、集団密航、組織的殺人という4つの組織的犯罪群に限定していた。ところが2016年に2が追加された。振り込め詐欺や組織的窃盗など一般市民に重大な脅威を与える犯罪について背後関係の解明が必要とされ、刑法典上の犯罪が多数含まれることとなったのである。

　それでは手続的要件に移ろう。第一に、令状請求権者は、検事総長が指定する検事、または、国家公安委員会等が指定する警視以上の警察官等に限られる（通傍4Ⅰ参照）。「検察官、検察事務官又は司法警察員」（218Ⅳ）よりも限定されている。

　第二に、請求先は、地方裁判所の裁判官に限られる（通傍4Ⅰ）。地方裁判所は「判事」および「判事補」で構成され、簡易裁判所は「簡易裁判所判事」で

構成されること、そして「判事」「判事補」「簡易裁判所判事」の任命資格は異なることを確認しておこう（裁23Ⅰ、32Ⅰ、42、43、44参照）。

　第三に、傍受を実施できるのは検察官または司法警察員である（通傍3Ⅰ柱）。「検察官、検察事務官又は司法警察職員」（218Ⅰ）よりも限定されている。

　第四に、令状記載事項は通傍6に規定されている。219Ⅰとは異なり、被疑事実の要旨および罰条の記載が明文で義務付けられている（ただし通傍10参照）。その他は、判例（最決平11・12・16 18）が挙げたものとおおむね一致する。記載事項のうち「期間」については通傍5Ⅰ参照。延長につき通傍7参照。「条件」については通傍5Ⅱ参照。判例は立会人を置くことを令状に記載すべき条件としていたが、法は明文規定を置いた（通傍13）。ただし判例とは異なり立会人に回線遮断義務を負わせず、遮断権限も与えていない。意見を述べることができるだけである（通傍13Ⅱ）。そして2016年の改正により、立会の範囲は縮減された。通信傍受の方法につき従来は、捜査機関が通信管理者等の施設においてリアルタイムで通信内容を視聴する方法のみであったが、面倒だというので、全通信を捜査機関の施設に設置したPCに転送させるなど新たに3つの方法が追加された（通傍20〜23参照。これらの方法では傍受内容の暗号化と復号が行われるが、それらに必要な変換符号は、裁判所書記官または裁判所職員が作成する。通傍9参照）。これにより立会人なしに傍受したり通信内容を視聴したりすることが可能になったのである（通傍20Ⅰ、23Ⅰ柱参照）。

　第五に、その他特徴的な点をいくつか挙げる。❶令状記載の「通信」に該当するか不明な場合には、該当性判断のために必要最小限度の範囲で傍受できる（通傍14Ⅰ。スポット傍受とも呼ばれる）。❷令状審査なく別件傍受や逆探知ができることは前述した（通傍15、17参照）。❸傍受した通信は記録され（「原記録」と呼ぶ）、裁判官に提出される（通傍24〜28）。司法警察員は、関連性のない通信部分を消去する等の編集を加えた「傍受記録」を作成する（通傍29）。❹通信当事者に対しては事後通知がなされる（通傍30）。当事者が特定できない等の場合には通知しなくてもよかったり、捜査の都合に合わせて通知を遅らせたりできる（通傍30Ⅱ）。緩い規定である。❺通知を受けた当事者は、傍受記録や原記録中の通信を聴取・閲覧・複製でき（通傍31、32）、裁判所に不服申立もできる（通傍33）。

【028】強制採尿と人間の尊厳

　対象者が尿の任意提出に応じない場合、実務では、複数の警察官が対象者を押さえつけ、性器を露出させ、医師が尿道にカテーテルを挿入し、採取する。

　この捜査手法は人間の尊厳（憲13）を深く傷つけるものであり、憲法上許されないと考える者も多い。しかし判例（最決昭55・10・23 21 ）は、屈辱感等の精神的打撃は通常の身体検査においても同程度の場合がありうるから、「被疑事件の重大性、嫌疑の存在、当該証拠の重要性とその取得の必要性、適当な代替手段の不存在等の事情に照らし、犯罪の捜査上真にやむをえないと認められる場合」であれば認められるとした。強制採尿が人間の尊厳を傷つけるものでないことそれ自体について判例は論証していない。

【029】強制採尿と強制処分法定主義

　最決昭55・10・23 21 が出る前は、鑑定に必要な処分として鑑定処分許可状、および、この令状では直接強制ができない（225Ⅳが準用する168Ⅵが直接強制を認める139を準用せず。172があるからだが、225は172を準用せず）ので身体検査許可状を併用して行われていた。しかし、ある捜査手法が一種類の令状でまかなえない場合には令状を複数組み合わせて併用せよと法律が規定しているわけではなく、強制処分法定主義違反の疑いがある。

　この点につき最決昭55・10・23は、「体内に存在する尿を犯罪の証拠物として強制的に採取する行為は捜索・差押の性質を有する」ので捜索差押許可状を用いるべきとした。ただし、「人権の侵害にわたるおそれがある点では、一般の捜索・差押と異なり、検証の方法としての身体検査と共通の性質を有している」ので218Ⅵを準用し、令状の記載要件として「強制採尿は医師をして医学的に相当と認められる方法により行わせなければならない」旨の条件を必要的に記載すべしと要件を加重した。捜索にあたるとしたことで令状は1つで済んだが、排出されるまでは尿は人体の組成物であり、「人体とは別の物」ではないので、「捜索・差押」と捉えるのには無理がある。また、通信傍受の場合（最決平11・12・16 18 ）と同様、通常の捜索を超える要素を218Ⅵの準用で補ってしまった。複数の条文を合成する、強制処分法定主義違反の解釈手法といわざるを得ない。強制採尿を認めるためには立法が必要である。

　なお、GPS捜査を論じた最大判平29・3・15⟨20⟩は、検証許可状と捜索許可状を併用し、かつ、さらに特別の条件を付けるという方法を検討しつつも、「事案ごとに、令状請求の審査を担当する裁判官の判断により、多様な選択肢の中から的確な条件の選択が行われない限り是認できないような強制の処分を認める」ことは197Ⅰ但の趣旨に沿わず、立法が必要と論じている。

【030】　採尿場所への強制連行と強制処分法定主義

　逮捕・勾留中の被疑者に強制採尿を行う場合、222Ⅵを根拠に採尿場所へ強制的に連行することができると解されているが、強制採尿を受けることは、強制採尿の現場に立ち会うことではないから、この解釈には疑問がある。

　逮捕・勾留されていない被疑者に対しても、強制連行を認める明文規定がない。しかし最高裁は、「強制採尿令状の効力として、採尿に適する最寄りの場所まで被疑者を連行することができ、その際、必要最小限度の有形力を行使することができる」と解釈した（最決平6・9・16⟨21c⟩）。その理由として判例は、目的達成の必要性と、令状発付に際し裁判官が連行の当否も審査していることを挙げている。しかし、憲法および現行法は、財産・プライバシー等を侵害する処分と人身の自由を侵害する処分を明確に区別している。いかに必要性があり、いかに裁判官がそのつもりで審査していようと、捜索・差押の規定に強制連行という人身の自由侵害措置を読みこむことはできない。判例のとった解釈は、実定法上の根拠を欠く、司法による法の創造であり、強制処分法定主義違反といわねばならない。

【031】　強制採血・嚥下物の採取

　実務では、強制採尿を捜索と捉える最決昭55・10・23⟨21⟩が出た後も、強制採血については鑑定処分許可状と身体検査許可状を併用している。嚥下物の採取についても、直接強制が必要な場合には併用している。体内に存在する物を強制的に採取する措置は全て捜索と最高裁が考えているのであれば、これらの措置を捜索として認める令状が最高裁により創設されることになるだろう。

　これに対し、併用も最高裁のアプローチも強制処分法定主義違反と考える者は、立法が必要と主張することになる。

【032】被疑者身体拘束の制度・趣旨

　対人的強制処分の検討に移ろう。被疑者には逮捕と勾留という 2 つの身体拘束処分がある。一般的な定義を挙げておくが、種差（他の処分と区別する特徴）があいまいなもので、あまり良い出来ではない。目安程度に捉えておこう。第一に、逮捕とは、被疑者の身体を短期間拘束することを意味する。身体を拘束する「狭義の逮捕」、警察署へ連れていく「逮捕引致」、しばらく警察署に留め置く「逮捕留置」の 3 段階に分かれる。第二に、被疑者勾留とは、被疑者を拘禁する裁判およびその執行を意味する。「裁判」とは、裁判官の意思表示を意味する。勾留状という令状によって「被疑者を拘禁するぞ」という裁判官の意思表示（裁判）が示され、その令状が執行されるのである。なお、「裁判」という言葉は多義的だが、刑事訴訟法を学ぶ中では「裁判官または裁判所の意思表示」という意味で使用されることが圧倒的に多い。捜索差押許可状も裁判、証拠決定も裁判、有罪判決も裁判である。今のうちに記憶してしまおう。

　さて、勾留は被告人に対しても認められているが、刑訴法は例によって、被告人勾留を先に規定し、被疑者勾留については規定の大半を準用するという形にしている。準用を指示しているのは207Ⅰだが文意がわかりにくいので説明しておこう。被告人勾留は、起訴事件の審理を担当する裁判所が原則として行う。そこで60〜98の中の多くの条文は、「裁判所（または裁判長）は〜〜できる」と規定している。しかし捜査段階ではまだ起訴されていないので、当該事件の審理を担当する裁判所・裁判長は存在しない。そこで法は、「裁判官」に被疑者勾留に関する権限を与えた。以上をふまえて207Ⅰをみてほしい。「勾留の請求を受けた裁判官は、その処分に関し裁判所又は裁判長と同一の権限を有する」と規定している。「被告人勾留に関して60〜98が裁判所や裁判長に与えている権限を、被疑者段階では裁判官に与えますよ」という意味だ。つまり、被疑者勾留については60〜98を準用するといっているのである。

　207Ⅰの意味を理解してもらったところで、被疑者勾留と被告人勾留の相違点について一言しておこう。3 つの大きな違いがある。第一に、被告人勾留には暫定的に被告人を釈放する保釈制度がある（88〜94、96〜98）が、被疑者勾留には保釈が認められていない（207Ⅰ但）。第二に、被告人勾留の期間は 2 カ月であり、1 カ月ごとに更新できる（60Ⅱ）のに対し、被疑者勾留の期間は原則

10日・延長10日・一定の事件について再延長 5 日（208、208の 2 ）であり、相対的にみるかぎり拘束期間は短い。第三に、被告人勾留は裁判所の職権で行われる。「職権で行う」とは、裁判官・裁判所自身の判断で行うという意味である（公訴提起以降、この言葉が頻繁に登場するので、今のうちに慣れてしまおう）。60以下には勾留請求の手続が全く規定されていないことから、職権で行われることがわかる。これに対し被疑者勾留は、逮捕後に検察官の請求がないとできない（207Ⅰ「勾留の請求を受けた」）。なお、逮捕された者のみを勾留できることを逮捕前置主義と呼ぶ。身体拘束に二重の審査を及ぼす趣旨である。

　ところで、被疑者に対する身体拘束は何のために行われるのだろうか。規定上は「公判出頭確保」と「罪証隠滅防止」である。逮捕については、逮捕の必要性を求める199Ⅱ但を受けて規143の 3 が「逃亡防止」（すなわち公判出頭確保）と「罪証隠滅防止」を明記している。勾留についても207Ⅰ・60Ⅰ①②③が「住居不定」（召喚状の送達等ができない危険があるのでこのままでは公判出頭を確保できない）、「逃亡防止」、「罪証隠滅防止」を規定している。

　これに対し生きた法の世界では、被疑者の取調とか、再犯防止とかいった目的を考慮する人・機関が絶えない。しかし取調目的の拘禁は、捜査と拘禁の分離原則に反する。また、罪を犯したと確定したわけでもないのに再犯を防ごうとして身体を拘束するのは無罪推定原則に反するので許されない。

　とはいえ、実は、身体拘束制度はもともとこのような諸目的を含んでいたのである。しかし、取調のために拷問が行われる等のさまざまな弊害を生んできたため、弊害を除去すべく、身体拘束制度の目的を公判出頭確保一本に純化する方向に歴史は進んできており、現在はその途中だと捉えるのが正確だと思う。明文で残っている「罪証隠滅防止」も除去されねばならないだろう。あらためて考えてみると、罪証隠滅をする危険性のある人は被疑者・被告人に限らない。第三者だって罪証隠滅をするかもしれない。捜査機関だって罪証隠滅をする。検察官が被告人に有利な証拠を改ざんしてしまったケースは現に存在している。警察が重要な証拠を廃棄してしまったケースも存在する。保存の必要なしと判断した取調メモは速やかに廃棄せよという最高検の通達も存在する。被疑者・被告人だけが、他の手段ではなく身体拘束という重大不利益処分によって罪証隠滅防止を図られるというシステムは正当化できない。

【033】国際人権法からみた身体拘束制度

　対物的強制処分については、憲35という上位規範に刑訴法という下位規範が適合しているかを検討した。対人的強制処分についても同様の検討をしてみよう。ここでは憲法だけではなく、条約である自由権規約（市民的及び政治的権利に関する国際規約）も動員する。憲法には明文規定がないものが自由権規約には明記されているからである。ここで取り上げるのは、「身体不拘束原則」と「捜査と拘禁の分離原則」である。なお、自由権規約に保障されている人権は、憲31等により憲法でも保障されていると解することはできるので、この2つの原則が「憲法上保障されていない」と誤解したりしないでほしい。

　まずは身体不拘束原則の検討から入ろう。自規9Ⅲは「裁判に付される者を抑留することが原則であってはなら」ないと規定している。これを身体不拘束原則という。身体拘束は、行動の自由を奪い、外部とのコミュニケーションを遮断し、これまで歩んできた生活をご破算にしかねない激烈な重大不利益処分である。このようなひどい処分は最大限回避せよと述べているのである。任意捜査の原則と同じく、比例原則から生まれた原則といってよい。

　しかし現行法の規定の中には、文理解釈するかぎり身体不拘束原則（特に相当性）を考慮していないものが多い（82Ⅰ、83Ⅰ、84Ⅰ、85Ⅰ、86、87Ⅰ、97Ⅲ、207Ⅳ、354等参照。どこにも相当性を考慮すべしと明記していない）。目的論的解釈を施して身体不拘束原則に適合したものにしなければならない。

　また、身体不拘束原則から「より制限的でない他の手段を講じること」、「身体拘束の弊害を除去する策を講じること」という2つのサブ原則が導き出される。これらのサブ原則を刑訴法は満たしているだろうか。

　第一に、「より制限的でない他の手段」は設けられていない。現行法が、被疑者段階の勾留について保釈を認めていない（207Ⅰ但）ことは前述した。選択肢は、在宅か勾留かしかないのである。そこで、勾留するほどではないのだが在宅というわけにもいかないという場合、激烈な処分である勾留が認められてしまう。2011年に設置された法制審議会「新時代の刑事司法制度特別部会」（2016年刑訴法改正法案のたたき台を作った審議会）では、勾留よりも利益制限の程度が低い中間的な処分（指定住居に居住すること、外国に行くときには裁判官の許可を受けること、事件の審判に必要な知識を有する者と接触しないこと等の遵守事項を裁

判官が定め、それらの遵守を義務付ける処分）を設けるか否かについて激しく議論されたが、この制度の創設は見送られた。議事録は公開されているので、ぜひ読んでいただきたい。身体不拘束原則を意に介さない多数の委員がどのような反対論を展開したのか、記憶しておくとよい。

　第二に、「身体拘束の弊害を除去する策」は十分に講じられていない。主だったところを例示しておこう。前述したように、60Ⅰ①は、住居不定の者には召喚状送達ができないからというので勾留しなければならないと規定しているが、召喚状を送達したいのであれば、住居のない者に寄宿場所を提供するなどの社会的援助を施せばよいのである。しかしそのような策は全く講じられていない。外部とのコミュニケーションをできるだけ可能にするような策も講じられていない。弁護人以外の者との面会を全面的に禁止することも可能な規定が置かれている（81）。条件を付したうえで接見を認めるとか、特別な場合に接見禁止の執行停止を認めるという措置も考えられていない。また、【094】で少し紹介するが、被収容者法および下位法令は、施設の都合に合わせて、面会人数・場所・日・時間を制限できるようにしており、信書のやりとりについてもさまざまな制限ができるようにしている。しかも、面会や信書に関するこれらの制限内容は刑事施設と留置施設とで異なる。さらに、家族との関係が破壊されないような社会的援助（家族が面会に来られるように金銭援助をする等）もなされていない。社会的援助のシステムが進んでいる他国とぜひ比較してみてほしい。

　次に、捜査と拘禁の分離原則を検討しよう。自規9Ⅲは「刑事上の罪に問われて逮捕され……た者は、裁判官……の面前に速やかに連れて行かれるものと」すると規定している。身体拘束の適法性を捜査機関でなく裁判官が直接審査するとともに、捜査機関の手元に被疑者を置かないことにより、不当な取調や拷問等が行われるのを防ごうとしているのである。取調のために拘禁を利用しないことを「捜査と拘禁の分離原則」と呼んでいる。

　現行法はこの分離原則に適合しているだろうか。ここでは2点、問題を指摘しよう。第一に、逮捕（狭義）された被疑者が裁判官のもとに連れて行かれるまでの期間が長すぎるという問題である。司法巡査が逮捕（狭義）した場合を念頭に置いて条文を確認しよう。❶逮捕（狭義）された被疑者は、裁判官にで

はなく、司法警察員に引致される（202）。❷被疑者を受け取った司法警察員
は、留置の必要があるときは、48時間以内に、裁判官にではなく検察官に送致
する（203Ⅰ）。❸被疑者を受け取った検察官は、留置の必要があるときは、24
時間以内に裁判官に勾留請求する（205Ⅰ）。❹勾留の請求を受けた裁判官はそ
の可否を判断するのだが、そのために被疑者の陳述を直接聴かねばならない
（207Ⅰ・61Ⅰ参照。この手続を「勾留質問」と呼んでいる）。ここで初めて裁判官は
被疑者と出会うのである。

　以上のように、勾留質問のステージで、初めて被疑者は裁判官の面前に連れ
ていかれる。生きた法の世界において捜査機関は48＋24＝72時間を捜査機関の
「手持ち時間（好きに使ってよい時間）」と考えているので、裁判官の面前に連れ
ていかれるのは、逮捕されてから72時間後ということになる。しかし自規9Ⅲ
は「速やかに」裁判官の面前に連れていけと要請していた。72時間後に連れて
いくことを認める諸規定はこの要請に応えているだろうか。

　規約人権委員会の一般的意見は、「速やかに」というのは数日間を超えては
ならないという意味であり、しかも、通常は48時間で十分であり、48時間を超
える事態は例外的な場合に限られるべきだという。日本の72時間（実際は72時
間を超えることもありうる。206参照）は「速やかに」に違反する可能性がある。
実際、この72時間以内に虚偽自白を強制された事件は数多く存在する。

　条約違反の誹りを免れようとするならば、法改正するか、縮小解釈するしか
ない。ここでは縮小解釈の例を1つ紹介しておこう。前述のように生きた法の
世界では、72時間は捜査機関の手持ち時間と解され、運用されているが、その
ように解釈する必然性はない。

　例えば203Ⅰをみてみよう。「留置の必要があると思料するときは被疑者が身
体を拘束された時から四十八時間以内に……検察官に送致する手続をしなけれ
ばならない」と規定されている。もし立法者（ちなみに、立法者がどのような趣
旨で本規定を設けたのかを明らかにする資料は現在のところ発見または公開されていな
い）が48時間の手持ち時間を与えることを意図していたのであれば、「留置の
必要があると思料するときはこれを留置することができる。ただし被疑者が身
体を拘束された時から四十八時間を超えてはならない」と規定するのが自然で
はないだろうか。しかし実際の規定は「留置の必要がある」場合には「検察官

に送致」しなければならないと述べている。あくまでも、検察官に送致せよという要請が本筋なのである。

　そして48時間を取調等に活用せよとはどこにも書かれていない。しかも、被疑者を受け取ってから行うべしと命じているのは犯罪事実の要旨の告知、弁護人選任権の告知、弁解の機会を与えることの３つだけである。そもそも逮捕できたのだから犯罪の嫌疑は十分にあるし、逃亡防止等の逮捕の必要性もあったのだろう。しかし被疑者本人の言い分を直接聞くことによって、嫌疑が晴れたり、実は逮捕の必要性がないことが明らかになったりするかもしれない。そうなったならば直ちに釈放し、そうでなければ（勾留請求するのは検察官なので）検察官に送致せよといっているだけではないか。「四十八時間以内」というのは、立法当時の交通事情等により送致に時間がかかるかもしれない（離島で逮捕したので船で送致しなければならないとか、堤防が決壊して川が氾濫したので検察庁に行けないなど）ことに鑑みて、一定の猶予を与えはするけれども、何か事情があるということを奇禍としてノロノロと手続を進められても困るので、どんな事情があろうと48時間以内でなければアウトだ（どうしても48時間以内に送致できなかった特殊例外的事情がある場合には206Ⅰに基づき疎明せよ）ということを述べているのではないか。「留置の必要」とは逮捕留置のことではなく、「勾留の必要」を意味しているのではないか。

　まとめよう。「留置の必要」とは「勾留の必要」を意味する。72時間は捜査機関の手持ち時間ではなく、取調等に活用するための時間でもない。そのようなことを認める明文規定はない。条文を素直に読む限り、弁解を聴いた後、直ちに釈放するか勾留請求手続に進むかを決めねばならない。しかし、速やかに手続をとることを阻む特殊事情が存する場合もあるだろう。そこでケース・バイ・ケースで一定の遅延を認める（これは比例原則に基づき判断される）。しかしどんな事情があったとしても所定の時間を超えたら相当性に欠けるとして一律アウトにする。──このように解釈すれば、かろうじて条約違反の誹りは免れるだろう。

　第二に、裁判官のもとに連れていかれた後、再び捜査機関の手元に置かれてしまうという問題がある。勾留を認める場合には勾留状を発付することになるが、この令状に記載すべき事項は207Ⅰ・64に規定されている。記載すべきも

の１つに「勾留すべき刑事施設」がある。刑事施設とは、「次に掲げる者を収容し、これらの者に対し必要な処遇を行う施設」（被収３柱）のことであり、「刑事訴訟法の規定により勾留される者」も掲げられている（被収３③）。警察ではなく、警察とは独立している法務省が管理・運営する施設で、一般に「拘置所」と呼ばれている。

　このように、被収３を見る限り、被収容者法と刑訴法との間に矛盾はない。しかし、被収15柱は、「第三条各号に掲げる者は、……刑事施設に収容することに代えて、留置施設に留置することができる」と規定しているので矛盾が生じる。留置施設とは、被収14Ⅰ「都道府県警察に、留置施設を設置する」からもわかるように、警察が管理・運営する施設である。俗に、「警察留置場」とか「ブタ箱」とか呼ばれる、警察署内に設置されている居室のことである。刑事施設に代えて利用される留置施設という意味で、「代用刑事施設」と呼ばれている（被収容者法改正前は「監獄」という言葉が用いられていたので、かつては「代用監獄」と呼ばれていた）。

　被収15と刑訴法64Ⅰとの間の矛盾については、被収286に複雑なみなし規定を置くことによって解決を図った。

　さて、「警察の手元に置いておくと権限濫用が起きてしまいやすいから、それを防ぐために裁判官のもとに速やかに連れていかねばならない」というのが自規９Ⅲの趣旨だったはずなのだが、裁判官のもとに連れていった後、再び警察のもとに戻してしまってよいのだろうか。しかも、逮捕の時間制限が72時間であったのと異なり、勾留の場合は延長を含めて20日間（208）であるから、逮捕の間よりも格段に長い期間、警察の手元に置かれることになる。

　この点、規約人権委員会の一般的意見35は、裁判官の面前への引致後は警察の留置場に戻すべきではなく、被抑留者の権利に対する危険を軽減できる他の当局の管轄下にある別の施設でなされるべきであると述べている。そして自規40Ⅰに基づいてなされる日本政府報告に対し規約人権委員会が作成する意見（自規40Ⅳ）において、代用刑事施設制度は繰り返し批判されてきている。例えば、2008年に出された第５回政府報告書に対しては、代用刑事施設を「廃止すべき（should abolish）」と述べ、2014年の第６回政府報告書に対しては、代用刑事施設を「あらゆる手段を講じて廃止すべき（should take all measures to abolish）」と述べている。極めて強い口調で代用刑事施設が自規9Ⅲに適合しないことを指摘しているのである（なお、2022年の第7回政府報告書に対しては、はっきりとした言及はされていない）。

　しかし日本政府は一貫して、❶短期間のうちに綿密な捜査を行う必要性、❷刑事施設の数が少ないので増設するために多額の予算を必要とすること、❸留置担当官が被留置者に係る犯罪の捜査に従事してはならないことになっている（被収16Ⅲ）ので拘禁が取調に悪用されることはないこと、等の理由を挙げて代用刑事施設の廃止を拒否し続けている。

　私は、代用刑事施設システムが条約違反にならない理由として❶捜査の必要性を挙げるのは間違っていると思う。必要性があることは織り込み済みだからである。そのうえで、拘禁が捜査に流用されることを防ぐために捜査と拘禁の分離原則が設けられている。また、❷も問題にならない。お金がかかるので条約違反を見逃してくださいという弁明は通用しない。また、さしあたり全国の留置施設を刑事施設に代える（つまり、留置施設の部分を警察管轄ではなく法務省管轄に変更する）だけでよく、大量の建物を新たにかつ直ちに建築する必要もない。❸については、しょせんは警察内部での役割分担にすぎず、十分ではないと規約人権委員会も繰り返し指摘している。実際、私がある留置施設を見学に行った時も、留置担当官は「取調官の行動をこちらから規制することはない」と述べていた。取調を拒否して居室から出ようとしない被疑者に留置担当官が腰縄をつけ、引っ張って居室から出させ、取調官に引き渡した例もある。さらに代用刑事施設では、同じ居室にスパイを送り込み、そのスパイを通じて被疑者の供述を獲得しようとするなどの不当な企みが行われている（福岡地小倉支判平20・3・5 22 ）が、このような芸当は、捜査担当官の要請に応じて同房者を配置するなど、留置担当官が協力しないとできるものではない（刑事施設だと協力してくれないのでこのような企みは行えない）。政府の説明は「書かれた法」のみに依拠し、「生きた法」の世界における実態を無視している。蛇足ながら、一般的にいって、政府や政治家や法律専門家が「条文がこうなっているから大丈夫だ」という発言をした場合、安易にその発言に納得せず、「書かれた法はともかく生きた法は？」と問うことが大切である。

【034】　憲33からみた身体拘束制度

　次に、令状主義を規定する憲33から刑訴法をみてみよう。まず前提として憲33中の「逮捕」は広い概念であることを理解しておこう。憲33は身体を拘束する行為そのものを「逮捕」と規定しているので、刑訴法上の「逮捕」、「勾留」、「勾引」、「鑑定留置」、「（現行法が認めていると解釈する人にとってはおそらく）強制採尿場所への強制連行」の全てを含んでいる。

　それでは検討を始めよう。憲33は「権限を有する司法官憲」すなわち裁判官が発する令状によらなければ逮捕されない権利を我々は有していると規定している。身体拘束という重大不利益処分が不当に課されるのを防ぐべく、裁判官が事前に審査するのである。対物的強制処分において令状主義が規定されている（憲35Ⅰ）趣旨と同じである。しかし憲33は、「現行犯として逮捕される場合」には令状不要とする。現行犯逮捕の場合には誤認逮捕の危険性が低いので事前の令状審査をしなくてもよいと憲法は考えているようである。

　この例外規定との関連で問題になるのが212Ⅱである。212Ⅰで「現に罪を行い、又は現に罪を行い終わった者」を現行犯人と規定しつつ、212Ⅱにおいて、そうでない場合についても一定の要件を満たす場合には「現行犯人とみなす」と規定しているのである（一般に準現行犯と呼ばれている）。犯罪と犯人の明白性が本来の現行犯人に匹敵するほど高度に認められねばならない等の限定解釈を施して合憲とする見解が主流である。

　次の問題に移ろう。刑訴法は、令状発付の要否・時期という観点からみて3種類の逮捕形式を規定している。第一に、令状の請求・発付後に逮捕する通常逮捕である。199Ⅰは「あらかじめ発する逮捕状により」逮捕できると定めている。第二に、逮捕（狭義）してから令状請求する緊急逮捕である。210Ⅰは、「急速を要し、裁判官の逮捕状を求めることができないとき」に逮捕できると規定している。逮捕後には「直ちに裁判官の逮捕状を求める手続」をしなければならない。第三に、令状請求・発付がない現行犯逮捕である。213は、現行犯人を「逮捕状なくしてこれを逮捕することができる」と規定している。

　このうち、第一は憲33の原則どおりなので問題ない（ちなみに勾留はこのパターンしかない。62参照）。第三も憲33の定める例外どおりなので、ここでは問題ない。問題は第二である。令状審査に先行して逮捕行為をしてしまうので

は、事前に権限濫用を防止することができないではないか。しかし最高裁は、210は憲33の「趣旨に反するものではない」とだけ述べ、条文をどのように解釈したのかを示さずに合憲と判断した（最大判昭30・12・14[1-22]）。

　緊急逮捕を合憲とする学説は多数ある。例えば、❶「令状による逮捕」に該当するという説がある。逮捕に接着した時期に逮捕状が発せられるかぎり、逮捕手続を全体としてみるときは逮捕状に基づくものといえると考える。❷「現行犯として逮捕」に該当するという説もある。❸「令状による逮捕」にも「現行犯として逮捕」にも該当しないが、憲33を準用して認めるという説もある。

　しかし、❶は事前審査がないことを正当化する論理になっていないし、現に論者自身が、逮捕状請求が却下された場合、当該逮捕はさかのぼって違憲となることを認めている。違法となるか否かが処分時にわからないような処分を認めることはできない。❷は文理上無理である。❸は被疑者に対する不利益処分を類推適用により認めること自体不当であるし、事前の審査もなく犯罪・犯人の明白性もないという点で類推適用する前提を欠く。やはり、緊急逮捕を規定する210は違憲であり無効だといわねばならない。合憲説は逮捕の必要性を重視するわけだが、「逮捕か、無策か」という二者択一の前提を置いて論じてはいないだろうか。身体不拘束原則を無視する問題設定をしてはならない。令状請求・発付までに被疑者の所在を把握する方策を考えたり、逮捕よりも利益侵害程度の低い逃亡防止の方策を考えたりすることにもっとエネルギーを割くべきである。また、必要性を重視して無理筋の憲法解釈を通すと、今度はそれが、対物的強制処分も含め令状主義に関連するさまざまな論点に跳ね返ってきて、令状主義の要請が骨抜きになる危険性を強く意識する必要があろう。

　なお、憲33は、令状には「理由となつてゐる犯罪」が「明示」されていなければならないと規定している。他事件の捜査に流用されるのを防止すると同時に、被疑者・被告人が当該逮捕の正当性をチェックできるようにしているのである。対物的強制処分において「場所及び押収する物」の明示が求められていた（憲35Ⅰ）のと同じである。しかし、チェックした結果不服申立をしようとしても、不服申立に関する規定の中に逮捕の文字が含まれていない（429Ⅰ②参照）。解釈や法改正によって対処する必要がある。【053】で述べる。

【035】 通常逮捕の流れ

　国際人権法や憲法から刑訴法上の逮捕・勾留システムをみた。そこで今度は、規定を一つ一つ、丁寧に、愚直に、何度も、確認しよう。

　第一に、通常逮捕の実体的要件は199が規定している。主要ポイントを挙げておこう。❶199Ⅰが規定する「逮捕権者」よりも199Ⅱが規定する「逮捕状請求権者」のほうが狭いことに注意しよう（199Ⅱに登場する警察官の階級については警62で確認）。捜索・差押・検証の令状請求権者（218Ⅳ）よりも限定されている。ただし、最も狭いのは通信傍受の令状請求権者である（通傍4Ⅰ）。

　❷199Ⅰ但は、刑罰が軽い罪につき要件を加重している。本規定に限らず刑訴法が刑罰について言及している箇所は、原則として法定刑である。せっかくだからここで、法定刑と処断刑と宣告刑の違いを理解しておこう。例えば遺棄罪を規定する刑217には「一年以下の懲役（拘禁刑）に処する」と書かれている（ちなみに下限は刑12Ⅰが規定しており、「一月以上」である）。これが法定刑である。しかし刑47や刑57のように刑を加重する規定もある。逆に、刑63や刑36Ⅱのように減軽する規定もある。また、当該犯罪の情状に酌量すべきものがある場合にも減軽ができる（刑66）。減軽の方法は刑68〜72に規定されている。例えば遺棄罪で有罪とされる被告人は、減軽されると「15日以上6カ月以下」（刑68③に基づき処理）の範囲内で懲役（拘禁刑）に処せられる。これを処断刑という。そして実際に判決で宣告されるものを宣告刑という。

　❸199Ⅱ但は、逮捕の必要性（逃亡防止および罪証隠滅防止）を要求しているが、「明らかに逮捕の必要がない」といえないかぎり令状を発付してよいとしているので、逮捕状発付を妨げる力は弱い。なお199Ⅲについては【051】参照。

　第二に、逮捕状の方式については200が規定している。❶憲33「理由となってゐる犯罪を明示する令状」を受け、200Ⅰは、219Ⅰとは異なり「被疑事実の要旨」の記載を義務付けていることに注意しよう。❷被疑者の氏名や住居が明らかでないとき、200Ⅱは勾留状について定める64ⅡⅢを準用している。

　第三に、逮捕（狭義）の手続については201が規定している。他にも220Ⅰ①②が逮捕状の執行に関する規定を置いていた。❶201Ⅰは逮捕状の呈示を義務付けている。❷逮捕状を逮捕者が所持していない場合の処理につき201Ⅱは73Ⅲを準用している。「逮捕状を所持しないためこれを示すことができない場合

において、急速を要するときは、201Ⅰの規定にかかわらず、被疑者に対し被疑事実の要旨及び……」と読み替えることになる。この手続は実務において「逮捕状の緊急執行」と呼ばれている。

　第四に、逮捕引致の手続については202が規定している。検察事務官や司法巡査は逮捕状請求権者でないことと関連付けて記憶しておこう。

　第五に、逮捕留置中の手続については203～206が規定している。司法警察職員が逮捕した事件については203→205→206の順に読む。検察官や検察事務官が逮捕した事件については204→206の順に読む。

　❶203Ⅰおよび204Ⅰは、犯罪事実の要旨の告知、弁護人選任権の告知、弁解の機会を与えることを義務付けている。犯罪事実の要旨と弁護人選任権の告知義務は憲34に基づく。逮捕された被疑者を裁判官のもとに引致したうえで裁判官が告知する英米法の予備審問制度がオリジナルである。英米では裁判官が告知を行うのに日本では捜査機関が告知を行うこととされており、問題である。また、203Ⅱおよび204Ⅴ（203Ⅱを準用）は、一定の場合に弁護人選任権の告知を不要としているが、これも問題である。

　❷203Ⅲおよび204Ⅱは、弁護人選任の方法の教示を義務付けている（209・78も参照。なお、当番弁護士制度についても説明すべきだろう）。また、勾留段階から国選弁護人を付すことができる（37の2参照）ので、203Ⅳおよび204Ⅲは、それに関連する事項について教示する義務を負わせている。被疑者の中には弁護人を頼めること自体を知らない人もいる。権利を行使できるようにするために、多数の告知・教示規定を置いているのである。

　第六に、留置後の手続（送致、釈放、勾留請求）について、203Ⅰ、203Ⅴ、204Ⅰ、204Ⅳ、205Ⅰ、205Ⅱ、205Ⅲ、205Ⅳ、206Ⅰ、206Ⅱが規定している。❶205Ⅱは、203Ⅰに基づき48時間以内に送致の手続をし、205Ⅰに基づき「被疑者を受け取ったとき」から24時間以内に勾留請求したとしても、検察庁まで送り届けるのに手間取り被疑者を受け取るまでの時間が長くなることを想定し、そのような時間も含めてトータルで72時間をリミットとしている。❷204Ⅰ但や205Ⅲが、所定の時間制限内に公訴提起したときは勾留請求不要としているのは、【032】で述べたように、公訴提起後の勾留については裁判所（第1回公判期日までは裁判官。280参照）の職権判断事項となるからである。

【036】 緊急逮捕の流れ

　次は緊急逮捕である。第一に、210Ⅰがその要件を定めている。❶対象を法定刑の比較的高い犯罪に限定している。❷実体的要件である嫌疑につき「罪を犯したことを疑うに足りる充分（十分）な理由」を要求している。通常逮捕で求められていた「相当な理由」（199Ⅰ、199Ⅱ）よりも高度である。❸逮捕権者は、通常逮捕（199Ⅰ）と同じである。❹逮捕の際に「その理由」を告げねばならないが、「その理由」とは、本条所定の罪を犯したことを疑うに足りる充分（十分）な理由があること、かつ、急速を要し、裁判官の逮捕状を求めることができないときにあたることを指す。❺逮捕状請求権者の規定がないのは、逮捕後「直ちに」逮捕状請求を行わねばならないからである。したがって、検察事務官や司法巡査も逮捕状請求ができる（なお犯捜120参照）。❻緊急逮捕の要件は逮捕（狭義）時に存在していなければならない。したがって、逮捕後の状況や逮捕後に得た資料によって逮捕時の要件該当性を判断してはならない。要件を満たさない場合には請求を却下し、「直ちに被疑者を釈放しなければならない」。❼逮捕（狭義）時には要件が備わっていたとしても、逮捕後に要件を欠くに至った場合は、身体拘束の継続を認めるべき正当性がないので、やはり請求を却下し、「直ちに被疑者を釈放しなければならない」。

　第二に、逮捕状の方式については通常逮捕の規定である200が準用される（210Ⅱ）。

　第三に、逮捕（狭義）後の手続については、通常逮捕の規定が準用される（211）。したがって、司法警察員が逮捕した場合には203→205→206、司法巡査が逮捕した場合には202→203→205→206、検察官が逮捕した場合には204→206、検察事務官が逮捕した場合には202→204→206と進む。

【037】 現行犯逮捕の流れ

　お次は現行犯逮捕である。第一に、現行犯人の定義は212に規定されている。❶212Ⅱ柱を注意して読もう。「左の各号の一にあたる者」のみが対象となる。したがって、「罪を行い終わつてから間がないと明らかに認められる」か否かを判断する前に、各号に該当するかをチェックしなければならない。❷212Ⅱ①「追呼」とは追跡または呼号（大声で叫ぶこと）を意味する。❸212Ⅱ②

「贓物」とは、財産犯罪によって不法に領得された物で被害者が法律上追求できるものをいう。刑256に「贓物」という言葉が使用されていたのだが、1995年に現代用語化されたのでチェックしておこう。ただし森林法が「贓物」という言葉を維持している（森林201参照。森林197、199も参照）ので、本条でも「贓物」という言葉が維持されている。❹212Ⅱ④「誰何」とは、「とがめて名前を聞く」ことが本来の意味だが、拡大解釈され、呼び止められて逃げ出したような場合でもよいとされている。

　第二に、逮捕権者を213が規定している。「何人でも」と規定されているので、私人も逮捕できる。また、逮捕状が不要であることも明記されている。したがって、他の逮捕形態とは異なり、逮捕状請求権者は存在しない。これに関連して、被逮捕者は、自分が逮捕されたことをその場で認識できず、よくわからない間に手続が進められてしまうケースが生じていることに注意しておこう（電車内の痴漢事件など）。通常逮捕のときには逮捕時に逮捕状が呈示される（201Ⅰ）。または、被疑事実の要旨および令状が発付されていることを告知される（201Ⅱ・73Ⅲ）。緊急逮捕の時には逮捕時に「その理由」を告知される（210）。これらに対し、現行犯逮捕の際に、逮捕者に対し何らかの告知を義務付ける規定はない。立法課題とすべきである。

　第三に、217は、軽微事件について実体的要件を加重している。

　第四に、逮捕（狭義）後の手続については、214〜216が規定している。❶私人が逮捕（狭義）した場合には、所定の検察官又は司法警察職員に引き渡さなければならない（214）。滅多に起こらないこととは思うが、私人が検察官に引き渡した場合には、216の準用規定を通して216→204→206と進む。司法巡査に引き渡すのが典型パターンだが、その場合には、215→216→203→205と進む。司法警察員に引き渡した場合には、規定上は215をパスして216→203→205と進むことになる。しかし、逮捕者の氏名等を聴き取る作業（215Ⅱ前）は、司法警察員や検察官が引き渡しを受けた場合においても必要であろう。犯捜129Ⅰは、聴き取りの義務を「警察官」全てに負わせている。❷私人ではなく捜査機関が逮捕（狭義）した場合には、202以下の規定が準用される（216）。緊急逮捕の場合と同じである。

【038】被疑者勾留の流れ

　勾留の規定は逮捕よりも複雑なので、流れをしっかり理解しよう。とはいえ、みなさんは既に捜索・差押・検証の条文群や逮捕の条文群をしっかりおさえてきて、条文を読むセンスが磨かれていると思うので、勾留規定に関するポイントの説明はあっさりしたものでよいだろう。以下の順に条文を読んでみよう。

　第一に、検察官が勾留請求する（204・205・206）。第二に、裁判官が審査する。審査にあたっては被告人勾留の規定が準用される（207Ⅰ）。第三に、勾留の実体要件は207Ⅰ・60Ⅰが規定している。嫌疑および60Ⅰ①②③いずれかの存在を求めている。軽い罪については要件が加重されている（207Ⅰ・60Ⅲ。なお、60Ⅱは準用されない）。少年に対する勾留については少年法に特則がある（少48。ただし少67Ⅱ）。

　第四に、勾留決定の前に被疑者に対し被疑事件を告げ、これに関する陳述を聴かねばならない（207Ⅰ・61。ただし但書を読み落とさないように）。ここでようやく裁判官が被疑者に告知聴聞するのである。告知と聴聞をするものなのに、なぜか業界ではこの手続を「勾留質問」と呼んでいる。「勾留質問」の際には、弁護人選任権等の告知・教示を行う（207ⅡⅢⅣ）。被疑者が逃亡した場合（207Ⅰ・61但）については207Ⅰ・77ⅢⅣ参照。弁護人選任手続については207Ⅰ・78参照。弁護人等には勾留した旨を通知しなければならない（207Ⅰ・79）。

　第五に、勾留する場合には速やかに勾留状を発付し、勾留しない場合（勾留の理由がない場合および206Ⅱに該当するとき）には直ちに被疑者の釈放を命じる。（207Ⅴおよび207Ⅰ・62。勾留状の部分だけ準用される）。第六に、勾留状の方式は207Ⅰ・64が規定している（勾留状の部分だけ準用される）。被疑者勾留の期間および期間の延長については208、208の2が規定している。

　第七に、勾留状の執行に関しては70、73ⅡⅢ、74中の勾留状執行部分が準用される。勾留中の接見交通については39、207Ⅰ・80、207Ⅰ・81参照。

　第八に、勾留理由開示制度がある（207Ⅰ・82～86）。憲34後を受けて設けられたものである。勾留の理由を公開法廷において請求者に提示し、請求者からの批判に十分にさらすことにより、勾留の要否を再検討させようとしている。

　第九に、状況に応じて勾留の取消（207Ⅰ・87、207Ⅰ・91。「取消」は撤回と解

されている）、勾留の執行停止（親の葬儀に参列させるためなど、必要な場合に一時的に拘束を解くもの。207Ⅰ・95）がなされる。被疑者から勾留に関する裁判の取消を請求する（つまり不服申立する）こともできる（429Ⅰ②）。

【039】 逮捕・勾留の理由・必要

　逮捕・勾留に関する条文の中には「理由」「必要」という言葉がよく登場し、学生を惑わせる。以下、敷衍する。

　逮捕からみてみよう。規定上には存在しないが、講学上「逮捕の理由」という言葉が使用されている。これは嫌疑を指す。「逮捕の必要」という言葉は規定上に存在する（199Ⅱ但）。これは狭義の必要性（逃亡防止、罪証隠滅防止）のことを指すと解されている。狭義の相当性に関する規定は存在しない。

　次に勾留についてみてみよう。「勾留の理由」という言葉が登場するのは、勾留理由開示制度に関する条文（82Ⅰ、83Ⅰ、84Ⅰ、85、86、97Ⅲ、354）および207Ⅴである。「勾留の必要」という言葉が登場するのは87Ⅰのみである。

　もともと「勾留の理由」という言葉は、60Ⅰ所定の要件、すなわち、嫌疑（60Ⅰ柱）および60Ⅰ①②③に規定されている事由（狭義の必要性）の存在を意味していたものと思われる。ただし、60Ⅰ①の「定まった住居を有しないとき」に該当したとしても、確かな身元引受人が存在するため召喚状の送達等に困ることはないケースは考えられる。そのような場合は勾留する必要がない。そこで87Ⅰは、60Ⅰ①②③の事由が存在しても当該事案においては狭義の必要性がないときに勾留の取消を認めたのだと思われる。つまり、「勾留の理由」にも「勾留の必要」にも狭義の相当性は含まれていなかったのである。しかし比例原則の理解が進んできたため、文理からは相当離れるが、「勾留の必要」とは「狭義の相当性」を指すと拡大解釈する論者が増えてきている。そのため、「必要」と書いてあるのに「相当性」を指すと読む、というわかりにくい事態が生じたのである。

　しかしこの程度では不十分で、依然として多くの規定が身体不拘束原則（比例原則）違反となってしまうだろう。諸規定に大胆な目的論的解釈を施す必要がある。というわけで、次からは、比例原則の問題を含め、逮捕・勾留規定の解釈・あてはめに争いがある主要点について検討しよう。

【040】 逮捕・勾留に関する規定の解釈・適用①

　逮捕・勾留に関する書かれた法を一通りチェックしたところで、解釈が必要な点をいくつか説明しておこう。①明文なき要件（【040】）、②明文あるが解釈が争われている論点（【041】）、③あてはめが争われる論点（【042】）に分けて述べていくから、根拠条文を強く意識して勉強してほしい。まずは明文なき要件からである。

　明文なき要件が問題となるものの多くは、比例原則（憲31）に関わるものである。身体拘束という重要法益処分であるにもかかわらず、比例原則に配慮していないようにみえる規定が多い（旧刑訴法の規定を引き継いでいるものが多いからだろう）ので、解釈によって補ってやらねばならないのである。

　第一に、逮捕・勾留の要件に相当性の存在を加える必要がある。逮捕状発付の要件を規定している199Ⅱは「被疑者が罪を犯したことを疑うに足りる相当な理由」（嫌疑）と、「明らかに逮捕の必要がない」こと（必要性）を要件として規定している。規143の3は逃亡防止と罪証隠滅防止という狭義の必要性しか挙げていないが、比例原則を無視するような法律の規定は憲31違反になってしまうから、199Ⅱ但の「逮捕の必要」とは広義の必要性（つまり狭義の必要性および相当性）を意味すると解釈すべきである。

　勾留については、相当性が求められることが取消の箇所で明記されており（207Ⅰ、87Ⅰ「勾留の必要」）、法定期間超過の場合に勾留請求却下すべきとの規定もある（206Ⅱ）が、207Ⅰが準用する60Ⅰには相当性を求める明文がない。しかし、取消の要件を最初から満たしているのであればそもそも勾留を認めるべきでないし、比例原則を無視する規定であってはならないから、相当性の存在は60Ⅰの書かれざる要件と解釈すべきである。そして、勾留請求を却下し被疑者の釈放を命ずる207Ⅴにおける「勾留の理由」は、「嫌疑、勾留の（狭義の）必要性および相当性」を意味するものと拡大解釈すべきである。206Ⅱが法定期間超過のみを括りだしているのは、逮捕関連の法定期間超過が問題となるのが捜査段階だけ（逮捕は捜査機関しか行えない）であることに鑑み、注意喚起を促すためと捉えておけばよい。

　ところで実務では、逮捕手続に違法があった場合に勾留請求を却下することがある。このこと自体を否定する学説は、少なくとも現在はないと思うが、勾

留要件として「逮捕手続が適法になされたこと」が法律に明記されているわけではないので、根拠条文が問題となる。この点について明確な説明をした判例はないが、下級審の裁判例の中には逮捕前置主義（207Ⅰ。【032】参照）を挙げるものがある（例えば京都地決昭44・11・5 [23]）。逮捕前置主義を根拠とする見解の多くは、身体拘束という重要法益侵害処分に瑕疵がないかを裁判官に慎重に点検させるという逮捕前置主義の趣旨、および、文理解釈する限り逮捕に対する不服申立が認められていない（429Ⅰ②に逮捕が掲げられていない）のは勾留審査の際に逮捕の適法性についても審査することを想定していると考えられることを実質的理由として掲げている。このイシューに関してはさまざまな学説があるので、よく調べてみよう。なお、ある程度勉強している方は、このイシューに関する自説と、再逮捕・再勾留の可否に関する自説がばらばらになっていないかよく吟味されるとよい。

　ちなみに私は、逮捕に対しても不服申立ができると解釈するので、不服申立ができないことを前提とする立論には賛同できない。先行手続に違法があったにもかかわらずそれを我慢させてさらに次の法益侵害処分を甘受させるという事態は相当性に欠けると考えるので、相当性を要求していると解釈した前記条文群を根拠条文とする。こうすることによって、勾留審査のステージだけでなく、逮捕状請求の段階においても同様の処理を統一基準で行えるようになる（例えば、違法な捜索・差押によって得られた証拠を疎明資料として逮捕状請求がなされた場合に、相当性が欠けるとして却下できる）。

　なお、実務では、先行する逮捕手続に違法があるあらゆるケースについて勾留請求却下されるわけではなく、当該違法が重大なものであることが要求されている。判例はないが、よく参照される下級審の裁判例（東京高判昭54・8・14 [23c]）のあてはめを紹介しておこう。本判決は、違法な任意同行（任意処分の域を超え、実質的には強制処分たる逮捕であったと認定している）が先行する違法な令状逮捕があったと評価しつつも、❶任意同行の時点で緊急逮捕の要件が存在していたこと、❷実質的逮捕から約3時間後に令状逮捕が行われていたこと、❸実質的逮捕のときから48時間以内に検察官送致の手続がとられていたことから、重大な違法はないと判断した。つまり、❶任意同行は違法だったわけだが、緊急逮捕しようと思えばできたし、❷その後も3時間で令状を得ていたわ

けだから、緊急逮捕を規定する210Ⅰが求めている「直ちに裁判官の手続を求める手続」をして令状が発付されたのと似たような状況といえるし、❸送検手続も、実質的逮捕の時点に緊急逮捕していたと仮定しても法定期間の48時間以内におさまっている（211、203Ⅰ）から、もし初めから緊急逮捕していればその後の手続は全て適法であったといえるため、結局のところ捜査官は、緊急逮捕の手続をとらなかったという単純な手続ミスを犯したにすぎない、と述べているわけだ。

　重大な違法がある場合にのみ却下すべきか否か、重大な違法か否かを決する判断基準はどのようなものであるべきかについては議論がある。よく調べてみよう。ちなみに私の見解では、先行手続の違法は比例原則適用の際に考慮すべき一事情となる。必要性と相当性のバランスが問題になるので、重大な違法がなくとも必要性が低ければ、相当でないという結論になることもありうる。また、緊急逮捕の実体的要件とその後の手続経過だけをみる判例のあてはめ方法は不十分であると考えている。緊急逮捕しようと思えばできたのにしないで違法な任意同行を用いたのは、逮捕してしまうと48時間以内に送検しなければならないので、その時間のしばりを免れてたっぷりと取調の時間を確保しておきたかったからかもしれない。もしそうだとすると、法定期間を潜脱しようとする脱法的意図と、取調目的に身体拘束を用いようとする脱法的意図が認められるわけだから、看過できない重大違法があることになる。

　第二に、現行犯逮捕の規定（213）は逮捕の必要性および相当性について言及していないが、それでは比例原則に違反する規定になってしまうので、書かれざる要件として、199Ⅱ但と同様の実体的要件（明らかに逮捕の必要がない場合には現行犯逮捕を認めない）を認めるしかなかろう。

　なお、217は、法定刑の軽い罪について、「犯人の住居若しくは氏名が明らかでない場合又は犯人が逃亡するおそれがある場合に限り」現行犯逮捕ができると規定している。これは必要性の要件を加重したものである。捜査機関は、「明らかに逮捕の必要がないといえるか」ではなく、積極的に「逮捕の必要があるといえるか」を判断しなければならない。

　第三に、捜索・押収の場合（222Ⅰ、111・129）とは異なり、逮捕・勾留の際に「必要な処分」を行うことを認める明文規定がない。220Ⅰ②および222Ⅰで

まかなえない必要な処分を行うことも逮捕（199Ⅰ）や勾留（207Ⅰ、60）という言葉の中に含まれていると拡大解釈するしかなかろう。捜索・押収の場合と同様、比例原則に適った処分のみが認められるだろう。

　第四に、208Ⅰは、勾留した事件につき「勾留の請求をした日から十日以内に公訴を提起しないときは、検察官は、直ちに被疑者を釈放」せよと規定している。延長を認める208Ⅱは、「期間の延長は、通じて十日を超えることができない」と10日間未満の期間を設定することが可能な文言になっているのに対し、208Ⅰは、裁判官が期間を具体的に設定すべきことを述べていない。ということは、10日間よりも少ない期間に限定した勾留状を裁判官が発付することはできないのだろうか。

　明文規定はないができる、と解するのが一般的見解である。10日間も必要がないことがわかっているのに、身体拘束という重大不利益処分を過剰に課さねばならないのは不合理（比例原則違反）であるし、長すぎる場合は後で取り消すことができる（207Ⅰ、91Ⅰ）のであるから、10日間も必要がないことがわかっているのであれば初めから短期に限定しておくことも当然許されるはずだ、と考えるのである。

　第五に、事件単位原則およびこの原則から派生する諸原則に抵触する運用は法律違反と評価される。逮捕・勾留の効力は令状記載の被疑事実にのみ及ぶという事件単位原則そのものが明文で規定されているわけではないが、解釈により認められている。このイシューは少々入り組んでいるので、ここでは述べず、後に回すことにする（【043】、【048】 ～ 【051】 参照）。

　第六に、逮捕された者の弁護人等に逮捕したことを通知する必要がある。勾留した場合には直ちに弁護人等に通知する義務を裁判官に負わせている（207Ⅰ、79）のに対し、逮捕した場合については規定がない。そのため、自分の娘が逮捕されたことを保護者は知らされず、テレビのニュースを見てはじめて知ったなどという笑えない事態が生じうる。通知義務を課す規定がないので通知義務はないと実務では解されているが、通知することの法的重要性（防禦の準備等を速やかに開始できる）や社会的重要性（身辺整理等を速やかに開始できる）に鑑み、79を類推適用すべきである。

【041】逮捕・勾留に関する規定の解釈・適用②

　第一に、210Ⅰは、緊急逮捕後「直ちに」裁判官の逮捕状を求める手続をしなければならないと定めている。下級審は、逮捕状請求のための資料を整える作業などを勘案して、合理的な時間内であれば適法とする。つまり、「できる限り速やかに」と解しているのであろう。しかし、緊急逮捕が合憲とされているのは、「令状による逮捕」といえるからである。「直ちに」を「即刻（狭義の逮捕をしたその足で）」と解さなければ合憲の主張は維持できないだろう。逮捕状請求にあたっては、裁判官に対し逮捕者が口頭で疎明すればよい。

　第二に、「罪証を隠滅すると疑うに足りる相当な理由」（207Ⅰ、60Ⅰ②）の解釈である。罪証隠滅の漠然たるおそれ（危惧感）があればよいと考えているとしか思えない裁判もあるが、単なる危惧感で身体不拘束原則を破ることはできない。具体的根拠に基づく現実的可能性が必要である。罪証隠滅の対象、想定される態様、その客観的可能性・実効性、主観的可能性（意図）等を検討して判断される（勾留の必要性を問題にしたものではあるが、逃亡や罪証隠滅の可能性がどれほど現実的なものといえるのかを具体的に示すよう求めた事例判例として最決平26・11・17[24]、最決平27・10・22参照）。なお、被疑者が黙秘または否認していることから罪証隠滅の危険を認定することは許されない。

　第三に、勾留の場所である「刑事施設」（207Ⅰ、64Ⅰ）をどのように決定するかについての解釈である。刑事施設（拘置所）に勾留するか、それとも代用刑事施設に勾留するかは裁判官の裁量に委ねるというのが実務の考え方である。しかし、代用刑事施設が条約違反でないという考えに立ったとしても、刑事施設（拘置所）が原則であり、拘置所が満杯であるなどの例外的事情がない限り、代用刑事施設を勾留場所とすることはできないと解釈すべきだろう。なお、代用刑事施設を勾留場所とした場合でも、そこで詐術的な取調が行われる（例えば福岡地小倉支判平20・3・5[22]参照）等の弊害が生じた場合、裁判官は勾留場所を拘置所に変更できると解すべきである。

【042】逮捕・勾留に関する規定の解釈・適用③

　4点挙げておこう。第一に、現行犯逮捕の要件のあてはめである。「現に罪を行い、又は現に罪を行い終わった者」（212Ⅰ）といえるためには、犯行・犯

人の明白性が必要と解釈されている。逮捕者の現認が基本だが、実務では、現認していなくても現場の客観的・外部的状況にてらして明白性を認めることも可能とされている。さらに、客観的・外部的状況のみでは明白でなくても、被害者や目撃者の供述に依拠して明白性を認めることも可能とする考え方もある。しかし、逮捕者以外の者の眼を通して得られるものは不確実性が増すので、明白性を認めるべきではない（例えば京都地決昭44・11・5 23 参照）。

　同じく「現に罪を行い、又は現に罪を行い終わった者」から、犯行と逮捕との時間的・場所的接着性が必要と解釈されている。時間的・場所的な隔たりが生じることにより、記憶が薄れたり、似たような人物が現れたりするなどして犯行および犯人の明白性が低下していく危険があるからである。

　第二に、準現行犯逮捕の要件のあてはめである。「罪を行い終わって間がないと明らかに認められる」（212Ⅱ柱）必要があるので、犯行・犯人の明白性および時間的・場所的接着性がここでも求められる。ただし、真正の現行犯人ではないので基準は緩くなる。被害者等の供述による明白性判断も認められているし、それなりに時間が経過していたり場所がそれなりに隔たったりしていてもよいと考えられている。令状主義の例外とした趣旨（誤認逮捕の危険性が少ない）に反するような緩いあてはめにならないよう注意する必要がある。事例判例のあてはめが緩くないか否か検討してみよう（最決平8・1・29 17）。

　第三に、逮捕の必要性に関し、被疑者が出頭の求めに応じないという事情は、逃亡・罪証隠滅の危険を示すものとなるだろうか。肯定しているようにも読める事例判例も出ている（最判平10・9・7 24c ）が、そのような経験則はないし、取調のために逮捕を認めることにつながる危険もある。そこで、不出頭という事実は逮捕の必要性とは関係がないと捉えるべきだろう。

　なお、199Ⅰ但は軽微事件について「正当な理由がなく……出頭の求めに応じない場合」に逮捕を認めている。これは、逮捕の必要性が既に認められるにもかかわらず慎重を期して本人に確認するために出頭を求めたのだがそれに応じない場合と解釈すればよい。

　第四に、「やむを得ない事由」があれば勾留期間の延長が認められる（208Ⅱ）が、被疑者取調が済んでいないという事情はそれにあたるか。取調のための勾留を認めてはならないから、あたらないと捉えるべきである。

【043】 別件逮捕・勾留

　これまで繰り返し述べてきたように、逮捕・勾留は逃亡防止（現行法の下では罪証隠滅防止も含む）のためにある。被疑者を取り調べるためにあるのではない。それにもかかわらず捜査実務では、被疑者を取り調べるために逮捕・勾留を用いており、「別件逮捕・勾留」という捜査手法も生み出されている。そこで、この捜査手法について検討してみよう。【048】〜【051】で本格的に扱う「事件単位の原則」のイントロともなり、【044】【045】や【054】で扱う「取調規制のあり方」「黙秘権保障のあり方」のイントロともなる。

　別件逮捕とは、もっぱら、いまだ証拠のそろっていない「本件」について被疑者を取り調べる目的で、証拠のそろっている「別件」の逮捕・勾留に名を借り、その身体拘束を利用して、「本件」について逮捕・勾留して取り調べるのと同様な効果を得ることをねらいとした逮捕・勾留のことをいう（最決昭52・8・9 [25c] 参照）。殺人（本件）で逮捕するだけの証拠がそろっていないので、被疑者が友人から借りた CD を返していなかった事実を取り上げ、横領（別件）として逮捕・勾留し、その逮捕・勾留状態を利用して殺人につき取り調べる様子をイメージしてみよう。

　この別件逮捕・勾留が違法であることについては、ほぼ100％、異論がない。捜査機関関係者も、別件逮捕・勾留が適法だと主張はしない。「この事件の逮捕・勾留は別件逮捕・勾留ではない」と、もっぱらあてはめのレベルで争うのである。そこで、別件逮捕・勾留が違法である理由と判断基準を検討しよう。なお、最高裁は未だ、具体的判断基準を呈示していない。

　第一に、本件基準説である（金沢地七尾支判昭44・6・3 [25c]、東京地判昭45・2・26 [25c]、浦和地判平2・10・12 [25] など）。この説は、この捜査手法が違法である理由として3点挙げる。❶令状主義違反。憲33は「犯罪を明示する令状」を要請し、身体拘束が他事件に流用されないよう配慮している。ところが別件逮捕・勾留においては別件だけ令状請求されるので、裁判官は本件の存在を知らないまま別件につき令状を発付する。このように、本件の令状審査を潜脱し、身体拘束を他事件に流用しているので令状主義違反となるわけである。❷強制処分法定主義違反。逮捕・勾留に関して刑訴法は期間を制限しているが、身体拘束を何度も繰り返してよいとすると、期間を制限した意味がなくなる。そこ

で、同一事件につき逮捕・勾留は1回のみ許されるという「一罪一逮捕一勾留の原則」が認められている。しかし別件逮捕・勾留は、別件に名を借りて実質的に本件で拘束し、被疑者が自白するなどして有力な証拠が得られたならば、今度はあらためて形式的にも本件で拘束することを予定している。法定期間を潜脱しているので強制処分法定主義違反となるわけである。❸捜査と拘禁の分離原則違反。本件取調の目的で身体拘束をしているからである。

　以上の違法を突き止めるため、本件基準説は、本件の令状審査を潜脱する意図があるか、実質的にみて本件の身体拘束につき法定期間を超過させる意図があるか、本件取調のために逮捕する意図があるか等を判断する。別件逮捕・勾留の問題に直截に切り込む判断基準であり、妥当である。

　第二に、別件基準説がある（大阪高判昭47・7・17 25c 、東京高判昭53・3・29 25c など）。この説は、本件の取調のために、逮捕・勾留の理由も必要もない別件で逮捕・勾留したことを違法の理由と考える。したがって、別件につき逮捕・勾留の要件を満たしているか否かだけを検討すればよいと考える。本件の取調については、「余罪」たる本件の取調がどこまで許されるかという問題立てをして別途検討すればよいと考える（【046】参照）。しかし別件逮捕・勾留は、別件につき一応の要件が備わっている（令状裁判官をだませる）場合に実行されるので、この説では事実上、別件逮捕・勾留を発見することがとても困難となる。

　第三に、実体喪失説という説もある（東京地決平12・11・13 25c ）。起訴前の身体拘束期間を、起訴・不起訴の決定に向けた捜査を行うための期間であると捉えたうえで、身体拘束期間が別件以外の被疑事実のために主として利用されている場合は、令状に示された別件による身体拘束としての実体を失い、本件のための身体拘束となるとする説である。しかし、身体拘束に期間が設けられているのは、身体不拘束原則（比例原則）の観点から相当性に配慮したためであり、それに尽きる。捜査官にとっては「起訴・不起訴の決定に向けた捜査を行うための期間」のように映るかもしれないが、それだけの話ではないか（【046】参照）。

　さて、別件逮捕・勾留であったことが判明した場合には、そのような身体拘束を認めるのは相当性を欠く（【040】参照）ので、令状請求を却下したり、勾留を取り消したりしなければならない。

【044】 身体拘束状態を利用した被疑者取調

　別件逮捕・勾留のような捜査手法が用いられるのは、もちろん、身体拘束状態を利用した取調が捜査機関にとって有用だからである。そこで、この被疑者取調の特徴をみておこう。

　被疑者取調を規定するのは198、その他の者の取調を規定するのは223である。このうち198Ⅰ但に注目してほしい。「被疑者は……出頭を拒み、又は出頭後、何時でも退去することができる」と規定されている。被疑者取調は任意処分なのである。しかし、「逮捕又は勾留されている場合を除いては」とも書いてある。実務ではこれを反対解釈し、「被疑者は、逮捕又は勾留されている場合は、出頭を拒んだり、出頭後、何時でも退去したりすることはできない」と読んでいる。身体拘束されている被疑者の取調だけは強制処分だと捉えるのである。これを「取調受忍義務」あるいは「出頭・滞留義務」と呼んでいる。

　次に、制限時間いっぱいの逮捕留置が認められていること、そして被疑者の勾留場所として警察管轄の留置施設が用いられていることを思い出そう（【033】参照）。被疑者のほとんどが、法務省管轄の刑事施設（拘置所）ではなく警察管轄の代用刑事施設（留置施設）に勾留されている。逮捕留置の場所も留置施設である（209・75、被収3②、被収14Ⅱ①、被収15Ⅰ柱）。生きた法の世界では、逮捕後23日（逮捕留置され72時間、勾留され10日間、勾留延長され10日間）もの間、取調だけでなく、全生活が警察により管理・統制されるのである。ちなみにそこでは、家族、友人、職場の同僚等とのコミュニケーションが遮断される。すなわち、被逮捕者の外部交通（外部とのコミュニケーション）を認める明文規定がないので「刑事訴訟法の定めるところにより」面会や信書の発受が「許されないとき」（被収216、221）にあたるとなぜか解され、面会等を認めるか否かは捜査機関の裁量に委ねられている。被勾留者の外部交通を認める規定は刑訴法上にある（207Ⅰ・80）が、207Ⅰ・81により広範な制限を受ける。かくして、被疑者は孤立させられ、留置施設においてはもっぱら警察関係者としかコミュニケーションできない。

　さらに、取調に弁護人等が立ち会うことを認める規定はない。取調を監視し、不当な取調が行われた際に声を上げる第三者は存在しないのである。

　以上のような、「取調受忍義務」「代用刑事施設制度」「密室」の3点セットが

取調に最大限活用されている。被疑者は、23日間、全生活を警察にコントロールされながら、朝から晩まで密室の取調室に軟禁される。これが、身体拘束状態を利用した被疑者取調の特徴である。日常空間とは全く異なる環境下の取調であることに注意してほしい。「自分に3日くれれば、無実の者に対し、やっていない罪について自白させることができる」と豪語する警察官もいるが、それができるのは、徹底的なマインドコントロールが可能な環境が用意されているからなのである。なお、一部事件につき取調の録音・録画を義務付ける規定（301の2Ⅳ）が2016年に新設され、密室性という特徴はやや弱められたが、全生活を統制しマインドコントロールしていく過程は、取調の映像・音声だけからはわからないので、問題解決のためのツールとしては甚だ不十分である。

　甲山事件という冤罪事件において、上記環境下でマインドコントロールされ、虚偽自白させられた山田悦子氏の叫びを引用しておこう。「警察に逮捕・連行された人間に対し、最初に行われるのが、身ぐるみ剥がされた、全裸のボディーチェックです。性器・肛門の穴まで調べられます。ナチスドイツが収容所でユダヤ人に行った扱いを想起させる、この非人道的な司法行為も、先進国であるはずの日本は容認しています。『おもてなし』の笑顔の裏に隠れる日本の精神性はなんとも残酷です。人間の自由が警察に包囲された、ディンジャラスな日本の取調べ環境は、無実の人間から客観的思考力を奪い、権力への迎合心を生みだし、日本の冤罪文化をこれからも大いに育むことになります。……『同情するなら、制度を変えろ！』と、叫びたいところですが、何の力もない私たち冤罪者の声は、社会の藻屑となって消え行くばかりです」（山田悦子、2017）。

　これに、元裁判官が執筆したものを併置させておこう。「（被収容者法により）刑事施設に収容することに代えて留置施設に留置することができる旨規定され、……留置施設における被留置者の処遇を適正なものとするため種々の制度的改善の措置が規定……されたことから、（代用刑事施設をめぐる議論は）収束に向かうのではないかと思われる」（川上拓一、2010）。

　23日もの間、全生活を警察が支配し、人間の尊厳を奪い、マインドコントロールし、迎合・従属させ、虚偽自白へと追いこむという、このシステムの本質をスルーし、議論が収束されたことにしてしまおうとする法曹関係者の数は、おそらく、かなり、多いと思われる。私たちは、言挙げし続けねばならない。

【045】 取調受忍義務

【044】で述べたように、身体拘束下にある被疑者の取調システムは非人道的である。この非人道性を除去するためには、「取調受忍義務」「代用刑事施設制度」「密室性」の３点セットを全て除去しなければならない。代用刑事施設制度を廃止すべきことについては既に述べた（【033】参照）。密室性の除去については後述する（【052】参照）。ここでは取調受忍義務を検討することにする。

第一に、198Ⅰ但は身体拘束下の被疑者に取調受忍義務を課していると読めるか。【044】で述べたように、肯定説は198Ⅰ但を反対解釈し、取調受忍義務を法が認めていると読む。そして、このような読み方が自然であり、否定説の条文の読み方は不自然だと非難している。

反対解釈は文理解釈ではなく目的論的解釈なのだが、裁判官ですら「取調受忍義務を否定することは文理に反する」などとコンメンタールで書いている有様なので、僭越ながら基本的なレクチャーをここでさせていただく。反対解釈とは「ある規定をもとに、それと逆の場合には逆の効果が生じるとする解釈」である。「図書館にライオンを連れてきてはいけません」という規定を読んで、「ライオン以外の生物はなんでも連れてきてよい、とこの規定は述べている」と読むのが反対解釈である。しかし、そのように反対解釈をして毒蛇を図書館内に持ちこもうとしても、受け入れてくれる人はほとんどいないだろう。「本規定はライオンについて規定しているだけで、他の生き物をどうすべきかについては何も述べていない」と言い返されるだろう。反対解釈とはこのように、条文に何も書いていないにもかかわらず、法律要件と法律効果が規定されていることにしてしまう、少々強引な解釈手法なのである。反対解釈をした読み方が「自然である」などと強弁するのは、法律家であるにもかかわらず基本的な法解釈技法について無知なのか、それとも、あえて無知なふりをしているのか、どちらかである。さて、どちらなのだろうか。

あらためて考えてみると、むしろ、取調受忍義務を肯定すると解するほうが不自然である。５点挙げておこう。❶強制処分の規定を置こうとしたのならば、法律要件・法律効果を直接記述しないで反対解釈に委ねるような規定にするはずがない。実際、法律要件・法律効果を直接記述しない強制処分の規定は、刑訴法上、他のどこにも存在しない。不自然である。❷取調受忍義務を

198Ⅰ但が課していると読んだ場合、その名宛人は被疑者ということになる。古典的な強制処分の定義にいう「あることを命じ、法的義務を課す場合」にあたる（【008】参照）。取調を強制する権限を捜査機関に授権しているわけではない。また、被疑者に課した義務を履行させるための措置や履行しない場合の措置も何一つ規定されていない。となると、取調受忍義務なるものは、履行するかしないかを被疑者の意思に委ねる、単なる精神規定にすぎないことになる。あまりに不自然である。❸逮捕・勾留の目的は逃亡防止（公判出頭確保）と罪証隠滅防止であるのに、なぜ逮捕・勾留が行われると取調受忍義務が発生するのか。不自然である。❹なぜ、在宅の被疑者には取調受忍義務が課されず、身体拘束状態にある被疑者だけに取調受忍義務が課されるのか。不自然である。❺198Ⅰ但は、被疑者以外の者に対する取調にも準用されている（223Ⅱ）。他事件で身体拘束中の第三者は、ただ他事件で逮捕・勾留されているというだけで、被疑者の事件について取調受忍義務が課されることになる。不自然である。

　この肯定説に対し、取調受忍義務を否定する説が多数提唱されてきている。ここでは1つだけ紹介しておこう。この説は、「198Ⅰ但は、出頭拒否・退去を認めることが、逮捕または勾留の効力自体を否定するものではない趣旨を、注意的に明らかにしたにとどまる」と解釈する。

　この解釈は不自然だろうか。198Ⅰ但の中の「逮捕又は勾留されている場合を除いては、」という文言がなかったらどのような事態が生じるかを考えてみるとよい。逮捕された被疑者はこのように主張するかもしれない。「法には『出頭を拒むことができる』と書いてあるじゃないか。私は出頭を拒むぞ。在宅の被疑者が出頭を拒む場合、それは家にいるということを意味するよな。この規定は特に在宅の被疑者と逮捕された被疑者を区別していないよな。というわけで、私も家に戻るぞ。いや、あるいは、逮捕されたんだからむりやり出頭させられたことになっているのかもしれんが、ほら、『出頭後、何時でも退去することができる』と書いてあるじゃないか。在宅の被疑者だったら、退去したら家に帰るよなあ。この規定は特に在宅の被疑者と逮捕された被疑者を区別していないよな。というわけで、私も退去して家に帰るぞ。さあ、タクシーを呼べ」と。このように、取調を拒否しさえすれば釈放を認める規定とも読まれかねない。そのような解釈を防ぎ、取調を拒否したからといって釈放されるわ

けではないことを明らかにするには、「逮捕又は勾留されている場合を除いては、」という文言を挿入するしかなかろう。以上の説明をふまえ、あらためてこの解釈を読んでみよう。特に不自然とは感じないはずである。

　第二に、取調受忍義務を認めるべき実質的根拠、すなわち必要性と相当性はあるか。取調受忍義務を肯定する見解は、この義務を肯定すべき必要性についてそもそも説明しないことが多いが、効率的な被疑者取調の必要性を理由としていることは間違いなかろう。それでは相当性はあるか。否定説は、自白しないかぎりは取調を受忍し続けなければならず、黙秘権（憲38）を侵害する、または、侵害しかねない制度であることを問題にしている。肯定説は、取調受忍義務を課すことそれ自体が黙秘権を侵害するわけではないと反論する。判例は、取調受忍義務を198Ⅰ但が認めているか否かについては明言したことがないが、「身体の拘束を受けている被疑者に取調べのために出頭し、滞留する義務があると解することが、直ちに被疑者からその意思に反して供述することを拒否する自由を奪うことを意味するものでないことは明らか」だとは述べている（最大判平11・3・24 27 ）。このように黙秘権との関係については争いがありうるとしても、取調のために身体拘束することを実質的に認めている点で、捜査と拘禁の分離原則違反のそしりは免れないだろう。また、取調受忍義務単独で考えるのではなく、非人道的なマインドコントロールを可能にする3点セットの1つとして捉えるならば、少なくとも現在の環境下で取調受忍義務を認めることは、人間の尊厳を奪う手続を維持するものとして、許容されないと言わざるをえない。

　なお、「出頭・滞留義務」と「取調受忍義務」は別物と捉え、前者（取調室に居続けることの強制）は認められるが、後者（取調に応ずることの強制）は認められないという考え方もある。しかし、居続けることを強制された取調室で何をされるのかというと、もちろん、取調に応ずるよう説得され続けるのである。両者を区別することに意味はない。

　また、取調受忍義務が認められるか否かはたいした問題ではなく、どちらであっても任意性を確保することが重要なのだと説く見解が最近増えてきている。しかしこのようなアプローチは、取調受忍義務がマインドコントロールのための重要なツールとなっていることを無視または軽視する帰結を導く可能性

が極めて高い。安易にこの土俵に乗らないほうがよいと思う。どうしても乗りたいのであれば、現行法上の解釈としてはあくまでも取調受忍義務を否定しつつ、立法論としてのみ論じるべきだろう。身体拘束されているか否かを問わず、被疑者に出頭・滞留義務を課したうえで供述を得ようとする制度を創設することはできると思う。公判廷においては、被告人に出頭義務を負わせ（273Ⅱ）、被告人に在廷義務を課した（288）状態で被告人質問を行っている（311Ⅱ）。判例が、出頭・滞留義務を課すことが直ちに黙秘権侵害になるわけではないと述べたのは、公判における供述獲得システムまで否定されることになってしまってはたまらないという考慮を働かせてのことかもしれない。

　ただしそのためには、供述の自由が確保される環境、および、マインドコントロールされる危険が全くない環境が整えられねばならない。前者についていえば、取調が長期になればなるほど被疑者の心と身体が蝕まれていき供述の自由を確保できなくなっていくから、1回（休憩を適宜入れつつ最大8時間）を原則とすべきだろう。後者についていえば、身体拘束状態にある被疑者については刑事施設収容が必須である。そして両者についていえることだが、弁護人や被疑者の家族・友人等、被疑者を支える法的・社会的援助者の立会いが不可欠である。裁判官の立会もあったほうがよい。被疑者の耐性、弁護人や家族等の負担、双方を併せて考えてみても、やはり、当該手続は1回を原則とすべきである。

【046】余罪の取調

　身体拘束下の被疑者取調については、身体拘束の理由とされている被疑事実以外の事実（余罪）を取り調べることはできるか、できるとしたらそれはいかなる範囲で許されるか、という問題立てもなされ、議論されている。

　このような問題立てが必要となるのは、主として、別件逮捕・勾留の判断基準として別件基準説を採用した場合である。別件基準説に立つと、別件（本罪）について要件がそろっている場合には本罪の逮捕・勾留それ自体を違法とすることはできない。そこで、本件（余罪）の取調が違法かどうかを判断しなければならない。主流となっているのは以下のような考え方である。すなわち、198Ⅰ但が取調受忍義務を認めていると解釈したうえで、事件単位の原則

を取調受忍義務の範囲にも適用し、本罪については取調受忍義務があるが余罪については取調受忍義務はないと捉えたうえで、取調受忍義務を余罪にも事実上課した場合には当該取調を違法とするという考え方である。このような考え方に基づく裁判例もある（東京地決昭49・12・9 25c など）。しかし、そもそも取調受忍義務は認められないし、取調のために身体拘束があるわけではないから、事件単位の原則を取調受忍義務の範囲にも及ぼすというアプローチ自体、賛同することができない。

　余罪の取調が、具体的状況のもとで、令状主義を実質的に潜脱する場合には、当該取調を違法とする裁判例もある（福岡高判昭61・4・28 25c など）。しかしこれは、実質的にみて本件基準説によるアプローチといってよい。余談だが、別件逮捕・勾留について判断した裁判例の中には、絶対に検察官に上訴させないようにするため判決書の書き方を工夫したとしか思えないものが散見される。例えば、本件基準説に立って別件逮捕・勾留を違法としながら、別件基準説をとらないのであれば理論的には検討の必要がない余罪取調の適法性についても検討して、この観点からも違法とした裁判例（浦和地判平2・10・12 25 ）がある。別件基準説に立ちながら令状主義を実質的に潜脱するという理由で、身体拘束そのものではなく余罪の取調を違法とする裁判例群も、別件逮捕・勾留に関する解釈論争で揚げ足をとられてはならないと考えたのかもしれない。福岡高判昭61・4・28は、自白の証拠能力を否定したにもかかわらず、本来する必要のないはずの信用性判断まで丁寧に行い、信用性なしと判断している。このように下級審は、絶対に上訴させない（上訴されても破棄させない）という気概のもと、理論的一貫性を犠牲にしたアプローチをとることがある。

　さて、別件逮捕・勾留につき本件基準説に立つと、余罪（本件）の取調目的で別件逮捕したことが窺われる場合には逮捕・勾留自体が違法になる。しかしそうでない場合は、取調受忍義務は現行法上認められないし、取調のために身体拘束があるわけではない以上、余罪取調それ自体に何らかの限界を設けることはできない（本罪、余罪にかかわらず、当該取調の適正化そのものを本丸の課題とする）と考える見解が多い。私もそう考える。

　なお、逮捕・勾留の期間を、身体拘束の理由となった被疑事実の捜査を行い起訴・不起訴を決定するための期間であると捉え、本罪捜査が終了したにもか

かわらず起訴・不起訴の決定を行わないで余罪取調のために身体拘束を継続した場合や、余罪取調が行われたため、身体拘束期間が本罪捜査のために必要とされる以上に長くなった場合には、当該身体拘束が違法となると唱える見解もある。別件逮捕・勾留の箇所で登場した実体喪失説である。

　実体喪失説に対しては、既述（【043】）のように、逮捕・勾留の期間を、起訴・不起訴を決定するための期間であると捉えること自体に疑問がある。実際、Ａ罪で勾留され、全面接見禁止とされている被疑者を想定してみよう。この被疑者にはＢ罪（Ａ罪との関連性が全くない重大事件）の嫌疑もあったとする。しかし、Ａ罪で勾留されている以上、逃亡する危険は全くなく、全面接見禁止となっている以上、罪証隠滅の危険も全くない。したがって、Ｂ罪の逮捕状や勾留状を発付することはできないのではないか（【048】参照）。となると、Ａ罪のみを理由に勾留状が発付され、Ｂ罪を理由に逮捕状や勾留状が発付されていないからといって、「当該勾留期間はもっぱらＡ罪について捜査すべきであり、Ｂ罪の捜査はほったらかしにしておきなさい」ということはできないだろう。

　また、例えば、被害者を威迫する危険性があるので罪証隠滅の危険ありとして逮捕・勾留が認められたが、当該被害者を保護する手筈が整ったので被疑者が被害者を威迫することは客観的に不可能となった場合、逮捕・勾留の必要はなくなったので被疑者を釈放しなければならない。しかし、釈放したからといって起訴・不起訴を決定するための期間がそこで終了したわけではない。逮捕・勾留の必要がなくなったからといって起訴・不起訴もそこで決定せよということにはならないのである。

　本罪の捜査を遂げたならば速やかに起訴・不起訴の決定をしなければならないのは確かだが、それは被疑者が逮捕・勾留されている事件に限らない。在宅被疑者の事件についてもまた然りである。検察官が速やかに決定をしなかった場合は、速やかに決定しなかったこと自体が違法になるのである。それを、逮捕・勾留の期間にのみ結びつけてしまったところに実体喪失説の問題がある。起訴・不起訴の決定をすべきであった時点以降に行われた処分等は、処分等自体が違法になると捉えるべきではなく、起訴・不起訴の決定をしなかった違法の影響を受けて無効になると捉えるべきだろう。

【047】 事実上・法律上の司法取引

　被疑者取調の場において、捜査機関から取引をもちかけられることがある。自白をすれば「起訴猶予にしてやる」（最判昭41・7・1 78）、「罰金で済ます」（大阪地決昭49・9・27 78c）、「処分保留をとってやる」（広島地決平9・6・16 78c）、「被疑者と親しい3名の事件を立件しない」（浦和地判平4・3・19）等である。このような取引は、手続から早く解放されたい被疑者にとって、嘘でも何でもいいから罪を認めてしまおうという気にさせる強烈な力を持っており、弱い立場に置かれている被疑者の尊厳を傷つける（弱みにつけ入り屈服させる）と同時に虚偽自白を生み出す原因ともなる。実際、上に挙げた事例では全て、取引によって得られた自白の任意性（319Ⅰ）が否定されている。

　後に学ぶ、効率良く事件を処理するために作られた、略式手続や即決裁判手続という制度も取引の材料に使われている可能性がある。略式手続においては100万円以下の罰金・科料しか科すことができない（461）。「罪を認めるなら略式請求してやる」と検察官から言われた被疑者が、刑務所に入るリスクを恐れて「罰金で済むのであれば、まあいいか」と考え、身に覚えのない犯罪を認めてしまうケースが多数あるのではないか。また、即決裁判手続において懲役または禁錮（拘禁刑）の言渡しをする場合には、必ず執行猶予を付けることになっている（350の29）。「必ず執行猶予が付くのなら、まあいいか」と考え、身に覚えのない犯罪を認めてしまっているケースが多数あるのではないか。

　しかし最高裁は、略式手続が憲38Ⅱ違反であるとの主張に対し「記録を調べても、自白の任意性を疑うに足りる証跡は認められないから前提を欠き」（最決平27・10・16）と述べ、即決裁判手続が憲38Ⅱ違反であるとの主張に対しても「即決裁判手続の制度自体が所論のような自白を誘発するものとはいえないから……前提を欠く」（最判平21・7・14 58）と述べ、いずれの主張も門前払いした。制度自体を問題にするのを避け、個別の事件において自白の任意性をその都度判断すればよいと考えているようだ。それでよいか。

　そのような中、いわゆる「協議・合意制度」が2016年に創設された。自分の罪を認めるよう迫る取引ではなく、被疑者・被告人に便宜を図るのと引き換えに他者の事件の捜査に協力するよう迫る取引である。司法取引制度が、初めて、法律上、正式に、認められることとなったわけである。

　いつものように、まずは条文を丁寧に読んでこの制度を正確に理解しよう。刑訴法第二編第四章第一節は、合意及び協議の手続を規定する。まず、合意の実体的要件を確認しよう。取引の対象となる犯罪（350の2Ⅱ）、検察官が図る便宜（350の2Ⅰ②）、引き換えに求められる被疑者の行為（350の2Ⅰ①）を確認したうえで、このような取引（合意）が認められる実体的要件を規定する350の2Ⅰ柱を確認しよう。合意には弁護人の同意が必要的となる（350の3Ⅰ）。合意が成立すると、その内容を記した書面が作成される（350の3Ⅱ）。

　次に、合意を得るための協議に関する規定を確認しよう。協議は検察官、「被疑者又は被告人」および弁護人との間で行われる（350の4本文。但も参照）。弁護人は終始関与することになる。協議のために新たに弁護人を付ける旨の規定はないので、既に弁護人が付いている被疑者・被告人のみが協議の対象となる。協議中には被疑者・被告人に供述を求めることができるが、当該供述は合意不成立の場合には証拠禁止となる（350の5Ⅱ。ただしⅢ参照）。このようにして、被疑者・被告人が丸損にならないよう配慮している。一定の範囲で司法警察員も協議に関与する（350の6参照）。

　第二節は合意の存在または合意の離脱を裁判所に知らせるための規定を置いている（350の7〜350の9。略式手続における規定は462の2）。第三節は、合意からの離脱に関する規定を置いている（350の10〜350の12）。

　第四節は、合意の履行確保のための措置について定める。検察官が合意に違反した場合には、公訴棄却（350の13Ⅰ）、訴因変更等不許可（350の13Ⅱ）、証拠禁止（350の14Ⅰ）というサンクションを受ける（ただし350の14Ⅱ参照）。これらに対し、被疑者・被告人（協力者）が合意に違反して虚偽供述等をした場合には刑罰というサンクションを受ける（350の15Ⅰ。ただしⅡ参照）。

　本制度により、自己の刑事責任を他人に押し付ける虚偽供述を被疑者・被告人が積極的に行い、冤罪の発生数が増加する危険は高い。制度自体を廃止したほうがよい。なお、自分の罪を認めるよう迫る取引は法制度化されていない。他人を売る取引については細かく手続を定め、手続違反があった場合には問答無用で証拠禁止となる（350の14Ⅰ）のに対し、自分を売る取引については、従来通り、ケース・バイ・ケースで自白の任意性や信用性が判断される。弱みにつけ入った結果の取扱が異なるわけである。奇妙といわざるを得ない。

【048】 事件単位の原則

　【007】、【046】等で少し触れた事件単位の原則について詳しく解説しておこう。事件単位原則とは、逮捕・勾留の効力は令状記載の被疑事実にのみ及ぶことをいう。司法審査がなされた範囲でのみ令状の効力が及ぶと考えないと令状主義が機能しなくなってしまうから、この原則は当たり前のことを言っているだけのようにみえる。そして、対物的強制処分の箇所では事件単位の原則という用語は登場しなかったのに、逮捕・勾留の箇所で突然出てくることを不思議に感じる人も多いだろう。これには歴史的経緯がある。かつて、逮捕・勾留は「人」に対する処分であり、効力が及ぶのは「その人」だという人単位説が提唱されていた。この説を克服し、身体拘束についても令状主義を貫徹させるために事件単位の原則が唱えられる必要があったのだろう。しかし人単位説が消滅した現在、この原則を叫ぶ必要性は低くなり、この原則を用いて処理してきた問題群の捉え直しが必要と感じている。とりあえず、従来の枠組に基づく説明をしつつ、現時点で考えていることを付加していこう。

　事件単位原則の根拠条文として、❶特定事実につき逮捕・勾留の可否を判断する199Ⅱ、207Ⅰ・60Ⅰ、❷令状に被疑事実の要旨記載を要求する200Ⅰ、207Ⅰ・64Ⅰ、❸被疑事実の告知を要求している203、204、205、207Ⅰ・61が挙げられている。これらの条文から、逮捕・勾留が被疑事実を基礎とし、防禦も被疑事実を対象に行われることが想定されていることがわかる。したがって、逮捕状や勾留状の効力は被疑事実単位で考えねばならないことになる。

　事件単位の原則を用いて処理されてきた問題は以下のようなものである。第一に、他事件の捜査未了を理由に勾留延長を認めてよいか。勾留状の効力は「その人」に及んでいるのだから、勾留状記載事件だけでなく、その人が関与している嫌疑のある事件全てを理由に勾留延長を認めることができるとするのが人単位説である。しかしこれは事件単位の原則に反するので認められない。

　第二に、逮捕の理由となった被疑事実とは異なる事実で勾留を認めることはできるか。人単位説に基づくと、犯罪事実を単位として勾留が存しているのではないから異なる被疑事実であっても勾留できる。しかしこれでは、同一事件につき2回の審査を経ないため逮捕前置主義に反するので認められない。人単位説が消滅した現在においては、事件単位原則を持ち出さなくともよく、端的

に逮捕前置主義に反するので認められないといえばよいと思う。

　さて、別事件については別事件を理由とする逮捕・勾留を別途行うべしとするのが一般的な見解である。そして、当初の事件に対する逮捕・勾留と別事件に対する逮捕・勾留が重なることを認める（二重勾留と呼ばれている）。ただし、既に逮捕・勾留され、接見禁止の付いている被疑者の場合、別事件について逃亡したり罪証隠滅したりするおそれはないので、別事件については身体拘束の要件を満たさないのではないか。「当初の事件の逮捕・勾留がなければ」という仮定的判断として別事件の逮捕・勾留要件を肯定するのが一般的だが、正当化できるとは思えない。当初の事件の逮捕・勾留が終了した後に別事件の逮捕・勾留をすべきであろう。その際、これまでの捜査の進展または懈怠に応じて身体拘束期間を短縮したり（短縮できることについて【040】参照）、逮捕・勾留の必要なしとして請求却下したりするなど、身体拘束期間がいたずらに延びて被疑者の不利益が増さないよう配慮する必要がある。また、当初の事件について起訴され被告人勾留がなされた場合は、別事件について逮捕・勾留する必要がないので請求却下しなければならない。

　なお、人単位説に立たなくとも、逮捕の理由となった被疑事実に、それとは異なる事実を付加して勾留状を発付することは許されると考える論者は多い。逮捕の理由となった被疑事実については2回の審査を経ているからというのがその理由である。しかし、逮捕の理由となっていない被疑事実については2回の審査を経ていないので、例外として認められるべきではないと考える。

　第三に、他事件の捜査の必要があることを理由に接見指定（39Ⅲ）できるか。人単位説に立つと、被疑者が関わっているとみられる全事件について接見指定ができることになるが、これは事件単位の原則に反するので認められないとするのが一般的見解である。もっとも、接見指定は捜査機関の独自措置であり、かつ、限定説に立つならば逃亡・罪証隠滅防止という身体拘束の目的と直接関連する措置ではない。人単位説が消滅し、罪証隠滅防止等を「捜査の必要」（39Ⅲ）に含める非限定説もほぼ消滅した現在、この問題を令状の効力の問題として論ずることは的を射ていないのではないか。私は今のところ、他事件の捜査の必要があるため接見指定することもできる（他事件の現場検証に連れて行っているので被疑者が身体拘束場所にいない時など）と考えている。

【049】 一罪一逮捕一勾留の原則

　一罪一逮捕一勾留の原則とは、同一事件につき逮捕・勾留は1回のみ許されるという原則である。逮捕・勾留の効力は当該被疑事実に及ぶことが前提となるので、事件単位の原則を扱うこの場所で紹介することにしたが、事の本質は、令状主義というよりも、長期身体拘束の相当性である。身体拘束という重大不利益処分を同一事件について何度も繰り返すのを避けることが目的である。

　本原則を定める明文規定はないが、刑訴法が逮捕・勾留について定めている期間（203Iの48時間、204Iの48時間、205Iの24時間、205IIの72時間、205IIIが期間超過の場合に釈放を要求していること、206IIが期間超過に正当な理由を求めていること、208Iの10日以内、208IIの10日、208の2の5日）が根拠条文とされている。同一の事件につき逮捕・勾留を繰り返すことを認めてしまうと、期間を法定していることが意味をなさなくなってしまうからだ。

　さて、一罪一逮捕一勾留の原則から2つのサブ原則が導かれる。第一に、一罪を分割して複数回逮捕・勾留してはならない（分割逮捕・勾留禁止原則）。第二に、同一の事実につき複数回逮捕・勾留できない（再逮捕・勾留禁止原則）。順に検討していこう。

【050】 分割逮捕・勾留禁止原則

　住居侵入して窃盗をしたという被疑事実は一罪と評価される（牽連犯）にもかかわらず、まず住居侵入の被疑事実で逮捕・勾留し、その次に窃盗の被疑事実で逮捕・勾留することにより、2倍の身体拘束期間を確保しようとされる危険がある。このような事態を防ぐために分割逮捕・勾留禁止原則はある。

　この原則は、実体法上一罪と評価されるものは訴訟法上も1つのものとして扱うという考え方を前提としている。実体法上の一罪については国家刑罰権が1つしか発生しないのであるから、その範囲内にある事実は訴訟上も1つのものとして扱うべきだというのがその理由である。

　実体法の罪数処理に拘泥しない学説も提唱されているが、議論が複雑になりすぎるきらいがあり一抹の不安をおぼえる。今のところ私は、一般的な見解に従いつつ、不都合は罪数論の改革によって解消すべきだと考えている。例えば殺人事件では、まず死体遺棄罪で逮捕・勾留され、引き続き殺人罪で逮捕・勾

留されることが多い。実質的には殺人罪で２倍の身体拘束期間がもたらされている可能性がある。現時点ではこの二罪を一罪として処理する類型がないため、事実認定とあてはめに膨大な労力を費やさねばならない別件逮捕・勾留の問題として処理せざるを得ないが、主たる犯罪と事後処理のための犯罪とをまとめて一罪として処理する類型を新設すれば、分割逮捕・勾留禁止原則の問題として扱うことができ、迅速簡易に処理できるようになる。

　さて、分割逮捕・勾留原則に例外を設けるべきか。この点に関する判例はまだないが、下級審の裁判例を見る限り、実務では、一罪一逮捕一勾留の原則の趣旨を害さない場合には例外を認めてよいと考えている。典型的なのは、同時捜査が時間的に不可能であったときである。複数の賭博行為により逮捕・勾留され、常習賭博罪（包括一罪）で起訴され、保釈され、保釈中に新たに賭博行為をなしたと思料される場合を想定してほしい。実務では、訴因変更して新たな賭博行為を組み入れ、包括一罪として処理される。しかし、この新たな賭博行為を起訴前において捜査することは時間的におよそ不可能であった。捜査機関に不可能を強いることはできないから、このような場合には本原則は適用されないと考えるのである。この被告人に対しては、新たな賭博行為を被疑事実とし、被疑者として逮捕・勾留することが認められることになる。なお、訴因変更後は、一罪について勾留が併存するという事態を解消するため、いずれかの勾留を取り消す必要があると考えられている。

　以上のような場合を超えて、「一罪を構成する他の行為が逮捕・勾留以前に行われていたのだが、共犯者が示し合わせて虚偽供述をしていたので、その存在を認知できなかった」ときなど、捜査の１コマ１コマを評価していくと同時捜査が「現実的には」不可能または困難であったと認定できる場合にも例外を認めてよいか。認める見解もあるが、パラレルワールドが存在しない現実世界において、捜査の１コマ１コマを丁寧に評価していくと、あらゆる経過が必然のものと評価され、「現実的には可能または容易であった」とあてはめられる事例が生じないザル基準と化す危険があるため、認めるべきではない。

　最後に、分割逮捕・勾留原則に違反した場合の処理について説明しておこう。原則違反の場合には２回目の逮捕・勾留は許されないと解するのが素直だと私は思う。しかし、本原則に違反すると後続の逮捕・勾留は再逮捕・勾留と

評価されるから、【051】で扱う再逮捕・勾留禁止原則の例外にあたる場合には適法となるという見解もある。しかし、分割逮捕・勾留原則に違反した事案であったにもかかわらず、当該再逮捕・勾留は相当であったとされるケースはまず考えられない。同時捜査の現実的困難性を考慮すれば別だが、その考慮を許してしまっては、現実的困難性を具体的に考慮して分割逮捕・勾留禁止原則の例外を認めることを否定した意味がなくなってしまう。

【051】 再逮捕・勾留禁止原則

　同一の被疑事実につき複数回逮捕・勾留できないことを再逮捕・勾留禁止原則と呼ぶ。したがって、例えば殺人の被疑事実で逮捕・勾留し、嫌疑不十分で釈放した後、再度、同じ殺人の被疑事実で逮捕・勾留することは原則として認められない。しかし199Ⅲは、逮捕状請求の際、「同一の犯罪事実についてその被疑者に対し前に逮捕状の請求又はその発付があったときは、その旨を裁判所に通知しなければならない」と規定している。再逮捕を場合によっては認めることを前提に、逮捕の不当な蒸し返しを防止するために通知義務を課す規定と一般に考えられている。勾留については同様の規定がないが、再逮捕を認める以上は再勾留も認めるのであろうと一般に解されている。

　そこで、再逮捕・勾留禁止原則の例外をいかなる基準で認めるかが問題となる。最高裁判例はないが、比例原則によるというのが一般的見解である。必要性については、事案の重大性、事情の変更（新証拠が発見された、釈放後に逮捕の必要が高まった等）が考慮される。相当性については、逮捕・勾留の不当な蒸し返しにならないか、（先行逮捕が違法であったため釈放され、その後すぐに緊急逮捕されるなど、先行逮捕・勾留が違法であったため釈放された場合には）先行手続の違法性が重大であったか否かが考慮される。

　比例原則により判断することを認めるにしても、そのあてはめは非常に厳格になされる必要があるだろう。必要性についてみると、例えば、❶新たに有力な証拠が発見されたのであれば起訴すればよいのではないか。❷新証拠が隠滅される危険が生じたとしても、被疑者の拘束ではなく、その証拠を保護することによって対処できないか。❸釈放後に逃亡・罪証隠滅の危険性が高まったのであれば起訴すればよいのではないか。以上のような措置ができないことが正

当化されて初めて必要性を肯定することができよう。

　相当性についてもまた然りである。例えば、❶新たな事情が生じたとか、事情変更があったとかいう理由で必要性を認めた場合、基礎となる事情が異なるから不当な蒸し返しにはならないと常にあてはめられることになるのではないか注意しなければならない。❷先行手続の違法の重大性についても、違法逮捕がなかったことを勾留要件とすること（【040】）を無意味にするようなあてはめにならないか注意しなければならない。何よりも、さらなる身体拘束という超重大不利益処分を課すことで被疑者に捜査機関のミスをフォローさせることがなぜ正当化できるのかを具体的に説明できなければならない。このような検討を適切に行うならば、相当性が肯定されるケースはほとんどないと思われる。（逮捕引致によって逮捕状の執行は終了すると考えると）逮捕引致後に被疑者が逃亡したような場合くらいではなかろうか。

　最後に、被疑事実の同一性について簡単に説明しておこう。再逮捕・勾留禁止原則は、同一の被疑事実につき再逮捕・勾留を原則禁止するものだが、例えば強盗で逮捕・勾留され、釈放された後、恐喝で逮捕状請求された場合は、同一の被疑事実ではなさそうなので、本原則の適用は問題にならないだろうか。

　そうとは限らない。強盗の被疑事実が「2017年6月5日午前11時、國學院大學1308教室でＡからダイヤの指輪を強取した」というもので、恐喝の被疑事実が「2017年6月5日午前11時、國學院大學1308教室でＡを恐喝してダイヤの指輪を交付させた」というものであったとしよう。実はこの2つは同じ事件なのではなかろうか。捜査機関は当初、暴行・脅迫が相手の犯行を抑圧する程度のものに達していると考えて強盗罪で逮捕したのだが、捜査が進展し、犯行を抑圧する程度には至っていないことが判明して、恐喝罪に落としただけではないだろうか。そうであるならば、強盗の被疑事実と恐喝の被疑事実は同一であると判断できるから、再逮捕・勾留禁止原則の適用の対象となる。このような同一性は、「被疑事実の同一性（狭義）」と呼ばれている。【050】で扱った実体法上の一罪性（被疑事実の単一性という）と、ここで説明した被疑事実の同一性（狭義）が共に認められて、初めて、被疑事実の同一性（広義）があり、同一の事件と認められることになる。

【052】捜査の監視

　これまで、捜査のために捜査機関に与えられている権限を学んできた。ここからは、被疑者にどのような防御手段があるかをみてみよう。被疑者がとりうる防御手段として、❶捜査の監視（【052】）、❷不服申立（【053】）、❸黙秘権行使（【054】）、❹弁護権行使（【055】【056】）、❺証拠へのアクセス（【057】）が挙げられる。順番にみていこう。まずは捜査の監視からである。

　違法捜査が行われたならば、即座に苦情を申し立てたり不服申立をしたりするなどして当該捜査を止めさせねばならない。そのためには捜査に立ち会い、監視する必要がある。憲35Ⅰが逮捕の場合を除き令状発付を絶対的要件としたのは、そのような監視を容易にするためだと考えられる（【025】）。しかし、刑訴法において、被疑者や弁護人の立会を認める規定はあっただろうか。

　任意処分に対し立会を認める規定はない。任意である以上、規定がなくとも被疑者の一存で弁護人の立会を決めることができるようにも思える。実際、在宅被疑者の取調につき「任意捜査である以上、弁護人同席を求めることは不当でない」と述べた裁判例もある（名古屋地決平20・10・27）。しかし、取調に弁護人が立ち会うことを捜査機関が拒否しなかったという話はあまり聞かない。弁護人と出頭したが検察官が立会を拒否して取調を行わなかった事案において逮捕の必要を認めた裁判例すらある（名古屋高判令4・1・19）。

　強制処分に対してはどうか。捜索・差押・検証の際に被疑者や弁護人が立ち会うことについては、222Ⅰが113Ⅰを準用していないことを理由に、認められないと解されている。強制採尿も捜索・差押許可状の亜流であるから同様である。通信傍受に対する被疑者・弁護人の立会は性質上無理である。対人的強制処分（身体拘束）についても、弁護人の出頭が求められる勾留理由開示（207Ⅰ・83Ⅲ）を除き、弁護人の立会を認める規定はない。

　以上のように、被疑者・弁護人の立会を認める規定は全くない。

【053】不服申立

　捜査に関連する不服申立には「準抗告」が用いられる。「準抗告」という語は法令上に存在しないが、慣習的にそう呼ばれている。裁判官の命令に対する不服申立（429）、および捜査機関の処分に対する裁判所への不服申立（430）を

指す言葉である。手続を定める規定は431と432にある。準抗告に関する条文群は抗告に関する知識がないと読みこなせないので、初めて学ぶ方は、上訴全般について学ぶ（【146】〜【151】）までとりあえずスルーしてよい。なお、通信傍受に対する不服申立については通傍33参照。

　現段階ではさしあたり、準抗告の対象だけに目を向けてみよう。書かれた法は、あらゆる捜査に対して不服申立を求めているわけではない。❶捜査機関が任意捜査として行っている処分は対象とされていない。❷強制処分についても規定されていないものが多い。押収（差押、記録命令付差押、領置）は規定されている（429Ⅰ②、430ⅠⅡ）が、「捜索」「検証」は規定されていない。判例は、捜索差押許可状記載の「差し押さえるべき物」に該当しないものを写真撮影してもそれ自体は検証としての性質を有するから430Ⅱ「押収に関する処分」にあたらないと判示し、拡大解釈を行わない（最決平2・6・27⑩）。❸勾留は規定されている（429Ⅰ②）が、「逮捕」は規定されていない。判例も拡大解釈せず、逮捕に関する準抗告を認めない（最決昭57・8・27）。

　この書かれた法および生きた法の現状には問題がある。❶強制処分法定主義（憲31）違反に即時対応できない。❷検証も憲35に含まれるべきことが承認されている現在において検証を外す理由はない。また、令状記載の被疑事件と関連性のない本件の情報について「捜索」し、当該情報が記載されている物を写真撮影するだけで「押収」しない別件捜索事案に即時対応できない。❸不当な逮捕について争いたければ勾留請求まで待てというのは不条理である。さしあたり、拡大解釈や類推解釈を行って対象を広げたり、人身保護法を活用したりする等の努力が必要ではあるが、それでは足りない。捜査に関連する不服申立制度は抜本的に見直され、法改正される必要がある。

　ところで、違法捜査が行われた場合は、不服申立により違法捜査を止めさせるとともに、権利侵害された被疑者の救済を図らねばならない。❶違法捜査に対しては国家賠償請求による救済が可能である（国賠1Ⅰ）。❷法務省訓令ではあるが、被疑者補償規程というものがある。被疑者として身体拘束された者につき、不起訴処分があった場合において、その者が罪を犯さなかったと認めるに足りる十分な事由があるときは、身体拘束の補償をするというものである（被補2参照）。本規程は、要件を緩めたうえで法律に格上げする必要がある。

【054】 自己負罪拒否特権と黙秘権

　ここでは被疑者の防禦手段の１つとしての「黙秘権」について論じたい。ところが、そのためには前提知識が多々必要となる。メイン論点が登場するのはかなり後になってしまうが、しばらくお付き合いいただきたい。

　まず、大もとの「自己負罪拒否特権」について説明しておこう。憲38Ⅰは、「何人も、自己に不利益な供述を強要されない」と規定している。これを自己負罪拒否特権という。被疑者・被告人だけでなく、刑事裁判において供述の提供が期待されている者すべてを対象としているが、被疑者・被告人とそれ以外の者（以下、「第三者」）とでは意味合いが異なるところがある。

　第一に、第三者について。「自己に不利益な供述を強要されない」という権利には、「自己に不利益でない供述については供述義務が課される」という前提が置かれている。国家が適切に刑罰権を行使するために、必要な情報を提供する義務が我々には課されているのである。あなたを公判廷に呼んで証人として証言してもらおうということになった場合、まずは召喚される（143の２）。召喚は強制処分である（【008】参照）。あなたが召喚に応じなかった場合には、過料に処されたり（150）、刑罰に処されたり（151。2016年改正で刑が引き上げられた）、勾引されたりする（152。2016年改正で召喚に「応じないおそれ」があるときも勾引が可能となった）。宣誓や証言を拒んだ場合も、過料に処されたり（160）刑罰に処されたり（161。2016年改正で刑が引き上げられた）する。このように、証言が強制処分であり、供述義務を課すことを前提に、例外として「自己に不利益な（つまり自己を有罪に導くような）供述」については供述義務を課さないことにした（だから「特権」と呼ばれる）のが憲38Ⅰなのである。自己を有罪に導く行動を法律的に強制することは人間の尊厳を侵害することになるので避けねばならないというのがその理由である。

　これを受け刑訴法は「何人も、自己が刑事訴追を受け、又は有罪判決を受ける虞のある証言を拒むことができる」（146）と規定し、証言拒絶権を認めている。証言を拒む者は、これを拒む事由を示さなければならない（規122Ⅰ）。捜査機関による第三者取調については、自己負罪供述を拒否できることが明文で規定されていない（223参照）。捜査機関の取調は任意処分であり、もともと供述義務が課されていないためである。

　なお、146の場合以外にも証言を義務付けることが相当でない場合があると刑訴法は考え、144、145、147、149を置いている。押収拒絶権の規定（【021】参照）と比べてみよう。103、104に対応して144、145があるが、これは証人適格を制限するものである。147に対応する押収拒絶権の規定はない。149については、105と同様、類推適用を認めるべきだと解する見解が多い。

　ところで、2016年の刑訴法改正により、刑事免責という制度が新設された。「刑事訴追を受け、又は有罪判決を受けるおそれのある事項」について証人に供述させたいときに、当該証人の刑事事件においてその供述を証人に不利な証拠として用いないことを条件に、146の証言拒絶権をはく奪し、証言義務を負わせる制度である（157の2、157の3）。当該証人に不利には用いないのだから「自己に不利益な供述」ではなくなるので憲38Ⅰには違反しないというわけである。かつて最高裁は、「憲法が……このような制度の導入を否定しているものとまでは解されない」が「刑訴法は、この制度に関する規定を置いていないのであるから、結局、この制度を採用していないものというべき」と述べていた（最大判平7・2・22参照）。2016年に至り、規定が置かれ、得られた供述を証拠として用いない「使用免責」が導入された。当該証人を訴追しないという「行為免責」という制度も輸入元のアメリカにはあるが、これは導入されていない。司法取引と同様、弊害の危険が多々指摘されているところなので、刑事免責制度の運用を今後注意深く観察していく必要がある。

　第二に、被疑者・被告人について。被疑者・被告人の自己負罪拒否特権を「黙秘権」と呼ぶのが一般的である。被疑者・被告人の場合、「不利益な供述」の範囲は広い。原則として、あらゆる供述を拒むことができると考えるべきである。その根拠については諸説ある。第三者の場合と同様に人間の尊厳を被告人に確保するためには、あらゆる供述を拒めるようにしなければならないというのが一般的見解である。特定の事項を不利益でないとして供述を義務付けてよいことにすると、捜査機関や裁判所が（本当は不利益なのに）不利益事項でないと勝手に判断して供述を義務付けてしまう危険が生じるからである。

　さらに、被告人は第三者とは異なり、刑事裁判の当事者であるため、対立当事者である検察官に協力して供述するよう義務を負わせること自体が公正でないという理由も挙げられる。被疑者についても、捜査は公訴の提起・追行のた

めに行われるもの（【004】で記した捜査の定義を参照）である以上、公判で対立当事者となる国家機関に協力して供述するよう義務を負わせることは不公正だといえよう（捜査の構造を検討する捜査構造論がかつてさかんに議論された。被疑者を捜査機関による取調の客体としか捉えない「糺問的捜査観」を批判して、被疑者も準備活動の主体と捉える「弾劾的捜査観」等が提唱され、被疑者の当事者性や主体性を承認させることに寄与した。調べてみよう）。この考え方を突き詰めていくと、そもそも供述義務がないのだから、黙秘権は実は自己負罪拒否特権ではなく、似て非なる別物だということになろう。

　いずれにせよ刑訴法は、被告人につき「終始沈黙し、又は個々の質問に対し、供述を拒むことができる」（311Ⅰ）、「被告人に対し、終始沈黙し、又は個々の質問に対し陳述を拒むことができる旨」を告知しなければならない（291Ⅳ）と規定している。被疑者についても「被疑者に対し、自己の意思に反して供述をする必要がない旨を告げなければならない」（198Ⅱ）と規定している。捜査機関による取調に対してはもともと供述義務が課されていないのだが、それにもかかわらず捜査機関が拷問等を加えて供述を強要する危険性があることに鑑み、本規程が置かれているわけである。

　なお、もともと自己負罪拒否特権は、供述を法律上義務付けるのを禁止することのみを指すと考えられていた。しかし強要される側から見るならば、法律上供述義務が課されることと、法律では認められていないが拷問等が加えられ事実上供述を強制されることとを区別する意味はない。そこで現在では、憲38Ⅰの「強要」とは事実上の強制も含むと一般に解されている。198Ⅱは憲38Ⅰに基づいて設けられている規定だということになる。

　以上説明してきたような根拠の上に黙秘権があると考えるならば、被疑者・被告人が黙秘できる事項に制限はないと考えるのが妥当である。しかし最高裁は、最大判昭32・2・20において「氏名のごときは、原則としてここにいわゆる不利益な事項に該当するものではない」と判示している。被告人に不利益な事実か否か（したがって黙秘権が保障される範囲内の事実か否か）を裁判所が判断することを前提としているようだが、不当である。

　黙秘権が保障される範囲については、他にも論点がある。第一に、行政法規の中には、取り扱った麻薬の記帳を麻薬取扱者に義務付ける規定（麻37）な

ど、刑事責任を問われるおそれのある事実について報告・記帳・申告などを義務付け、義務に違反すると処罰する規定が存在するが、これらの規定は黙秘権を侵害するものではないか。それとも、行政法規であるから黙秘権の保障は及ばないのか。判例は、「実質上、刑事責任追及のための資料の取得収集に直接結びつく作用を一般的に有するもの」であれば、刑事手続以外の手続についても憲38Ⅰの保障が及ぶと解している（最大判昭47・11・22）。

　第二に、人の口から発される「供述」以外にも黙秘権を及ぼすべき場合があるのではないか。このような疑問が持たれる典型的な場合が、ポリグラフ検査である。典型的なポリグラフ検査は、被疑者にさまざまな質問をして答えてもらう際に、被疑者の手指から発される汗の量を調べるものである（発汗は意識でコントロールできないそうだ）。当該事件に関係する質問がなされたときには汗が大量に出て、事件に関係のない質問がなされたときには汗が出なかったとしよう。この汗の出方を解釈して本人の意識を探ろうとするのである。

　このポリグラフ検査は被疑者の生理的変化を対象にするものにすぎないから黙秘権とは関係ないとの見解もある。しかし、この生理的変化は質問との関係で意味を持ち、生理的反応から過去の事実に関する被疑者の意識を推認しようとするものなのであるから、人の記憶に残された犯罪事実に関する情報の採取であり、供述を得る検査だと考えるべきだろう。そのように考えると、ポリグラフ検査を強制するのは黙秘権侵害となる。

　さて、ここで黙秘権の効果について簡単に触れておこう。❶黙秘権を侵害して供述が強制された場合、当該供述は証拠排除される。法律上ではなく事実上強制された場合は、憲38Ⅰ違反のみならず憲38Ⅱ違反にもなる。❷黙秘権を行使した場合、黙秘したという事実から被告人に不利な推認をしてはならない。これを「不利益推認の禁止」という。❸後で触れるが、被疑者が黙秘した場合には取調は終了しなければならないと考えるべきである。これを「取調遮断効」という。公判廷における被告人質問についても同様に考えるべきである。

　❶に関して1つ問題提起をしておこう。ポリグラフ検査結果の証拠価値は、実は疑問視されている（【102】参照）。実務でも、被告人を有罪にできる強力な証拠がない場合にしかポリグラフ検査結果は証拠調請求されないようだ。むしろ捜査実務では、ポリグラフ検査で「クロ」と判定されたことを被疑者に示し

て追いつめ、自白させるという、自白獲得のための手段として活用されている。このように活用する場合は、ポリグラフ検査結果を直接公判廷において証拠として用いたわけではないから、ポリグラフ検査結果によって直接有罪とされることはない。そうすると、ポリグラフ検査を受けることを法律上義務付ける規定を設けても、それは憲38Ⅰ違反とはならないのだろうか。検討してみよう。

　以上が、長い前置きであった。満を持して、メイン論点を検討しよう。「被疑者の防御手段として黙秘権行使をいかに実効化するか」という論点である。黙秘権というものがあると憲法や刑訴法に書かれてあったとしても、「取調受忍義務」「代用刑事施設制度」「密室」の3点セットのもとでは、実際に黙秘権を行使することは難しい。密室の中で罵詈雑言を浴びせかけられたり有形力を行使されたりしても怯まず、代用刑事施設に収容され取調以外の時間も全てコントロールされても挫けず、黙秘すると言っても無視され「お前には取調受忍義務がある」と言われて取調が延々と続いても耐えて黙秘し続けられるような、精神と肉体が強靭な者のみが、黙秘権という権利を行使できる——これでは黙秘権はあらゆる被疑者に認められた権利とは言えない。黙秘権は、脆弱な権利なのである。あらゆる被疑者が黙秘権を行使できる環境の構築が必要となる。

　この点につき、アメリカ連邦最高裁が出したミランダ判決（Miranda v. Arizona, 384 U.S. 436 [1966]）が古くから参照されてきた。本判決は、被疑者の取調が認められるためには、❶質問に先立ち、黙秘権があることの告知、❷いかなる供述も不利な証拠として用いられうることの告知、❸弁護人の立会を求める権利があることの告知、❹自ら弁護人を選任できない場合、公的選任が保障されることの告知、❺これらの告知後、これらの権利を被疑者が任意に、充分な理解のうえ理性的に放棄したこと、という5つの要件を満たさねばならないと述べている。そして、黙秘権を行使したら取調は終了となる。

　この判決をもとに日本の法をみてみよう。❶については198Ⅱがある。しかし、黙秘権の告知自体は憲38Ⅰが保障するものではなく、黙秘権告知がなされなかったからといって直ちに得られた自白の証拠能力が否定されるものではないと最高裁は述べている（最判昭25・11・21 80c）。❷については明文規定がない（規197Ⅰに規定があるが、法律ではなく規則であり、かつ、被疑者を対象にしたも

のではない）。❸についてはそもそも弁護人の立会について明文規定がない（実務では裁量によるとされている）。生きた法の世界では、弁護人立会を求めると国家機関から捜査妨害だと非難されることがある。❹については、そもそも被疑者に勾留状が発せられている場合（37の2）や、被疑者を即決裁判手続（【092】）に付そうとする場合（350の17参照）しか国選弁護人は付されない。❺については、取調受忍義務ありという前提で実務が運用されているので、黙秘権を行使しても取調は開始され、続行される。このように見てくると、ミランダ判決が求めているものとはかなりの隔たりがあることがわかる。

　ただし、取調の密室性を破ろうとする目的が❸の中に含まれているとすると、関連するものとして、ごく一部の事件についてではあるが取調を録音・録画することを捜査機関に義務付ける規定が2016年改正において新設されたことをここで記しておかねばならない（301の2Ⅳ参照。第二編第一章「捜査」ではなく第三章「公判」に規定されている）。しかし❸には、黙秘権行使をすべきか否かについて助言を受けたり、不当な取調が行われた際に直ちに抗議してもらったりする等の目的も含まれているだろう。だとすると、取調の録音・録画では十分ではない。

　実際、ある情報を供述することが自分の有利になるか不利になるかをよく見極めて黙秘するか否かを決断するなどという困難な作業を、法律知識のない被疑者1人でやらせるというのは無茶な話である。黙秘権は、弁護人の援助を受ける権利なしには十全に行使できない。黙秘権は、脆弱な権利なのである。

　さらに付言すると、被疑者が供述することが有利になるか不利になるかについて十分に吟味するためには、捜査情報にアクセスする必要がある。どのように捜査が進んでいるかがわからない状況では、被疑者が提供する情報が捜査機関にとっていかなる意味を持つことになるのかはわからないからである。しかし、被疑者や弁護人が捜査段階において捜査機関が有する情報にアクセスすることができる旨の規定は存在しない。これでは、弁護人が付されたとしてもその弁護人は十分なアドヴァイスができない。捜査段階において捜査機関が有する情報にアクセスできる制度が必要である（【057】参照）。この制度が必要となる場は捜査機関による被疑者取調（198Ⅰ）に限られない。裁判官による勾留質問（207Ⅰ・61）の場などについても同様のことがいえる。

【055】弁護権①：弁護人依頼権の意義

　刑事手続にのせられた被疑者・被告人に対し、独力で戦えと要求することはあまりに酷である。法的知識やスキルのない者が独力で戦えるほど刑事手続の世界は甘くはない。法的知識とスキルを有する人、すなわち弁護士の援助を受ける必要がある。捜査段階における弁護人は以下のような活動を行う。身体拘束された被疑者を念頭に置き、これらの援助が受けられない被疑者はいったいどうなるのか想像しながら読むと、弁護人の重要性を実感できるだろう。第一に、被疑者とコミュニケーションをとって被疑者の不安を解消したり今後の活動方針を立てたりする。第二に、不当・違法な捜査が行われないよう監視し、行われたならば是正のための手段をとる。第三に、被疑者に有利な証拠を保全したり、被害者と示談交渉したり、社会復帰に必要な環境調整（身元引受人を確保したり、職場を確保したり、薬物依存から脱却できるよう病院や自助団体につないだりする）等を行ったりするなど、不起訴処分を得るための活動、起訴された場合に備えた防御準備活動、その他さまざまな支援活動を行う。

　このように、弁護人の果たす役割は非常に重要である。そこで憲34前は身体拘束される被疑者の弁護人依頼権を保障している。刑訴法も弁護人選任権（30）、被疑者の国選弁護（37の2、37の4。なお、即決裁判手続をとろうとする場合につき350の17、350の18参照）を規定している。

　しかし、刑訴法の規定については問題が指摘されている。第一に、弁護人選任権の告知規定が十分でない。現行法は、身体拘束された被疑者に対する告知規定しか置いていない（復習になるが、203Ⅰ、204Ⅰ、207Ⅱ参照）。身体拘束されていない被疑者も弁護人を選任できる（30）ことを知らない被疑者は選任権を行使できない。少なくとも手続の今後を決する重大な局面（捜索・差押等の強制処分の際や取調の際）においては告知を義務付けるべきである。

　第二に、被疑者国選弁護制度の規定が発展途上である。生きた法の世界において憲34前は、弁護人を依頼するのを妨げてはならないと述べているだけで、国選弁護権までは認めていないと解釈されている。また、国選弁護権を規定する憲37Ⅲが規定する「刑事被告人」は刑事訴訟法上の「被告人」のみを意味し、被疑者国選弁護制度は憲法が保障するところではないと解釈されている。そのため、2004年まで被疑者国選弁護制度の規定は存在しなかった。

　しかし、捜査段階における弁護の重要性に鑑み、各地の弁護士会はボランティアで「当番弁護士制度」（身体拘束された被疑者等が弁護士会に連絡すると、弁護士会が、その日の当番にあたっている弁護士に電話し、その弁護士が無料で接見に赴く制度）を1990年代初期に起ち上げた。その結果、被疑者の弁護人選任率が大幅に上昇し、捜査段階における弁護活動が活発化した。しかし、弁護士のボランティア活動には限界があり、被疑者国選弁護制度の創設を求める声が高まってきた。

　これを受け、重大事件に限定してはいたが2004年に被疑者国選制度が立法された。その後2009年、2016年と２回にわたり法改正が行われ、対象が徐々に拡大されてきた。現在の法律では、事件の重大性要件は外され、勾留状が発せられている全ての被疑者が対象となりうる（37の２Ⅰ、37の４）。

　範囲が拡大されてきたことは評価されるべきであるが、逮捕段階が依然空白となっている。生きた法の世界では「逮捕留置」が認められており、72時間は捜査機関の手持ち時間であると解され、取調等のためにフル活用されている（【033】参照）。この間は家族との面会も保障されず、被疑者は完全に孤立している（79の通知規定や、家族等との接見等を認める80は勾留されている者のみを対象としている）。実際、逮捕中に不当な取調を受け、虚偽の自白を余儀なくされた冤罪事件は多い。勾留という長期拘束を避けるための法的活動が一切できないという問題も残る。このような問題に対処するセーフティ・ネットとして当番弁護士活動は現在も続けられているが、やはり、被逮捕者の国選弁護権を認めることにより問題の解決が図られねばならない。憲34前は身体拘束された者に対する国選弁護権を認めていると解釈すべきであり、憲37Ⅲの「刑事被告人」は被疑者を含むと捉えるべきである（英文では「the accused」となっており、被告人「defendant」よりも広い意味の概念である）。

　なお、被疑者の国選弁護人選任手続については、以下の順で条文をたどってほしい。第一に、被疑者等の請求によるとき。❶資力が基準額（50万円）未満の場合には、37の３Ⅰ→38の４→38Ⅰ→法支38ⅠⅡ→刑訴法の38の３。規27〜29の３も参照。❷基準額以上の場合には、❶の流れの前に37の３Ⅱ（私選弁護前置主義という）→31の２→37の３Ⅲを置く。第二に、職権によるときは37の４、37の５。選任の効力については38の２、32Ⅰ、少42Ⅱ参照。

【056】弁護権②：接見交通権

　被疑者・被告人に弁護人が付いても、被疑者・被告人が身体拘束されている
ために弁護人と会えず、相談できないならば、弁護人を付けた意味がほとんど
ない。憲34前が規定する弁護人依頼権は、「身体の拘束を受けている被疑者
が、拘束の原因となっている嫌疑を晴らしたり、人身の自由を回復するための
手段を講じたりするなど自己の自由と権利を守るため弁護人から援助を受けら
れるようにすることを目的とするものである」。したがって憲34前は、「単に被
疑者が弁護人を選任することを官憲が妨害してはならないというにとどまるも
のではなく、被疑者に対し、弁護人を選任した上で、弁護人に相談し、その助
言を受けるなど弁護人から援助を受ける機会を持つことを実質的に保障してい
るものと解すべきである」（最大判平11・3・24[27]）。

　そこで39Ⅰは、身体拘束されている被疑者・被告人は、弁護人又は弁護人と
なろうとする者（以下、「弁護人等」）と「接見し、又は書類若しくは物の授受を
することができる」と規定している（これを「接見交通権」と呼んでいる。「交通」
というのは物や情報をやりとりすることを意味する）。この規定は、上述した憲34前
の趣旨にのっとり、「身体の拘束を受けている被疑者が弁護人等と相談し、そ
の助言を受けるなど弁護人等から援助を受ける機会を確保する目的で設けられ
たものであり、その意味で、刑訴法の右規定は、憲法の保障に由来するもので
ある」（最大判平11・3・24[27]）。私は憲34前に「由来するもの」にとどまるも
のではなく、憲34前が「直接要求するもの」と解すべきだと考える。

　なお、弁護人等以外の者との外部交通については80、81を参照。広範な制限
を認めるこれら規定には問題がある（【044】参照。接見等禁止に関する判断のあり
方を示した最大判平31・3・13も参照）。

　それでは、39につき解釈が激しく争われている点を4つ検討しよう。第一
に、39Ⅰ「接見」の解釈である。法務省通達「被収容者の外部交通に関する訓
令の運用について」が2007年に出され、その7(2)は、未決拘禁者との面会を申
し出る弁護人に対し「カメラ、ビデオカメラ、携帯電話を使用しないこと」を
周知するよう、刑事施設長に求めている。この通達が出されて以降、接見中に
弁護人がカメラを使用することについて施設が介入する事案が増加している。
国賠で争う事件も増えてきており、写真撮影等は「接見」に含まれるのか否か

が争点の１つとなっている。

　本題に入る前に前提知識を説明しておこう。弁護人等と接見する権利を被疑者・被告人が有しているのと同様に、被疑者・被告人と接見する権利を弁護人等は有している。そこで、被疑者・被告人の意見に拘束されずに弁護人等は接見に赴くことができる（このような性質の権利を「固有権」と呼ぶ。【165】参照）。したがって、弁護人等が自身の接見交通権を侵害された場合、被疑者・被告人の代理人としてではなく、自らを原告として国賠の訴えを提起することができる。接見交通権に関する判例が国賠事件ばかりなのはそのためである。

　本題に戻ろう。写真撮影等に関して実質的判断を示した最高裁判例はまだないので、東京高判平27・7・9 31 を紹介する。本判決は「接見」を「被告人が弁護人等と面会して、相談し、その助言を受けるなどの会話による面接を通じて意思の疎通を図り、援助を受けること」と解釈し、写真撮影等の「情報の記録化のための行為」は本来接見に含まれないと述べる。面会の内容を備忘のためにメモすること以外の「情報の記録化」は、「記録化の目的及び必要性、その態様の相当性、立会人なくして行えることからくる危険性等の諸事情を考慮して」その是非を検討すべきという。そして当該事件のあてはめにおいては、写真撮影等の行為が「証拠保全」を目的としていたと認定し、接見交通権に含まれないものと判断した。そして、刑事施設職員が写真撮影等を禁止し、画像データの消去を求め、弁護人との接見を終了させる行為を適法と結論した。

　私は、この高裁の解釈は不当だと思う。憲34前が規定する弁護人依頼権を保障するためには、身体拘束されていない被疑者・被告人と弁護人等との間でできる物・情報のやりとり全てを、身体拘束されている被疑者・被告人と弁護人等との間でもできるようにしなければならない。したがって、39Ⅰの「接見」は、「被疑者・被告人と弁護人等との間でなされる物・情報のやりとり」のうち、同じく39Ⅰが定める「書類若しくは物の授受」以外の全てを意味すると解釈すべきだ。そして、施設に不都合な事態に備えて「必要な措置」を規定できるのは39Ⅱの場合、すなわち「物の授受」の場合に限られる。39Ⅱを改正しない限り、写真撮影等を止めることはできない。

　第二に、39Ⅰ「立会人なくして」の解釈である。39Ⅰがこの文言を置いてい

るのは、誰にも内容を知られることなく物や情報のやりとりを行える（「秘密交通権」と呼ぶ）ようにしなければならないからである。接見の機会が保障されても、その内容が捜査機関、訴追機関、収容施設等に知られるようなことがあれば、「両者のコミュニケーションが覚知されることによってもたらされる影響を慮ってそれを差し控えるという、いわゆる萎縮的効果を生ずることにより、被告人等が実質的かつ効果的な弁護人の援助を受けることができない」（大阪地判平16・3・9）。

　接見における秘密性の侵害が問題になる事案は、❶収容施設による侵害が争われるものと、❷捜査・訴追機関による侵害が争われるものとに分けられる。❶の例として、弁護人が証拠物として採用されたビデオテープを被告人との接見の際に再生しようとしたところ、刑事施設職員が事前検査を求めたという事案を挙げておく。大阪高裁は、「立会人なくして」行われる接見とは、「口頭での打合せに附随する証拠書類等の提示を含む打合せを意味し、打合せのために弁護人が持ち込む証拠書類にも秘密性の保障が及ぶ」と判断した（大阪高判平17・1・25 30c ）。❷の例として、検察官が被疑者から弁護人との接見内容を聴取し、それを調書化し、当該調書を公判において証拠調請求したという事案を挙げておこう。福岡高裁は、39Ⅰの趣旨を損なうような「接見内容の聴取を控えるべき義務を負っているから、原則として、弁護人等との接見における供述について聴取することは禁止されている」と述べた（福岡高判平23・7・1 30 ）。その他、鹿児島地判平20・3・24 30c も参照のこと。

　なお、生きた法の世界においては、39Ⅰ「立会人なくして」という文言は「接見」のみにかかり、「書類若しくは物の授受」にはかからないと読まれ、秘密性が保障されるのは接見だけだと解されている。実際、被収容者法が制定される前は、書類・物の授受に対して一律全面的に検閲が行われていた（当時の検閲の違法性を争った事例として、大阪地判平12・5・25 30c 、最判平15・9・5参照）。その後被収容者法が制定され、被疑者・被告人が弁護人等から受ける信書（被収135Ⅱ②、222Ⅲ①イ）についてだけは、全面的な検閲ではなく、「それに該当するものであることを確認するために必要な限度」においてのみ検査が行われることになった（被収135Ⅱ柱、222Ⅲ柱）。秘密交通権は、まだまだ発展途上の段階にある。

　第三に、39Ⅲ「捜査のため必要があるとき」の解釈である。39Ⅲは、捜査の
ために必要があるときに、39Ⅰの接見又は授受に関し、その日時、場所および
時間を指定することができると規定している。この指定は公訴の提起前に限り
行えるので、被告人に対しては接見指定ができない。被告人は検察官と対等な
訴訟当事者だからである。また、被疑者との接見を禁止することまではできな
い（弁護人等以外について規定する81と比較せよ）ことに注意する必要がある。
　「捜査のため必要があるとき」をどのように解釈するかによって、接見交通
権の制約の程度は広くなったり狭くなったりする。かつては、取調の必要性、
罪証隠滅防止、共犯者との通謀の防止などを含む、捜査全般の必要のことをい
うとの見解（非限定説）もあった。しかしそれでは、捜査機関が差し支えない
と考えたときにのみ接見が許されることとなってしまう。接見交通権が憲法的
権利であることを実質的に否定する考え方であり、妥当でない。現在でもこの
見解を採用する者は、（おそらく）いない。
　最高裁は、憲34前の趣旨が実質的に損なわれない限りにおいて、接見交通権
の行使と捜査権の行使との間に合理的な調整を図る規定を設けることは許され
ると判示し、以下のように39Ⅲを合憲限定解釈した。「捜査機関は、弁護人等
から被疑者との接見等の申出があったときは、原則としていつでも接見等の機
会を与えなければならない」のであり、「捜査のため必要があるとき」とは、
「右接見等を認めると取調べの中断等により捜査に顕著な支障が生ずる場合に
限られ、右要件が具備され、接見等の日時等の指定をする場合には、捜査機関
は、弁護人等と協議してできる限り速やかな接見等のための日時等を指定し、
被疑者が弁護人等と防御の準備をすることができるような措置を採らなければ
ならないものと解すべきである。そして、弁護人等から接見等の申出を受けた
時に、捜査機関が現に被疑者を取調べ中である場合や実況見分、検証等に立ち
会わせている場合、また、間近い時に右取調べ等をする確実な予定があって、
弁護人等の申出に沿った接見等を認めたのでは、右取調べ等が予定どおり開始
できなくなるおそれがある場合などは、原則として右にいう取調べの中断等に
より捜査に顕著な支障が生ずる場合に当たると解すべきである」と判示した
（最大判平11・3・24 27 ）。学界でも最高裁と同様の見解をとる者が多数といっ
てよい。ただし、取調中のみならず取調予定があるときまで「捜査に顕著な支

障が生ずる場合」とあてはめるか否かについては見解が分かれている。

　あらためて考えてみると、そもそも、取調中であることが「捜査に顕著な支障が生ずる場合」にあたるとすることも憲34前（の趣旨）に反するのではないか。取調受忍義務を否定する立場からみるならば、そもそも取調に応じる義務は被疑者にはなく、取調が優先される合理的理由はない。また、弁護人の活動の1つに、「不当・違法な捜査が行われないよう監視し、行われたならば是正のための手段をとる」というものがあった（【055】）が、最高裁の考え方に立つと、仮に不当な取調が行われていた場合であっても、それを弁護人がチェックしたり是正のための手段をとったりするための接見は後回しにされるということになりかねない。以上に鑑みると、最高裁のあてはめでは、「接見交通権の行使と捜査権の行使との間に合理的な調整を図る規定」になりきれていないといわざるを得ない。「捜査のため必要なとき」とは、最高裁が例示するところの「実況見分、検証等に立ち会わせている場合」、すなわちその場に被疑者がいない場合に限られると解すべきである（物理的限定説）。

　さて、仮に判例の考え方に立つとしても、「捜査のため必要なとき」といえさえすれば捜査機関は自由自在に接見指定できるというわけではない。39Ⅲ但は、「その指定は、被疑者が防禦の準備をする権利を不当に制限するようなものであってはならない」と規定している。比例原則（必要性＋相当性）に似た枠組が設けられているのである。

　この要件を満たすために、前述の最大判平11・3・24は重要ポイントを指摘していた。すなわち、「捜査機関は、弁護人等と協議してできる限り速やかな接見等のための日時等を指定し、被疑者が弁護人等と防御の準備をすることができるような措置を採らなければならない」。最大判平11・3・24以前の判例ではあるが、速やかに弁護人と協議することを怠り、往復に2時間を要するほど遠距離にある検察庁に具体的指定書を取りに来させてほしいと伝言した検察官の措置を違法と判断した最判平3・5・10 27c を読むと、このポイントの重要性を実感できるだろう。その後、弁護人の接見申出があった時点で現に取調中でない場合には直ちに接見の機会を与えるよう配慮すべきであり、取調中の場合であってもできる限り早期に接見の機会を与えるようにせよという内容の最高検通達および警察庁通達が2008年に出され、実務は改善の方向に進んでい

る。

　なお、前述の最判平3・5・10 27c が扱った事件の頃は、接見指定をする方式として、「一般的指定方式」がとられていた。すなわち、まず検察官は、監獄（刑事施設）の長などに対し、「接見又は書類若しくは物の授受に関し、その日時、場所及び時間を別に発すべき指定書のとおり指定する」と書かれた「一般的指定書」を交付する。弁護人等が接見に赴いても、「別に発すべき指定書」を検察官からもらってこない限り接見させることはできないと追い返される。弁護人等は、検察庁に赴き、具体的に日時、場所および時間を記載した「具体的指定書」（面会切符とも呼ばれた）を検察官から交付され、それを持参していかないと接見が認められなかったのである。そのため、最判平3・5・10 27c のように片道1時間かかる検察庁に取りに行かねばならないという苦行が弁護人に課されることもあった。しかしこの方式は強く批判され、1988年に廃止された。

　現在は、「通知事件制度」がとられている。検察官が刑事施設の長などに「捜査のため必要があるときは接見指定をすることがある」旨の通知を行った「通知事件」の場合、弁護人が接見を申し入れると、留置係官が検察官に連絡を入れ、指定権を行使するか否かを確認する。弁護人等が直接検察庁に赴く必要はなくなった。「非通知事件」の場合には検察官への連絡は要しない。

　本題に戻ろう。39Ⅲ但「その指定は、被疑者が防禦の準備をする権利を不当に制限するようなものであってはならない」に関連して、最大判平11・3・24の他に最高裁は注目すべき判例を2つ出している。1つめは、逮捕直後の初回の接見申出につき、その重要性に鑑み、たとえ短時間でも時間を指定したうえで即時または近接時点での接見を認めるべきと判断したものである（最判平12・6・13 28）。2つめは、接見に適した部屋が存在しない状況であっても、弁護人が即時の接見を求める場合には、立会人付きの接見（面会接見と呼ぶ）でもよいかどうかを検察官は弁護人に確認し、差し支えないと答えた場合には面会接見ができるように特別の配慮をしなければならないと判断したものである（最判平17・4・19）。

　大法廷判決以降の判例群および上述の2008年通達により、取調を理由に即時の接見が拒否されて争われたり、指定のあり方に問題ありとして争われたりす

るケースはずいぶん減ったといわれている。本書では十分に触れられなかったが、現在に至るまでの弁護士たちの苦闘の歴史をぜひ調べて学んでほしい。

　なお、一部の地域では、面会接見の一形態として、遠隔地で逮捕・勾留されている被疑者・被告人に対し、弁護人等が一定の警察署や検察庁に出向き、設けられたブースにおいて電話により接見を行う（秘密性は確保されていないので「面会接見」の一種である）こともなされている。

　第四に、39Ⅲ「捜査のために必要あるとき」の「捜査」につき、他事件の捜査も含むか否かが問題となる。最高裁は、❶起訴された被告人につき、逮捕・勾留されていない余罪について捜査の必要があることを理由に接見指定を行うことはできないと判示している（最決昭41・7・26）。❷同一人について、起訴された事件（被告事件）の被告人勾留と、まだ起訴されていない事件（被疑事件）の逮捕・被疑者勾留が競合している場合、被告事件について防禦権の不当な制限にわたらない限り、被疑事件の捜査の必要を理由に接見指定することができると判示している（最決昭55・4・28 29）。なお、この事件では被告事件と被疑事件の弁護人は同一であった。❸被告事件と被疑事件の弁護人が異なる場合、被告人事件の弁護人にも被疑事件を理由に接見指定することが許されると判示している（最決平13・2・7 29c）。

　この論点につき、事件単位の原則を用いて問題の解決を図るアプローチをとる論者が多いが、私には疑問である（【048】参照）。これまで述べてきた本書の考え方に基づくと、以下のように解決が図られるべきである。まず、前提として、勾留の競合を認めることが不当である。被告事件について勾留されている以上、被疑事件について身体拘束すべき必要（逃亡・罪証隠滅防止）はないからである（【048】参照）。したがって、被疑事件について身体拘束はできず、被疑事件について身体拘束されていない以上、被疑事件を理由に接見指定することは原則としてできない。あらゆる事例は❶と同種のものとなる。

　ただし、被疑事件の捜索・差押・検証に被疑者を立ち会わせる（222Ⅵ）ために施設外に連れ出していた場合は、接見させようにも物理的に不可能なので如何ともしがたい。そのような場合には被疑事件を理由とする接見指定を行うしかなかろう。

　最後に、39と被収79Ⅰ②の関係につき、最判平30・10・25参照。

【057】証拠へのアクセス

　被疑者の防御手段のうち説明が残っているのは、証拠へのアクセス手段である。自己に不利な証拠をチェックしたり、自己に有利な証拠を収集したりすることは、不起訴処分を得たり、起訴後の公判に備えるために重要である。起訴前段階の手続においても、捜査機関の資料をチェックし、勾留審査の際に勾留されないよう論じることができたり、取調の際にどのような情報を取調において捜査機関に提供するか否かを判断できたりするようになることが望ましい。

　しかしながら、収集した証拠を被疑者や弁護人に開示する義務を捜査機関に負わせる明文規定はなく、被疑者や弁護人が捜査機関手持ちの証拠を閲覧・謄写することを認める規定もない。これでは捜査がどのように進行しているのかを正確に知ることができないので問題である。捜査機関が収集・保管する証拠に対して、後述する証拠保全をかけるという手も考えられるが、最高裁は、「捜査機関が収集し保管している証拠については、特段の事情が存しない限り、刑訴法179条の証拠保全手続の対象にならない」と述べている（最決平17・11・25）。証拠保全というアプローチは狭き門のようである。

　ところで、台湾では2017年に刑訴法が改正され、捜査段階の勾留審査手続における証拠閲覧制度が創設された。被疑者や弁護人に開示されない証拠に基づいて勾留決定をすることは認められない。このような制度を作ろうと思えば作ることが可能なのであるから、捜査段階における証拠へのアクセスを充実化させる立法を行うことが日本でも真剣に検討されるべきである。

　さて、自己に有利な証拠を収集する手段として刑訴法が規定しているのは、179である。「証拠保全」と呼ばれている。被疑者（起訴後は被告人）、弁護人は、第1回公判期日前に、裁判官に対し、押収、捜索、検証、証人尋問、鑑定処分の請求ができる（179Ⅰ。ちなみに、検察官が第1回公判期日前に証人尋問請求をする場合については、226〜228参照）。請求を受けた裁判官は、その処分に関し、裁判所又は裁判長と同一の権限を有する（179Ⅱ）。このような規定の仕方にみなさん慣れてきたと思うが、これは99以下を準用するという意味である。保全された証拠は裁判所において閲覧・謄写できる（180）。検察官も閲覧・謄写できる。検察官が収集・保管する証拠を被疑者・弁護人が閲覧謄写することはできないのであるから、ひどくアンフェアな規定である。

【058】 警察から検察へ

　公訴提起を担当するのは警察ではなく、検察官である。そこで警察が捜査を行った事件は検察に送られる（246。「送検」と呼んでいる）。送検できるのは司法警察員であり、司法巡査はできない。なお、被疑者の身体を伴わない場合には書類送検と俗に呼ばれている。

　246は、「この法律に特別の定のある場合」を除くとしている。別に送検の手続を定めているもの（203、211、216、242、245）や、家庭裁判所に送致するよう定めているもの（少41。罰金刑以下の刑にあたる場合は少20により検察官送致される可能性がなく、起訴の準備が不要なので送検の必要がない。ただし特定少年につき少67Ⅰ参照）がある。実務では、少41の存在を忘れた警察官が、少年を検察官に送致してしまうミスが時折生じている。

　246但は「検察官が指定した事件」は送検しなくてもよいと規定している。実務では、犯情が軽いため起訴の必要がない事件を検察官が「微罪処分」に指定している。指定事件については毎月一括して検察官に報告すれば足りる（犯捜199参照）。その他、簡易送致事件（犯捜214）や交通反則事件もある。

　なお、送検と似ている言葉に「検挙」というものがあるが、これは「犯罪について被疑者を特定し、送致・送付または微罪処分に必要な捜査を遂げること」を意味する。法律に規定されている言葉ではないので注意しておこう。

【059】 起訴後の捜査

　公訴提起をもって捜査は終結するはずだが、公訴追行のため起訴後も捜査せねばならない必要性が生じることもある。そこで、起訴後の捜査はどの範囲まで許されるかが問題となる（少年事件については少41「捜査を遂げた」の解釈問題ともなるが、残念ながら詳述する余裕がない）。

　まず強制捜査についてみてみよう。第一に、捜査機関が被告人の身体拘束を行うことを認める規定はない。起訴後は裁判所が勾引や勾留を行う（58、60。ただし280Ⅰ参照）。第二に、滅多に用いられないが証人尋問については、第1回公判期日前まで行えるという規定がある（226、227）。それ以後は裁判所が行う。公判開始後は公判で決着をつけるという公判中心主義（【091】参照）から導かれる帰結である。第三に、捜索・押収等について明文規定はないが、証人

尋問の規定や、被告人側が強制処分を請求する証拠保全（179。捜索・押収、検証も含まれている）も第1回公判前まで認められていることと整合させ、第1回公判期日前であれば捜査機関が行えると解されている。それ以後は裁判所が行うことになる。以上のように、強制捜査が認められるのは第1回公判期日前まで（身体拘束は起訴まで）というのが書かれた法のスタンスである。

　これらに対し、任意捜査については時期に関する明文規定がない。そこで、特別の制約なく行うことができると一般的に考えられている。ただし、任意捜査といえども比例原則の適用を受ける。公判中心主義を無にするような捜査は相当性に欠けるので違法と判断しなければならない。実務では、証人や被告人が公判廷で調書内容と異なる供述をすると、検察官がその証人を公判廷外で取り調べて再び供述を変更させ、新たに作成した調書の採用を求めるなど、公判供述を破壊しようとする動きをとることがある。このようなふるまいは比例原則違反と構成すべきである。

　任意捜査一般について制約を設けない見解を採用しつつも被告人の取調のみは例外だとする論者が多い。公判中心主義の観点、そして実質的当事者主義の観点（被告人は訴訟の主体なのに、同じ主体である検察官から取調の客体とされてしまうのは矛盾）から、被告人取調を禁止または制限しようとするのである。書かれた法も、取調を認める規定である198は対象を「被疑者」に限っており、被告人の取調を認める規定は存在しないと解される。

　しかし最高裁は、「なるべく避けなければならない」というメッセージを付しつつも、任意捜査の一般的根拠規定である197Ⅰ（【007】参照）を根拠条文として被告人に対する任意取調を認めた（最決昭36・11・21 32 ）。これに反発し、さまざまな制限を設けようとする下級審裁判例が多く出されている（大阪高判昭43・12・9 32c 、東京地決昭50・1・29 32c 、大阪高判昭50・9・11 32c 、福岡地判平15・6・24 32c 等）。

　ところで、被告人の勾留期間は長い（60Ⅱ）こともあり、起訴後の勾留が別事件（本件）の取調に利用された場合の弊害は甚だしい。勾留されている被告人に対し別事件について行う取調は301の2による録音・録画の対象に入らないという見解もあるが、別件勾留の違法や余罪取調の違法を吟味する手段を制約することになるため、不当である。

【060】公訴提起の意義

　公訴提起とは、特定の刑事事件につき裁判所の審判を求める意思表示をいう。業界では略して「起訴」と呼んでいる。民事裁判の場合は「訴え」（民訴133Ⅰ）という用語を用いているが、刑事裁判では「公訴」（247）という言葉を用いる。もともとは私人が訴追する「私訴」と区別するために「公訴」という言葉が用いられていた。私訴の制度は消えたが、「公訴」という言葉は残っている。

【061】公訴提起に関するポリシー

　公訴提起に関する基本的ポリシーは、時代や国によって異なる。現行法は、国家訴追主義、起訴独占主義、起訴便宜主義という3つのポリシーを採用している。❶国家訴追主義とは、国家のみが公訴権（公訴を提起・追行する権利）を行使できるとするポリシーである（247）。犯罪被害者である私人が起訴する（前述のように「私訴」という）「私人訴追主義」というポリシーや、公衆が起訴するか否かを決める「公衆訴追主義」（アメリカの大陪審 grand jury がその例）もありうるが、現行法は採用していない。

　❷起訴独占主義とは、国家機関の中でも検察官のみが公訴権を行使できるとするポリシーである（247）。警察等の他の国家機関も起訴できるとするポリシーもありうるが、現行法は採用していない。ただし、付審判請求手続（262～269。準起訴手続ともいう）と検察審査会による起訴議決（検審41の6）という例外があるので注意しておこう（【063】）。

　❸起訴便宜主義とは、訴訟条件（訴訟が適法に成立し実体審理・判決をするための要件。例えば親告罪なのに告訴を得ていない場合、訴訟条件に欠けるとして、有罪・無罪の判決を出すことなく338④により門前払いされる。【070】参照）が備わっていても、検察官の裁量により不起訴にすることを認めることをいう（248。ただし少年事件については起訴が強制されることがある。少42Ⅰ→少20→少45⑤の順で見てみよう）。訴訟条件が備わっている限り必ず起訴しなければならないとする「起訴法定主義」というポリシーもありうる。実体的真実主義（【003】）を重視するならば、起訴法定主義をとるべきなのかもしれない。しかし現行法は起訴便宜主義を採用した。それには2つの理由がある。

　第一に訴訟経済（裁判所から見たコストパフォーマンス）を考慮した。全ての犯罪を丁寧に処理していたら裁判所がパンクしてしまうので事件を選別する必要があるということである。第二に、刑事政策上の意義を考慮した。248に列挙されている事情を考慮すると、早期に刑事手続から解放（「ダイヴァージョン」と呼ぶ）して社会復帰させたほうが刑事政策上の効果を得られるという場合はありうる。それなのに起訴して刑罰を科すのは不合理というわけである。

　❶❷のポリシーをとると、個々の被害者の意向に左右されず、全国的に統一された処理を行うことが可能となる。また、❸には上記のような２つのメリットがある。しかし、公訴権を検察官が独占するわけだから、権限濫用の危険性高まるというデメリットもある（権限を集中させるとその濫用の危険が高まることは歴史的真理である）。特に❸の運用は検察官の裁量によるところが大きく、濫用の危険性が高い。そこで、❶❷❸のメリットを活かしつつ、デメリットを抑える必要がある。【062】では、起訴すべきでないのに起訴した事案に対する救済策について述べる。【063】では、起訴すべきなのに起訴しなかった事案に対する救済策について述べる。

【062】 不当な起訴に対するコントロール

　公訴を提起され、それに応じることを強制される（「応訴強制」という）ということは、決して軽いことではない。被告人になると職を失うかもしれない。勾留されると大学に行けなくなるかもしれない。離婚を余儀なくされるかもしれない。裁判で争う費用を捻出しなければならない。裁判でどのように争うかを考えねばならない。いくら無実を訴えても裁判官や裁判員は耳を傾けてくれず、誤って刑罰が科せられてしまうという恐怖に日々さいなまれるかもしれない。そこで、不当な起訴がなされた場合、速やかに解放される手段が必要である。学界は、検察官の公訴提起が権限濫用に基づくものである場合には当該起訴を無効とし手続を打ち切るべきだという理論（公訴権濫用論という）を生み出した。公訴権濫用論は訴訟条件の理論や関連規定の解釈論を進展させ、権限濫用は「公訴提起の手続がその規定に違反したため無効であるとき」（338④）に該当するとか、国家刑罰権発動を認めるべきでないから免訴の規定（337）を類推適用するとかいった見解が主流となった。

　手続を打ち切る場合として取り上げられることが多いもの３つを紹介しておこう。第一に、訴追裁量権（248）を濫用して行った起訴である。起訴することによって被告人の社会的信用を貶めてやろうといった不法な意図に基づく起訴、２つのグループが喧嘩した事件において一方だけを起訴する不平等起訴等が問題になる。248により起訴・不起訴を決定する検察官の権限は自由裁量であり、裁量の行使が違法であったか適法であったかを裁判所が審査することはできないとの見解もあったが、最高裁は、「検察官の裁量権の逸脱が公訴の提起を無効ならしめる場合のありうることを否定することはできない」と述べた（最決昭55・12・17③③）。ただし「それはたとえば公訴の提起自体が職務犯罪を構成するような極限的な場合に限られる」とも述べ、公訴提起が無効となる範囲を著しく狭めた。これを批判する声は強い。

　第二に、嫌疑が不十分な起訴である。起訴が有効であるための嫌疑の程度については争いがあるが、「公訴追行時における各種の証拠資料を総合勘案して合理的な判断過程により有罪と認められる」程度の嫌疑が必要と最高裁は考えているようである（最判昭53・10・20）。さしあたりこの見解に基づくことにしよう。この程度の嫌疑がないのに起訴した場合にどう処理すべきか。

　嫌疑の存在を訴訟条件と解し、公訴棄却（338④）にするというストレートな見解も提案されているが、嫌疑不十分であれば無罪とすれば足りるという見解も有力である（この見解は嫌疑を訴訟条件として認めない）。無罪判決には一事不再理効が生じ、再起訴できなくなる（公訴棄却の判決には一事不再理効が働かないので検察官は再捜査し、嫌疑を高めて再起訴できる）ので被告人に有利だからである。両者を折衷して、嫌疑の存在を、被告人の申立を待って判断すべき訴訟条件と解する見解もある。申立があり、嫌疑の不存在が確認されれば公訴棄却（338④）、申立がなければ無罪判決を出すことになる。

　私は、違法な起訴をしたことを公開法廷で宣言すること自体も重要（それにより将来の違法起訴を抑制する）なので原則公訴棄却にすべきだと思うが、訴訟条件は主として被告人の保護のためにある（【070】）と考えると、被告人の意向を無視するわけにもいかない。そこで、原則と例外を逆に捉えた第二の折衷説を提案しておきたい。すなわち、嫌疑の存在を、被告人の同意をもって理由の有無を明らかにすべき訴訟条件と解する。被告人が同意するのであれば公訴棄

却の判決、同意しないのであれば無罪判決を出すことになる。

　第三に、違法捜査に基づく起訴である。違法捜査により公訴提起が可能となった場合、適正手続（憲31）違反を理由に手続を打ち切ると考えるのが一般的である。打ち切りの形式については、公訴棄却（338④）という見解が一般的だが、犯意誘発型おとり捜査などの重大な違法があった場合には国家に処罰適格がないとして免訴（337を準用）とすべしという見解もある。なお最高裁は、違法捜査を理由に公訴棄却とした下級審判決を全て否定している（「拷問と殆ど同一の効果を伴うべき陵虐が行われた」事件につき最判昭41・7・21、「社会的身分の高いＳを被告人に比して有利に取扱う意図のもとに差別捜査を行つた」事件につき最判昭56・6・26 33c 参照）。問題である。

【063】不当な不起訴に対するコントロール

　被疑者にとっては不起訴にされることはありがたいことかもしれない。しかし刑法は社会の秩序を維持・回復するためにあるものだから、起訴されず刑法が発動されないことにより社会秩序が維持・回復されないという事態に陥ることは避けねばならない。そこで、不当な不起訴をコントロールする制度が必要となる。間接的な手段と直接的な手段があるので、順番に説明していこう。

　第一に、間接的なコントロール手段について。検察官は、告訴等があった事件について、起訴・不起訴の処分をしたり、公訴を取り消したり（257）、他の検察庁の検察官に事件を送致したりしたときは、速やかに告訴人等にその旨を通知しなければならない（260）。不起訴処分の通知を受けた告訴人等は、後述する検察審査会に審査の申立をしたり（検審2Ⅱ、30）、付審判請求をしたり（262）することができるので、検察官にはプレッシャーになりうる。

　また、告訴人等の請求があれば、処分結果を通知するだけでなく、その理由を速やかに告げなければならない（261）。合理的な理由を説明できないような処分をさせないようプレッシャーをかけるわけである。といっても生きた法の世界では、通知の内容は「公訴を提起しなかった」だけでよいとされ、理由（法務省訓令により、書式の定まった書面により告知される）も「起訴猶予」「嫌疑不十分」「罪とならず」などと記すだけでよいとされている。これではプレッシャーをかける機能を果たすことができないので、問題である。

　第二に、直接的コントロール手段について。検察官の不起訴処分を直接的に
コントロールする制度として、検察審査会と付審判請求（準起訴手続）の２つが
ある。まずは検察審査会について。「公訴権の実行に関し民意を反映させてそ
の適正を図るため」（検審１Ｉ）に創設された機関である。衆議院議員選挙の選
挙権を有する者の中からくじで選定した一般市民11人で構成される（検審４）。

　手続について詳述する余裕はないが、さしあたり以下の順序で基本条文をた
どってほしい。❶検審２Ⅱに掲げられている者は、不起訴処分に不服がある場
合にその当否の審査を申し立てることができる（検審30本）。❷検察審査会が行
う議決には３種類ある。ａ：起訴相当（検審39の５①）、ｂ：不起訴不当（検審
39の５②）、ｃ：不起訴相当（検審39の５③）である。ａとｂの違いがわかりに
くいかもしれない。ａは、起訴すべきだという意味である。ｂは、起訴すべき
とまではいえないが捜査や判断の過程に不備があるという意味である。しかし
これらの議決には拘束力がない。ａ・ｂの議決を受けた検察官は、当該議決を
参考にしたうえで、あらためて起訴・不起訴の処分を行い（検審41ⅠⅡ）、検察
審査会に通知する（検審41Ⅲ）。❸起訴相当議決をしていた場合、不起訴処分の
通知を受けたときは、当該不起訴処分の当否を審査する（検審41の２Ｉ）。審査
の結果、やはり起訴相当だと認めるときは、「起訴議決」を行い（検審41の６
Ｉ）、地方裁判所に議決書を送付する（検審41の７Ⅲ）。起訴議決は拘束力を有す
るので、起訴しなければならない。❹そこで、送付を受けた地方裁判所は、検
察官のいわば代役を務める弁護士を指定する（「指定弁護士」という。検審41の９
Ｉ）。指定弁護士は、速やかに当該事件を起訴する（検審41の10Ｉ本）。起訴議決
の制度は2004年の法改正により設けられ、2009年より施行されている。

　次に付審判請求について。262Ｉに列挙されている犯罪（いずれも公務員の職
権濫用罪である）につき告訴・告発をした者が、不起訴処分に不服があるとき
に、事件を裁判所の審判に付すことを地方裁判所に請求する手続である。検察
官が公務員の職務犯罪に対し手心を加える権限濫用に備えた制度である。手続
の主要ポイントを挙げておこう。❶告訴・告発した者は付審判請求をする
（265Ｉ）。❷請求を受けた地方裁判所は合議体で審理および裁判を行う（265
Ｉ）。裁判は、請求棄却決定（266①）または付審判決定（266②）のいずれかと
なる。❸付審判決定があったときは、公訴の提起があったものとみなされる

（267。そのため付審判請求の手続は準起訴手続と呼ばれるわけである）。裁判所は、検察審査会と同じく検察官役の弁護士を指定する（268Ⅰ）。検察審査会の起訴議決とは異なり、既に起訴されたとみなされているので、指定弁護士があらためて起訴する必要はない。公訴を維持するため検察官の職務を行う（268Ⅱ）。

　なお、付審判請求審は捜査類似の手続（捜査説）と一般に捉えられている。したがって請求人は審理に関与できないと解されることになる。判例も、「捜査に類似する性格をも有する公訴提起前における職権手続」と捉え、密行性保持を理由に、請求人による捜査記録の閲覧・謄写を原則として認めていない（最決昭49・3・13）。しかし、検察官は公務員に手心を加えるが裁判所は手心を加えないという経験則はない。請求人が関与し、審理の進め方をチェックする必要は高い。旧法において捜査密行主義の根拠規定とされた規定（旧253）が、「秘密を保ち」の文言を削除したうえで現行法に移された（196。【007】参照）ことに鑑みると、密行性保持を最優先させる判断基準には疑問がある。

【064】一罪の一部起訴

　実務では、一罪のうち一部だけ起訴される場合がある。公訴を提起し、審判の対象である訴因を設定・変更するのは検察官（247、256Ⅲ、312Ⅰ）であり、検察官は広範な訴追裁量を有し、公訴の取消もできる（257）ことに鑑み、一部のみを起訴することは裁量の範囲内と解するのが一般的である。

　ただしその裁量権の行使は合理的なものでなければならない。権限濫用がある場合、公訴棄却（338④）としなければならないだろう。傷害致死の事件について傷害のみを起訴するなど、重大事件の一部のみを起訴した場合（裁量逸脱なしと判断したと思われる裁判例として名古屋高判昭62・9・7 2-31 参照）や、親告罪である強姦罪（2017年の刑法改正により強制性交罪に変更され、かつ非親告罪に変更されたので注意）につき告訴が取り下げられたため、強姦の実行行為である暴行のみを取り上げ、非親告罪である暴行罪として起訴するなど、親告罪の趣旨を没却するような起訴（裁量逸脱ありと判断した裁判例として東京地判昭38・12・21 34c 参照）が実務では時折問題になる。

【065】起訴の方式

　以下の流れをおさえておこう。❶検察官が起訴状を裁判所に提出する（256
Ⅰ）。慎重を期して書面主義をとっているわけだ。❷起訴状謄本も差し出さね
ばならない（規165Ⅰ）。❸裁判所はその謄本を遅滞なく被告人に送達する（271
Ⅰ）。公訴提起のあった日から2カ月以内に送達されないときは、さかのぼっ
て効力を失い（271Ⅱ）、公訴棄却となる（339Ⅰ①）。❹検察官は第一審判決があ
るまで公訴を取り消すことができる（257）。その場合には公訴棄却となる（339
Ⅰ③）。再起訴は可能だが、「あらたに重要な証拠を発見した場合」というシビ
アな条件をクリアーしなければならない（340。ただし350の26参照）。

【066】起訴状記載事項

　256Ⅱと規164は、起訴状に記載すべき事項を列挙している。起訴状のサンプ
ルは簡単に入手できる。サンプルをみながら以下の諸規定を確認しよう。
　第一に、「被告人の氏名その他被告人を特定するに足りる事項」（256Ⅱ①）を
記載する。公訴の効力は「検察官の指定した被告人」のみに及ぶ（249）た
め、他人と明確に区別しておかなければならないのである（関連して【162】参
照）。「被告人を特定するに足りる事項」として刑訴規則は「被告人の年齢、職
業、住居及び本籍」等の記載を求めている（規164Ⅰ①。なお規164Ⅱも参照）。実
務では、氏名等が不明な場合には、被疑者勾留の際に付された留置番号を記載
するなどの方法が適宜とられている。
　なお、刑訴規則は「被告人が逮捕又は勾留されているときは、その旨」の記
載も求めている（規164Ⅰ②）。被告人特定のためではなく、勾留審査等を行う
際の参考にするためである（被告人勾留は裁判官または裁判所の職権で行う。被疑
者勾留とは異なり検察官に請求権はない）。実務の慣行を紹介しておこう。
　❶逮捕も勾留もされていない被疑者が起訴されたときは、職権で勾留するか
どうか判断する（60）。❷逮捕中に起訴されたときには、裁判官の職権発動を
促すため「逮捕中求令状」と朱書する。裁判官は、速やかに被告事件を告げ、
これに関する陳述を聴き、勾留状を発しないときは直ちに釈放を命じなければ
ならない（280Ⅱ）。❸勾留中の被疑者が当該事件について起訴されたときは、
特段の手続なく公訴提起の日から被告人としての勾留が始まると実務では解さ

れている。そのようなことを認める明文規定はなく、問題である。新たに勾留
質問を行うべきである。❹勾留中の被疑者につき、勾留事件の嫌疑が消えた場
合、本来ならば釈放しなければならない。しかし勾留の理由となっていない別
事件を起訴する場合、検察官は釈放を遅らせ、起訴状に「勾留中求令状」と記
載して職権発動を促す。そして、起訴された事件を理由に裁判官が勾留状を発
付してから被疑者勾留事件の釈放手続をとる（実際は起訴事件を理由に勾留され
るので被告人は解放されないが）。これを実務では「令状の差換」と呼んでいる。
嫌疑が消失したにもかかわらず、釈放を遅らせるためにだけ被疑者勾留を引き
伸ばしているのだとすると、これは違法な慣行である。

　第二に、公訴にかかる事実、すなわち「公訴事実」を記載する（256Ⅱ②）。
256ⅢⅤがその記載の方法を規定しているが、特に256Ⅲの解釈については激し
い争いがある。256ⅢⅤについては【067】で説明しよう。

　第三に、罪名を記載する（256Ⅱ②）。罪名は、適用すべき罰条を示してこれ
を記載しなければならない（256Ⅳ）。「刑法第199条」などと記載すべきことと
なる。もっとも実務では、刑法犯の場合には「殺人」のような呼称もあわせて
記載している。特別刑法犯の場合にはこのような呼称が付されていない犯罪も
多いので、呼称を記載することができない。だから法は「適用すべき罰条を
示」すことをもって罪名の記載としているのである。罰条は予備的（「199条を
適用すべきだと思うが、だめならば202条でもよい」といった感じ）または択一的
（「どちらでもよいが199条または202条を適用すべきだと思う」といった感じ）に記載
できる（256Ⅴ）。

　なお、この罰条の記載の誤りは、原則として公訴提起の効力に影響を及ぼさ
ない（256Ⅳ）。法令の適用は裁判所の専権事項であり、当事者の主張に拘束さ
れず、罰条記載は単なる参考意見にすぎないためと捉えられている。ただし、
実際は記載された罰条の適用が妥当か否かをめぐって当事者の攻防が繰り広げ
られることもあるから、被告人の防御に実質的な不利益を生ずる虞がある場合
は例外となる（256Ⅳ）。

　第四に、年月日と官庁名が記載される（規58Ⅰ）。検察官は独任制官庁（【166】）
なので、官庁名として検察官の氏名が記される。第五に、弁護人選任書を起訴
状と同時に差し出せない場合、その旨を記載しなければならない（規165Ⅱ）。

【067】訴因の明示

　起訴状記載事項のうち、激しい議論のある256Ⅲの解釈について検討しよう。議論の枠組については歴史的変遷があるのだが、ここでは昔の議論には触れず、現在の枠組による議論のみ紹介しよう。

　起訴状の公訴事実欄に犯罪事実をどのように書くべきかについて256Ⅲは「公訴事実は、訴因を明示してこれを記載しなければならない」と規定する。この日常用語には存在しない純粋な専門用語である「訴因」という言葉は現在、検察官が主張する具体的犯罪事実の主張を意味すると捉えられ、これが審判対象と捉えられている。つまり、訴因として起訴状に記載された事実について合理的疑いを差し挟む余地のない証明があるか否かを裁判所は判断する。

　さらに256Ⅲは、「訴因を明示するには、できる限り日時、場所及び方法を以て罪となるべき事実を特定してこれをしなければならない」と規定している。そこで実務では、六何の原則（5W1H）に従って罪となるべき事実を具体的に記載しようとしている。しかし、ある事実はそもそも罪となるべき事実に含まれないと解釈してあえて書かなかったり、証拠が豊富にないので詳しくは書けなかったり、その他の事情であまり詳しく書きたくなかったりする場合がある。そのような場合、256Ⅲに違反する記載方法ではないかと争われることになる。

　256Ⅲの解釈につき、まずは判例の動向をまとめておこう。第一に、判例は「訴因」たる犯罪事実について、「罪となるべき事実として必須の事実」と「それ以外の事実」に分けようとする。「罪となるべき事実として必須の事実」とは、構成要件に該当すべき具体的事実を意味する（有罪判決に示さねばならないものでもある。335参照）。より分けの具体例は以下のとおり。❶日時・場所・方法は、「これら事項が、犯罪を構成する要素になっている場合を除き、本来は」罪となるべき事実（として必須の事実）ではない（最大判昭37・11・28 37c ）。❷殺人罪の共同正犯の場合、「実行行為者がだれであるか」は罪となるべき事実として必須の事実ではない（最決平13・4・11 39 ）。実際、実務では、共謀共同正犯の場合、「被告人は、A、Bと共謀のうえ〜〜した」とだけ記載し、誰が実行行為者かを区別しない記載がなされてきた。❸共同正犯の事案において謀議の行われた「日時、場所またはその内容の詳細、すなわち実行の方法、各人の

行為の分担役割等」は罪となるべき事実ではないとする（最大判昭33・5・28 37c ）。実際、実務では、上述のように共謀の詳細は一切記載せず、単に「共謀のうえ」とだけ記載してきた。❹過失犯において一定の注意義務を課す根拠となる具体的事実は、訴因としての拘束力がないので、公訴事実欄にいったん記載され、その後検察官により撤回された場合であっても当該事実を認定できるとする（最決昭63・10・24 40c ）。罪となるべき事実（として必須の事実）ではないと捉えているからだろう。その他、❺麻特5が規定している犯罪の「罪質等に照らせば」「本罪の訴因の特定として欠けるところはない」と判示したもの（最決平17・10・12）、❻多数回行われた該当募金詐欺を包括一罪と解した場合に、「その罪となるべき事実は、募金に応じた多数人を被害者とした上、被告人の行った募金の方法、その方法により募金を行った期間、場所及びこれにより得た総金額を摘示することをもってその特定に欠けるところはない」と判示したもの（最決平22・3・17）がある。一連の行為一つ一つの詳細は罪となるべき事実として必須の事実ではないと捉えたのだろう。また、❼複数の傷害を包括一罪と解した場合、当該事件の事情に照らすと「共犯者、被害者、期間、場所、暴行の態様及び傷害結果の記載により、他の犯罪事実との区別が可能であり、また、それが傷害罪の構成要件に該当するかどうかを判定するに足りる程度に具体的に明らかにされているから、訴因の特定に欠けるところはない」と判示したものもある（最決平26・3・17 37 ）。他の犯罪事実との区別を判断するにあたり、日時・場所・方法のカテゴリに含まれる要素を多く考慮して対処していることや、他の犯罪事実との区別だけでなく、被告人の行為が特定の犯罪構成要件に該当するか否かを判定するに足りる程度に具体的事実を明らかにしているかをも問題にしていることが特徴である。

　以上の判例群をみてくると、最高裁は、訴因は確かに検察官の主張する具体的な犯罪事実の主張を意味するものではあるのだが、審判対象はその全てではなく、罪となるべき事実として必須の要素のみが審判対象であり、それ以外の事実は単なる争点にすぎず、裁判所には参考意見としての意味しか持たないと捉えているようである（そのように捉えると、訴因変更の要否に関する判例群をよく理解できる。【077】参照）。そして、罪となるべき事実として必須の事実が特定されていない場合には、おそらく審判対象が画定されていないので訴因不明示

として違法とするだろうが、それ以外の事実は単なる参考意見にすぎず、審判
対象画定機能が害されるわけではないので、直ちには違法としないだろう。

　第二に、「できる限り」の解釈についてみておこう。❽判例は、訴因を明示
しなければならない目的を「裁判所に対し審判の対象を限定する」（審判対象画
定機能）とともに、「被告人に対し防禦の範囲を示す」（防御範囲明確化機能）こ
とと解している（最大判昭37・11・28 37c）。犯行（密出国事件における「密出国」）
の日時、場所、方法が概括的に記載されていた当該事件においては、日時・場
所・方法は罪となるべき事実そのものではなく、「ただ訴因を特定する一手段
として（筆者注：罪となるべき事実を特定する一手段としてという趣旨だろう）、でき
る限り具体的に表示すべきことを要請されているのであるから」、「これを詳ら
かにすることができない特殊事情がある場合には、前記法の目的を害さないかぎ
ぎりの幅のある表示をしても、その一事のみを以て、罪となるべき事実を特定
しない違法があるということはできない」と述べた。そして、本件における第
1回公判で行われた冒頭陳述の内容も検討し、「本件公訴が裁判所に対し審判
を求めようとする対象は、おのずから明らかであり、被告人の防禦の範囲もお
のずから限定されている」ので「被告人の防禦に実質的の障碍を与えるおそれ
はない」と判示した。起訴状の記載のみから判断しているのではなく、第1回
公判における冒頭陳述をもあわせて判断していることに注意する必要がある。
また、審判対象が「おのずから明らか」なので被告人の防御範囲も「おのずか
ら限定されている」と判断しているようにみえることにも注意しておこう。審
判対象が画定されれば防御範囲も限定されていることになるようだ。

　本判決以後に「できる限り」が問題になった判例もみておこう。まず、❾
「検察官において起訴当時の証拠に基づきできる限り特定したもの」（最決昭
56・4・25 38）なので「覚せい剤使用罪の訴因の特定に欠けるところはない」
と判示したもの、❿「検察官において、当時の証拠に基づき、できる限り日
時、場所、方法等をもって傷害致死の罪となるべき事実を特定し」たものなの
で「訴因の特定に欠けるところはない」（最決平14・7・18 37c）と判示したも
のがある。❾❿ともに、少ない証拠しかない中でせいいっぱい特定したから適
法と判断したようである。

　以上の判例から、罪となるべき事実として必須の事実でない日時・場所・方

法について、検察官がせいいっぱい詳細に記載した場合には「できる限り」特定したと判断され、適法とされることがわかる。そして、本当は詳細に記載できるのに検察官が何らかの理由で概括的にしか記載しなかった場合には違法とする可能性はある。

　以上を一言でまとめると、最高裁は、構成要件該当性判断ができるほどに特定されていないので訴因不明示になったり審判対象が画定できない（他の犯罪と識別できない）ので訴因不明示となったりする場合と、審判対象は画定できるが検察官が情報開示を怠ったので訴因不明示となる場合の2種類を想定しているということになる。

　以上の判例動向を正当化するのが、識別説という見解である。識別説は、公訴時効停止の範囲（【075】）、二重起訴の有無（【069】）、訴因変更の可否（【080】）、一事不再理効の客観的範囲（【153】）などを判断するうえで訴因が使用されるため、これらの判断に支障がない程度に、当該事実が他の犯罪事実から識別されているならば訴因の明示がなされていると捉える説である（ただし他事件との関係をみるだけでなく、当該事件そのものを判断するにあたり、被告人の行為が特定の犯罪構成要件に該当するか否かを判定できるほどに具体的であることも付加するヴァリアントもある）。前述の「審判対象画定機能」を重視する見解である。そして、他の犯罪から識別されているならば最低限の防御範囲明確化機能も果たしていると考えているのだろう（だとすると防御範囲明確化機能を独立して挙げる意味は乏しいが）。したがって、日時・場所・方法を特定しなくとも他の犯罪事実から識別できるときは、日時・場所・方法の記載は本来必要ない。

　しかし256Ⅲは、日時・場所・方法を以て「できる限り」特定せよと規定している。日時・場所・方法を特定しなくとも他の犯罪事実から識別できるか否かを問題にすることなく、「できる限り」特定することを求めているのである。識別説はこれをどのように捉えるのか。おそらく、恩恵的な措置と考えるのだろう。識別のための必要性を超えてより詳細に記載することが可能なのであれば、特に出し惜しみせずとも記載してあげればよいではないか。そうすればより被告人の防御に資するだろう——このように捉えているのだろう。したがって、検察官が可能でなければきっちり特定できなくても構わないということになる。きっちり特定できなかったとしても、手続が進み、公判や公判前整

理手続の中で防御範囲は明らかになっていくから問題ないと言われている。実際、最大判昭37・11・28 37c も、起訴状の記載のみではなく第1回公判の状況をも加味し、防御上の障碍がなかったことを確認していた。第1回公判で防御範囲が明らかになるのであれば、起訴状だけみて防御範囲が不明確だとことさら言挙げする必要はないと考えているようである。

　この見解に対立するのが、防御説である。さまざまなヴァリエーションがあるが、訴因には審判対象画定機能があることをもちろん認めつつ、防御範囲明確化機能をも重視し、実効的な防御が可能となるように日時・場所・方法による特定を必須とする。日時・場所・方法の記載があまりに漠然としている場合には、過度に防御の負担をかける不公正な手続となるので訴因不明示とし、公訴棄却（338④）にして当該手続から解放するのである。

　この見解は、「罪となるべき事実として必須の事実」と「それ以外の事実」とに分けたりせず、日時・場所・方法によって特定された事実全体が「罪となるべき事実」そのものだと捉える。したがって審判対象は、検察官による具体的な犯罪事実の主張全て、すなわち訴因の全てとなる。審判対象画定機能と防御範囲明確化機能は別個の機能であり、前者を満たしている場合でも後者を満たしていない、実効的な防御ができないラインまで記載されていなければ訴因不明示と判定し、違法とする。「できる限り」は、「実効的な防御が可能な最低ラインで止めるのではなく、それを超えて可能な限り詳細に」と解釈されることになる。

　それでは、どちらの見解が妥当なのか。審判対象画定の必要があることにつき違いはない。違いは、防御の利益に対する捉え方にある。訴因が使用される他の場面において考慮されている防御の利益は、❶当該手続が進行している中で生じる被告人の負担——訴因変更の要否問題や争点変更問題における「不意打ち」（【077】【078】）や、訴因変更の許否における「被告人の負担過剰」（【084】）——、および、❷多重処罰の回避や同一事件について2回以上応訴強制されない「二重の危険」の回避——二重起訴の判定基準（【069】）、公訴時効停止の客観的範囲（【075】）、訴因変更の可否（【080】）、一事不再理効の客観的範囲（【153】）等——にある。審判対象画定機能は裁判所のためにあると考えられがちであるが、結局は❷の二重の危険回避が問題になる場面における裁判所

の措置を問題にしているのだから、被告人のためにもあるわけである。これに
対し、防御説のいう「実効的な防御」の利益保障は、起訴状が送達された段階
ではまだ何ら手続が進行していないわけだから、当該手続における被告人の負
担はまだ現実のものではないので❶とは異なり（そのため、識別説による「防御
に対する配慮は起訴状だけで行うのではなく、後の手続も含めて総合的に行えばよい」
という考え方に対抗しきれない）、かつ、❷の二重の危険回避の利益とも直接関係
がない。したがって、「実効的な防御」の利益保障は、訴因との関係が問題と
なる他の領域には存在しない異質の目的であり、それを特別に必要とする理論
上の根拠は必ずしも明らかにされていないように思われる。防御説に対しては
実効的な防御が可能な最低ラインか否かを判断する基準を明確にすることが困
難と批判されているが、その困難性は、「実効的な防御」を要する理論的基盤
がはっきりしないことに由来するのかもしれない。

　かといって、識別説のように「できる限り」の要請を単なる恩恵と捉えるの
も妥当でない。また識別説は、防御に対する配慮は後の手続でもできると説く
が、これは、手続が進むまで防御の準備ができなくてもあきらめろと言ってい
るに等しい。その裏返しとして、検察官は、公訴追行の準備が整っていなくて
もとりあえず大雑把に訴因を記載して起訴し、起訴してからゆっくりと準備を
整えることができるようになる。しかしそれは本来、捜査段階で行われるべき
ものである。被告人が勾留されている場合は、その間無為に人身の自由を奪わ
れることになる。これはいわば、被疑者勾留の法定期間を潜脱し、被告人勾留
を捜査のために使っているのに等しくないだろうか。

　このような不公正を回避するために「できる限り」の要請はあると考えるべ
きである。つまり、防御説のように将来起こるであろう防御上の不利益に対処
するのではなく、起訴状送達時点で生じうる不利益に対処するための要請と捉
えるのである。そのように解すれば、この利益は❶と同種のものと位置付ける
ことができる。検察官は、情報を出し渋ることなく、防御を迫ることになりう
る全ての範囲を起訴状で告知し、防御の準備を直ちに開始できるようにしなけ
ればならない。これにより、公判や公判前整理手続を待つことなく、被告人
は、己が防御しなければならない最大限の範囲を知ることができ、防御の準備
を具体的に開始できるのである。

　生きた法の世界では、「己が防御しなければならない最大限の範囲の告知」をする必要を意識していないようである。予備的・択一的訴因の記載（256Ⅴ）がほとんどなされていないことがその証拠となる。法律上は予備的・択一的訴因の記載ができるとなっているが、生きた法の世界においてはほとんどなされていない。その代わりに、訴訟の進展に伴い訴因変更許可請求をする際に予備的訴因を追加する（そのようなことを認める明文規定はない）のが主流となっている。しかし、本位的訴因を維持できない場合を事前にシミュレーションすることは可能である。したがって、起訴状に記載する段階から、手持ちの証拠で立証できると思われる全タイプの事実を予備的・択一的訴因の形で記しておくべきだろう。そうでないと「できる限り」特定したとはいえない。

　なお、予備的・択一的訴因の記載をすると、防御の範囲が広がり被告人に負担を与えることになるという理由で望ましくないと考えられてきた。しかし、審理が進み、これまで進めてきた防御をご破算にしてしまうような予備的訴因の追加を許している現状に鑑みると、後出しされるよりは前出しされたほうがマシであるといえよう。従来の発想は再考される必要がある。

　さて、審判対象の画定という点に目を移そう。この点につき、識別説にはある種のフィクションが含まれているように思う。識別説は、原則として日時・場所・方法が記載されなくとも通常は他の犯罪と識別できると捉えているようだが、そんなことはない。現に、生きた法の世界では、日時の幅に概括的な記載があり、後に同じ日時の幅の中にある同種犯罪が起訴されたときに同一事件を起訴したのか否かが争われることが多い。よく問題になる覚せい剤使用事件では、鑑定の対象になった尿中から検出された覚せい剤に対応する最終の使用行為を前訴では起訴したのだと解釈する「最終行為説」等さまざまな見解が主張されている（【153】参照）。このような解釈を行わねばならないこと自体、そして、さまざまな解釈が主張されていること自体、一事不再理効が及ぶ範囲等に関する問題の発生をおさえることができていないことを示している。

　このような事態を回避するためには、2つの方法のうちいずれかをとるしかない。1つは、多重処罰の危険のある記載では訴因不明示と判断し、公訴棄却（338④）することである。こちらが本筋であろう。もう1つは、検察官に釈明を求め、幅のある記載の中に含まれる行為は起訴しないと釈明させることであ

る。実質的には審判対象画定の目的を果たしているので、かろうじて適法とすることができよう。約束を破って起訴した場合は、約束違反による公訴提起ということで公訴棄却（338④）にすることになろう。

　最後に、そもそも訴因を審判対象となる部分とならない部分（単なる参考意見にすぎない部分）とに分けるのは妥当か。識別説による場合であっても日時・場所・方法が罪となるべき事実として必須の事実となることはありうる。ところが、必須の事実とそれ以外の事実を明確に区分する手続はない。後に訴因変更なく不意打ちで訴因外事実認定がなされた時に裁判所がどのように区分したかが明らかになる。何が審判対象となるかは不意打ち認定された時に初めて判明するという制度は不公正である。やはり、日時・場所・方法も含めた事実全てを「罪となるべき事実」と捉え、全てを審判対象と解さなければならない。実体法の適用は裁判所の専権事項であるから罰条の記載に裁判所は拘束されない（256Ⅳ）のかもしれないが、実体法が適用される事実すなわち審判対象の設定は裁判所の専権事項ではない。当事者たる検察官が呈示したテーマを裁判所が勝手により分けることはできないと捉えるべきである。

　さて、ようやく訴因の明示に関する説明が終わった。しかし、訴因に関連して、さらに2つのテーマについて説明しておかねばならない。第一に、一罪は一訴因として記載しなければならないという「一罪一訴因の原則」がある。明文規定はないが、公訴の効力を一罪の範囲に限定し、審判対象を明確にするために承認されている。複数の罪を1つの起訴状に記載することはできるが、その際には一罪ごとに一個の訴因を明示し、それぞれ「罪となるべき事実」（256Ⅲ）を特定して記載しなければならない。

　第二に、既に登場してしまっているが、数個の訴因は予備的（「ナイフをAの右腕に切りつけた」と認定してほしいのだが、だめならば「ナイフをAの右腕に押し当てた」と認定してもらってもよい」といった感じ）または択一的（どちらでもよいが、「ナイフをAの右腕に切りつけた」または「ナイフをAの右腕に押し当てた」と認定してほしい」といった感じ）に記載することができる。正確に定義すると、予備的訴因とは、本位的訴因が認定できないことを条件に審判を求める訴因を意味し、択一的訴因とはいずれかの訴因の認定を求めるものである。後者の場合はどちらから判断してもよい。

【068】起訴状一本主義

　起訴状に「事件につき予断を生ぜしめる虞のある書類その他の物」を添付したり内容を引用したりしてはならない（256Ⅵ）。これを起訴状一本主義という。256Ⅵは、裁判官が事件につき白紙の状態で第1回の公判期日に臨み、その後の審理の進行に従い証拠によって事案の真相を明らかにし、公正な判決に到達するという手続の段階を示したものであり、直接審理主義および公判中心主義の精神を実現するとともに裁判官の公正を確保し、よって公平な裁判所の性格を客観的にも保障しようとする重要な目的をもっている（最大判昭27・3・5 35c）。256Ⅵに違反した場合には公訴棄却（338④）となる。

　起訴状一本主義違反が問題となる事案では、訴因の明示の要請と衡量がなされる場合が多い。例えば、❶恐喝事件において公訴事実欄に脅迫文書をほぼ全文引用した事件において最高裁は、本件脅迫文書は婉曲暗示的な表現をとっており、脅迫しているのか単なる質問なのか微妙なので「要約摘示しても相当詳細にわたるのでなければその文書の趣旨が判明し難いような場合には、起訴状に脅迫文書の全文と殆んど同様の記載をしたとしても、それは要約摘示と大差なく、被告人の防禦に実質的な不利益を生ずる虞もな」いと述べている（最判昭33・5・20 35）。また、❷名誉棄損事件において毀損文書をほぼ全文引用した場合も「犯罪の方法に関する部分をできるかぎり具体的に特定しようとしたもの」なので訴因明示の方法として不当ではなく、256Ⅵには該当しないと判断している（最決昭44・10・2 35c）。

　訴因明示の要請と予断排除の要請が衝突する場合が生じることは否定できない。しかし判例のあてはめには疑問が残る。そこまで詳細に引用する必要がないからである。訴因の特定が問題になった事例群においてはあれほど概括的記載に寛容だった最高裁が、ここでは詳細に訴因を記すべき必要性を強調しており、一貫しない。また、訴因明示の必要性が認められたとしても、相当性を考慮しなければならない。判例群には、予断が入り込む危険がないことを論証した部分が全くないことに注意する必要がある。偏った比較衡量である。

　ところで、被告人の前科・経歴・性格などを記す「余事記載」がなされることがある。それらが添付や引用とは言えない場合も、予断排除という256Ⅵの趣旨に鑑み類推適用するのが実務である。「被告人は詐欺罪により既に二度処

罰を受けたものであるが」という前科余事記載を違法とした判例として、最大判昭27・3・5 35c 参照。

【069】起訴の効果

　公訴提起があると、以下のような効果が発生する。第一に訴訟係属が生じる。訴訟係属とは、裁判所が事件について審判しなければならない状態をいう。第一審の場合、裁判所は329〜339に規定されている何らかの裁判をしなければならない。「この事件、興味ないので放置しよう！」というわけにはいかない。

　第二に、公訴時効の進行が停止する（254ⅠⅡ）。詳細は【075】参照。

　第三に、二重処罰を避けるため、同一事件を重ねて起訴をすることが禁じられる。「二重起訴の禁止」と呼ばれる。❶訴訟係属中の同一事件につき、同一裁判所にさらに公訴提起された場合は、公訴棄却となる（338③）。❷異なる裁判所にさらに公訴提起された場合、審判すべき裁判所（10、11）が審判を行い、審判すべきでない裁判所が公訴棄却する（339Ⅰ⑤）。例えば、ある事件が11月１日に東京地裁に起訴され、11月２日に大阪地裁に起訴されてしまった場合、最初に公訴を受けた東京地裁が審判し（10Ⅰ）、大阪地裁が公訴棄却する。

　第四に、被疑者は被告人と呼ばれるようになる。被疑者の時とは状況が変わるので注意しよう。ここでは例として、身体拘束に関する主要条文を紹介しておく。勾留は検察官の請求によるものから裁判所の職権により行うものに替わる（60Ⅰ）。もう「207Ⅰが準用するところの」を付けなくてもよくなる。勾留期間はがらりと変わる（60Ⅱ）。保釈の請求もできる（88）。弁護人との接見交通につきもはや接見指定することはできない（39Ⅲ）。なお、被疑者勾留から被告人勾留に切り替わる際の手続には問題がある（【066】参照）。

　起訴状一本主義と同じく予断排除のため、第１回公判までは受訴裁判所ではなく裁判官が行う（280Ⅰ）。勾留に関する不服申立について間違いやすいので気を付けよう。第１回公判までは裁判官が勾留に関する処分を行うので、不服申立は準抗告（429Ⅰ②）である。第１回公判以後は受訴裁判所が勾留に関する処分を行うので、不服申立は抗告となる（420Ⅱ）。ただし、犯罪の嫌疑がないことを理由として抗告することはできない（420Ⅲ）。犯罪の証拠があるか否かは本案の公判審理で争うべきだという理由に基づく。

【070】訴訟条件の意義

　訴訟条件とは、訴訟が適法に成立し実体審理・判決をするための要件をいう。訴訟条件を欠く場合、実体審理は拒否され、有罪・無罪の判決は出されず、形式裁判（管轄違いの判決、公訴棄却、免訴）によって裁判は打ち切られ、門前払いされる。管轄違いの判決（329）や公訴棄却（338、339）はその名の通りだが、免訴（317）という言葉はわかりにくい。これは、国家の刑罰権発動を認めるべきでない場合に刑罰権の不存在を確認する判決をいう。337の①②③④を読めばおわかりになるだろう。

　訴訟条件の趣旨については諸説あるが、さまざまな規定を統一的に捉えることは難しい。ただし、個々の規定を解釈する際には、不当な応訴強制から被告人を保護することを最重要視して検討にあたるべきだろう。

【071】訴訟条件の種類

　訴訟条件はさまざまに分類されているが、初学者はまず条文を丁寧に確認しよう。訴訟条件を規定する条文は以下の5つである。第一に管轄違いの判決（329）。第二に、免訴（337①②③④）。第三に、判決による公訴棄却（338①②③④）。第四に、決定による公訴棄却（339①②③④）。第五に、合意違反（316の13Ⅰ）。

　このうち、338④「公訴提起の手続がその規定に違反したため無効であるとき」には以下のように多様なものが適用され、セーフティネットの役割を果たしている。❶256Ⅲや Ⅵ等に違反して起訴状が無効なとき。❷訴追裁量権を濫用した起訴、嫌疑なき起訴、違法捜査に基づく起訴があったとき。❸交通反則者が反則金を納付していたとき（道交130、128Ⅱ参照。これを見過ごした例として最判平22・7・22参照）。❹少年事件について家裁が事件を検察官送致（少20、45⑤）していないのに起訴した場合。❺親告罪につき告訴がないのに起訴した場合。❻確定裁判の拘束力（既判力）が及んでいるものについて公訴提起された場合（【152】【154】参照）。❼訴訟能力が欠如しており回復見込みがない場合。この点につき最高裁は、「被告人に訴訟能力がないために公判手続が停止された後、訴訟能力の回復の見込みがなく公判手続の再開の可能性がないと判断される場合、裁判所は、刑事訴訟法338条4号に準じて、判決で公訴を棄却することができる」と判示している（最判平28・12・19 56c。詳しくは【162】参照）。訴訟

能力を備える見込みが全くないことがわかっているのにあえて起訴し、公訴取消もしないような場合には、準用でなく直接適用される可能性があるだろう。
❽迅速裁判に違反した場合。ただし最高裁は337を準用し免訴とした（最大判昭47・12・2054。詳しくは【091】参照）。

　なお、訴訟条件は職権調査事項であり、当事者に調査請求権はない（申し立てることはできるが、職権調査を促す意味しかない）と考えるのが一般である。当事者の申立の有無にかかわらず裁判所は訴訟条件の有無を調査しなければならない（【062】で扱った嫌疑なき起訴など一定の場合に例外を認める見解もある）。ただし、土地管轄違いの言渡しについては被告人の申立を要する（331）。

【072】　訴訟行為の訂正・補正／訴訟条件の追完

　起訴状に記載されている被告人の住所等に誤記がある場合、その起訴を無効として公訴棄却（338④）にするのではなく、訂正（瑕疵はあるが有効な訴訟行為を修正すること）させるだけでよいと考えられている。また、訴因が不明示で違法な場合にも直ちに公訴棄却（338Ⅳ）するのではなく補正（無効の訴訟行為から事後的に無効原因を除去すること）すればよいと考えられている（最判平21・7・16参照）。訴訟経済と再起訴される被告人の負担を考慮した結果である。

　さらに、訴訟条件全般につき追完を認めてよいのではないかということが議論されている。追完とは、要件を備えていないため効果を生じない行為が、後に要件を備えて効果を生じることをいう。民法を学んだ方は、民116が規定する無権代理行為の追認をイメージするとよい。

　例えば、親告罪であるにもかかわらず告訴なく起訴した場合を想定してみよう。338④により公訴棄却の判決が言い渡されるべき事案である。しかし、起訴当時は告訴を得られなかったのだが、後に告訴が得られた場合には、当該起訴をさかのぼって有効とし、公訴棄却にすることなく審理を続行してもよいとする見解がある。けれども、親告罪であるにもかかわらず告訴なく起訴したミスは重大であり、追完を認めるべきではないだろう。ただし、公訴棄却されても再起訴される可能性はある。訴訟条件は被告人の保護のためにあるものだから、1回の手続で終わらせようと被告人が考え、異議を申し立てない場合には、例外的に追完を認めてもよいと思う。

【073】公訴時効の意義

　訴訟条件の１つに「公訴時効が完成していないこと」がある（337④）。この公訴時効（250、251、252、253、254、255、337④）はさまざまな論点に登場してくるので重要である。まずは基本的な事項を解説しておこう。

　公訴時効とは、一定の期間が経過したことにより公訴提起ができなくなる制度のことをいう。制度の趣旨については、❶年月の経過により刑罰を加える必要性が減少し、国家刑罰権が消滅するためと考える説（実体法説）、❷年月の経過により証拠が散逸して証拠収集・訴追が困難になるためと考える説（訴訟法説）、❸一定期間訴追されないという事実状態を考慮し、国家の訴追権行使を限定して個人を保護する制度なのだと考える説（新訴訟法説）がある。

　このうち❶に対しては、無罪でなく免訴となる（337）理由が説明できないと批判されている。❷に対しては、犯人が国外にいるかいないかによって証拠が散逸するか否かにつき違いが生じるとはいえないので、犯人が国外にいる場合に公訴時効の進行が停止する（255）ことの説明ができないと批判されている。同じく、法定刑によって時効期間が定められている（250）ことが説明できないとも批判されている。人を死亡した罪であって禁固以上の刑に当たるものか否かで分けていることの説明もできないであろう。❸については、被告人の法的地位の安定は反射的利益にすぎない（つまり、結果として生じるものにすぎないという意味）と批判されている。この批判は、訴追を免れている間に築いてきた犯罪者の人生を尊重する必要などないという考え方を背景にしている。

　公訴時効の制度は２回改正された（2004年、2010年）が、学界では有力な新訴訟法説は、立法の場では歯牙にもかけられなかった。実体法説に対しては、メディアやインターネットの発達により年月が経過しても事件が風化しにくくなってきたと反論され、訴訟法説に対してもDNA型鑑定などの強力な証拠が登場し、これを長期間保管しておくことが可能になったと反論された。このように、理論は歯止めの役割を十分に果たすことができず、簡単に公訴時効の廃止（250Ⅰ柱）または延長が実現されるに至った。２回の改正以前は、犯罪の種類にかかわらず、死刑に当たる罪につき15年、無期につき10年、長期10年以上につき７年、長期10年未満につき５年、長期５年未満若しくは罰金刑に当たる罪につき３年、拘留・科料につき１年であった。現在の250条と比較してみよ

う。

　公訴時効制度は、１つの物の見方によって全てを説明できるものではなく、諸事情を比較衡量して構築されるものなのであろう。これまで提唱されてきた三説のいずれが妥当かを議論するというのは、おそらく問題の設定の仕方が間違っている。比較衡量の対象と基準を吟味することが求められていると思う。

　なお、2010年の法改正では、公訴時効が進行中の事件についても適用されると規定した（附則３Ⅱ）。これにより時効期間が時効の進行途中で変更されるケースが生じるが、最高裁は、本規定は「憲法39条、31条に違反せず、それらの趣旨に反するとも認められない」と判示した（最判平27・12・３）。

【074】 公訴時効の起算点

　公訴時効の進行は、「犯罪行為が終つた時」から開始する（253Ⅰ）。共犯の場合につき253Ⅱ参照。期間の計算については55を参照のこと。

　さて、「犯罪行為が終つた時」とはいつのことなのか。結果発生によりはじめて処罰可能な状態に達するのであるから、結果犯（結果の発生が要件となっている犯罪）については結果発生時というのが一般的な考え方である。

　傷害致死罪などの結果的加重犯（一定の犯罪行為が行為者の予見しなかった重い結果を発生させた場合に、その重い結果によって刑罰が加重される犯罪）の場合には、加重結果発生時と一般に解されている。判例も同様である（最決昭63・２・29 36 ）。

　それでは、科刑上一罪の場合はどうか。判例は、一罪である以上は一体のものと捉え、原則として最終結果から起算し、最も重い罪をもとに時効期間を算定する（観念的競合の場合につき最判昭41・４・21 36c 、最決昭63・２・29 36 参照。牽連犯の場合につき最判昭47・５・30 36c 参照）。住居侵入・窃盗事件の場合、窃盗既遂から起算して７年（窃盗の法定刑は10年以下の懲役（拘禁刑）なので、250Ⅱ④に該当する）で時効が完成することになる。これに対し、学界では、科刑上一罪は本来数罪なのであるから個別に起算し、個別に期間を算定すべきと考える見解が主流である。住居侵入は侵入から起算して３年、窃盗は窃盗既遂から起算して７年でそれぞれ時効が完成することになる。

　私は今のところ、本来数罪であったとしても一体の社会的事実であることを

考慮して国家刑罰権の発動を1回とした刑法の趣旨に鑑み、判例の処理が妥当と考えている。ただし判例は、牽連犯につき、目的行為が手段行為を基準とする時効完成後に実行された場合は例外とし、個別に進行すると考える（最判昭47・5・30 36c 、大判大12・12・5 36c 参照）。例えば、詐欺目的で文書偽造したが、手段行為である文書偽造を単体でみれば時効が完成した後、目的行為である詐欺が行われた場合、文書偽造については時効が完成したと捉え、文書偽造と詐欺を牽連犯として処断することはできない。私は今のところ、このような例外的処理を認めるべき理論的必然性はないのではないかと考えている。

【075】公訴時効の停止効

　公訴時効は公訴提起によって進行を停止し、管轄違いまたは公訴棄却の裁判が確定した時から再びその進行を開始する（254Ⅰ）。民法の時効や刑の時効の場合には、これまでの進行がリセットされてまた最初から進行が開始される（民147、刑34参照）。このような仕組みを「中断」という。これらとは異なり、公訴時効の場合には、停止してもこれまでの進行はリセットされない。これまで進行した期間はとっておかれ、管轄違いまたは公訴棄却の裁判が確定した時から残りの時効期間が進行するので注意しておこう。例えば、横領の公訴時効は5年で完成する（刑252は横領の法定刑を5年以下と規定している。これは刑訴250Ⅱ⑤に該当し、公訴時効は5年となる）が、犯罪結果発生から3年経過後に起訴されると、時効の進行は停止する。審理が3年行われたあと公訴棄却となったとする。この時、犯罪結果発生から6年経ってしまっているわけだが、起訴の時点で時効の進行は停止しているので、時効の進行はまだ3年しか経っていない。あと2年の間に起訴すればセーフとなる。

　起訴は適法であることを要しないが、例外を認めるべき場合もあるのではないかが議論されている。第一に、起訴状謄本不送達の場合（271Ⅱ）である。判例は原則どおり停止しないとした（最決昭55・5・12）が、271Ⅱは「さかのぼって効力を失う」と規定しており、公訴時効停止効もなしとしなければこの規定の意味がなくなる。何より、送達されていないわけであるから、被告人が起訴されたことを知らない間に公訴時効が停止するというのは不当であろう。したがってこの場合には公訴時効は停止しないとすべきである。

　第二に、訴因が不明示の場合（256Ⅲ）である。判例は、特定の事実について検察官が訴追意思を表明したものと認められるときは進行が停止するという（最決昭56・7・14）。しかし、254Ⅰは「当該事件」について進行停止すると規定している。訴因が不明示の場合、「当該事件」が何なのかわからない。また、訴因が検察官の主張なのであり、訴因とは別個に検察官の訴追意思を考慮するのはおかしい。したがって、「当該事件」が不明である以上は公訴時効の進行は停止しないと解すべきである。

　さて、「当該事件」という言葉が登場したが、この言葉は、時効停止の客観的範囲を示している。訴因に掲げられた事実だけでなく、公訴事実の同一性（312Ⅰ）が認められる範囲において時効が停止すると解するのが判例（最決昭56・7・14）であり、一般的な考え方である。例えば、犯行から4年経過後詐欺で起訴され、審理が2年間続けられたが、公訴棄却となったとする。その後検察官が横領と構成して起訴してきた場合、当初の訴因事実についてしか進行停止しないと考えると、横領（時効完成は5年）については既に6年経過しているので時効が完成しており、免訴（337④）となる。これに対し、公訴事実の同一性が認められる範囲において時効が停止すると解すると、本件における詐欺と横領との間に公訴事実の同一性が認められる場合、起訴から公訴棄却までの2年間は時効の進行が停止しているから、まだ時効は4年しか進行していないことになるので、あと1年の間に横領で起訴したのであればセーフとなる。

　なぜか。公訴事実の同一性が認められる範囲内で訴因変更の可能性があったからである。一事不再理効が公訴事実の同一性の範囲に及ぶ以上、公訴提起と同時に、公訴事実の同一性の範囲内で時効進行が停止している必要がある。このような理由から、判例理論は妥当と評価されている（ただし、当該事案のあてはめの当否については議論の余地がある）。

　客観的範囲とくれば主観的範囲も問題になる。共犯者については、共犯者の1人に対してした公訴提起による時効停止が他の共犯者にも及び、停止した時効は、当該事件についてした裁判が確定した時からその進行が再開される（254Ⅱ）。なお、検察官の指定した被告人以外の者に公訴の効力は及ばない（249）ので、起訴された被告人が実は真犯人ではなく、真犯人は別にいたとしても、その人物について時効の進行は停止しない。

【076】訴因変更の意義

　証拠調を経て、訴因どおりの認定ができない様子になった場合、検察官は訴因変更の許可請求（312Ⅰ）を行い、審判対象を変更する。裁判所は新訴因につき有罪判決を出す。法はこのように、不意打ちを避け被告人の防御権を害することなく、効率よく有罪を確保しようとしている。

　訴因変更手続を経ずに訴因外事実を認定した場合には、「訴えなければ審理なし」という不告不理原則に違反することになる（審判対象として起訴状に明示された事実とは異なる事実を、被告人に争う機会を与えることなく認定した）ので、控訴された場合には直ちに破棄される（絶対的控訴理由である378③後）。ちなみに、378③にいう「事件」とは「訴因」のことである。後段「審判の請求を受けない事件について判決をしたこと」が不告不理原則違反の場合である（前段「審判の請求を受けた事件」は、併合罪中の一罪についてのみ刑を言い渡した場合などに適用される）。もっとも、判決に影響を及ぼすべき違法がないと破棄しない相対的控訴理由である訴訟手続の法令違反（379）で破棄する判例・裁判例もある。【067】で述べたことに鑑みると、訴因の中でも裁判所を拘束する「罪となるべき事実として必須の事実」になるはずの訴因外事実を認定した場合は378③を適用し、「それ以外の事実」と評価される訴因外事実を認定した場合は379を適用するのだろう。

　なお、訴因変更という語は通常、広義の意で使う。312Ⅰの「追加（加える）」「撤回（取り除く）」「（狭義の）変更（差し替える）」の３つを含む。また、明文規定はないが、実務では予備的訴因の追加（当初の訴因で有罪にしてほしいのだが、無理ならばこちらの訴因で有罪にしてくださいとの趣旨）が認められている。明文規定はないが、起訴状に予備的訴因を記載できる（256Ⅴ）のだから、後に予備的訴因を追加してもよいだろうという理由に基づく。既述のように、起訴状に予備的訴因が記載されることはほとんどなく、訴因変更の必要が生じた場合に予備的訴因を追加する場合がほとんどであるが、問題である（【067】参照）。

　訴因変更手続に関する書かれた法は以下のとおりである。すなわち、❶検察官が訴因変更許可請求を行う（312Ⅰ）。❷この訴因変更許可請求は書面による（規209Ⅰ）。訴因変更は新たな審判対象の設定をするものだから、公訴提起に準じて起訴状の場合（256Ⅰ）と同様に書面主義をとるわけである。ただし、被告

人が在廷する公判廷においては、口頭による請求でもよい（規209Ⅵ）。❸書面によるとき、起訴状の場合（規176Ⅰ）と同様に謄本も差し出す（規209Ⅱ）。起訴状の場合（271Ⅰ）と同様に裁判所は被告人に謄本を送達する（規209Ⅲ）。起訴状の場合（291Ⅰ）と同様に検察官は訴因変更許可請求書を公判廷で朗読する（規209Ⅳ）。❹被告人側の意見が聴取される（規33Ⅰ）。❺裁判所が許可決定を出し（312Ⅰ）、速やかに被告人に通知する（312Ⅲ）。ちなみに、許可または不許可決定に対する異議申立や抗告をすることはできない。異議申立については309ⅠⅡに規定されていないこと、抗告については即時抗告を認める規定がないこと（420Ⅰ参照）がその理由である。したがって、不服がある者は、判決が出た後に控訴するしかない。❻変更により被告人の防御に実質的な不利益を生ずる虞があるときは、被告人または弁護人の請求により、決定で、充分な防御の準備をさせるため必要な期間、公判手続を停止しなければならない（312Ⅳ）。

【077】訴因変更の要否

　それでは、訴因変更の要否をどのような基準で判断すべきか。訴因が検察官による具体的犯罪事実の主張である（【067】参照）以上、事実が変われば訴因変更手続が必要となる。しかし、些細な変化があっても訴因変更すべしというのでは訴訟経済上問題があると一般に考えられている。そこで、審判対象画定および防御範囲明確化という訴因の2つの機能（【067】参照）を害さない程度の変化であれば訴因変更を不要とし、機能を害するような変化に至れば訴因変更を必要とすると考えられている。具体的には、❶審判対象画定機能に対応して、審判対象としての同一性を失う程度の事実変化があるか否か（「訴因の同一性」があるかという言い方をすることもある）、❷防御範囲明確化機能に対応して、被告人の防御上重要な事実変化といえるか否か、が基準となる。

　なお、従来は、訴因に掲げられた事実は全て審判対象と考えられていたので、学界では、❶と❷の区別をことさらに意識することなくもっぱら❷の基準により判例の評価がなされてきた。しかし近年に至り識別説が有力となり、かつ、❶と❷の区別を意識した後述の最決平13・4・11 39 が登場するに至り、❶と❷を区別した判断基準が意識されるようになってきている。ともあれ、ま

ずは❷に関する見解を説明しよう。

　まず、具体的防御説という考え方がある。個別事件の訴訟経過をふまえて防御上具体的不利益が生じる場合か否かを考えるというものである。これに対し、抽象的防御説という考え方が対置される。個別事件の訴訟経過をふまえないで抽象的に判断するというものである。

　2つの基準の違いを明確にするために例を挙げてみよう。監禁幇助の訴因で被告人が起訴された。犯行方法は「実行犯に監禁用の車を提供した」であった。そこで被告人は、車を実行犯に提供したことはないと争った。しかし判決は、「被告人が車を実行犯に提供したという証明はない」と被告人の主張を認めつつも、「しかし関係証拠からは、実行犯に携帯電話を提供したことが認められる。これは実行犯たちが連絡をとりあうための道具であり、幇助にあたるので、いずれにせよ幇助で有罪だ」と述べた。訴因変更はなかった。

　具体的防御説によると、携帯電話を提供した事実を証明する証拠が公判廷に出てきていたので、被告人側もそれに触れていたのだから、防御しようと思えばできたはずなので、不意打ちにはなっておらず、防御上具体的不利益はなかったとあてはめる。これに対し抽象的防御説では、（犯行方法を審判対象に含める見解に立った場合）犯行方法という訴因の不可欠の要素ががらりと変わったわけだから、防御上重要な変化だとあてはめる（訴因の同一性なしともいえる）。公判廷に証拠が出ていたかどうかは考慮に入れない。

　具体的防御説はかなりの批判を浴びている。事件ごとに判断が異なりうるので基準として不安定であるとか、被告人は検察官が具体的に主張していない事実が認定される可能性まで考えて防御しなければならず、負担過重であるとかいった批判である。これらの批判には理由がある。学界では抽象的防御説を支持する者が多い。さらに、抽象的防御説で判断した後、セーフティネットとして具体的防御説でも判断するという二段階説までもが提唱されている。

　それでは判例の紹介に移ろう。最高裁は長らく事例判例ばかり出してきたが、平成に入り、一般的な規範として読めるような判示を含んだ決定を出した（最決平13・4・11 39）。すなわち、第一に、「殺人罪の共同正犯の訴因としては、その実行行為者がだれであるかが明示されていないからといって、それだけで直ちに訴因の記載として罪となるべき事実の特定に欠けるものとはいえな

い（筆者注：つまり、罪となるべき事実として必須の事実ではないということだろう。
【067】参照）」から、「訴因において実行行為者が明示された場合にそれと異な
る認定をするとしても、審判対象の画定という見地からは、訴因変更が必要と
なるとはいえない」。ここから、審判対象の画定に必要な事実（罪となるべき事
実として必須の事実）を変更する場合には訴因変更を必要的と考えていることが
窺える。

　第二に、「とはいえ、実行行為者がだれであるかは、一般的に、被告人の防
御にとって重要な事項であるから」「争点の明確化などのため、検察官におい
て実行行為者を明示するのが望ましい」という。罪となるべき事実として必須
の事実でなくとも、一般的に防御上重要な事実については訴因に記載すべきで
あるとメッセージを発している。

　第三に、検察官が訴因においてその実行行為者の明示をした場合は「判決に
おいてそれと実質的に異なる認定をするには、原則として、訴因変更手続を要
する」。「しかしながら、実行行為者の明示は」「訴因の記載として不可欠な事
項ではないから、少なくとも、被告人の防御の具体的な状況等の審理の経過に
照らし、被告人に不意打ちを与えるものではないと認められ、かつ、判決で認
定される事実が訴因に記載された事実と比べて被告人にとってより不利益であ
るとはいえない場合には、例外的に、訴因変更手続を経ることなく訴因と異な
る実行行為者を認定することも違法ではない」。つまり、罪となるべき事実と
して必須の事実ではないから審判対象画定機能は害されないので、防御範囲明
確化機能が害されるか否かだけが問題となるのだが、その際、少なくとも一般
的に防御上重要な「その他の事実」については具体的防御説で判断することが
宣言されていると解することができる。

　なお、第二と第三で紹介した判示を反対解釈すれば、罪となるべき事実とし
て必須の事実でもなく、一般的に防御上重要ともいえない事実については訴因
に記載する必要性は低く、訴因に記載されていたとしても自動的に訴因変更不
要と判断される可能性がある。このような判断を実際に行った事例はまだ登場
していないが、注意しておこう。

　さて、以上の規範は、約10年後の判例（最決平24・2・29 39c）でも確認され
ている。そして、放火の方法は罪となるべき事実として必須の事実ではないこ

とを前提に（そこは法廷意見中に明示されていないが、おそらくそうだろう）、放火の方法は一般的に防御上重要な事実であることを確認し、具体的防御説により判断して「被告人に不意打ちを与えるもの」だから違法と結論している。

これらの判例以前に出された事例判例群も、各法廷意見の表現の詳細はともあれ（審判対象画定に関する事実についても防御範囲明確化の見地から論じているかのような外観をとっているものが多い。学界がもっぱら防御範囲明確化の観点による基準によって判例を検討してきたのも、事例判例群における法廷意見の書き方に対応した結果かもしれない）、それらの結論は、最決平13・4・11 39 のアプローチによって導き出されるはずの結論と一致するといえそうだ。主要なものを挙げておこう。現在であれば審判対象画定の見地から訴因変更が必要と判示されそうなものとして、❶強制わいせつの訴因に対し公然わいせつの認定をする場合（最判昭29・8・20）、❷収賄の訴因に対し贈賄の認定をする場合（最判昭36・6・13）、❸幇助の訴因に対し共同正犯の認定をする場合（最大判昭40・4・28）、❹過失態様をクラッチペダルの踏み外しとする訴因に対しブレーキの遅れという過失態様を認定する場合（最判昭46・6・22 40 ）等がある。審判対象画定には関わらない事実であり、具体的に不利益も生じていないので訴因変更不要と現在では判示されそうなものとして、❺共同正犯の訴因に対し幇助を認定する場合（最判昭33・6・24）、❻詐欺罪の訴因に対し異なる被害者を認定する場合（最決昭30・10・4）、❼第三者図利目的の特別背任の訴因に対し、自己図利目的を認定する場合（最決昭35・8・12）等がある。

それでは、最決平13・4・11 39 の判断方法は妥当だろうか。おそらく、【067】で論じた訴因の明示についてどのような見解を採るかにより、最決平13・4・11 39 に対する評価は変わるだろう。識別説の立場からはスムーズに承認されるだろう。防御説の立場からは、訴因事実の全てを審判対象と捉えないことが批判され、「罪となるべき事実として必須でない事実」につき、一般的に防御上重要と判断されないものがスルーされる可能性があることに警戒の念が示され、一般的に防御上重要と判断されるものにつき具体的防御説により判断していることが批判されるだろう。

私も、訴因に示された事実は全て審判対象と考えているので、訴因事実の全てを審判対象と捉えない判例のアプローチは不当だと思う。さらに、そもそ

も、一般的に判断するにせよ、具体的に判断するにせよ、防御上重要な不利益を与えない場合には訴因変更不要とするアプローチ（判例であれいかなる学説であれ、共通して採用するアプローチであった）自体が不当だと思う。

　訴因と異なる事実を認定する可能性が出てきた場合には検察官に訴因変更する意思があるか否かを求釈明したり、訴因変更勧告したりするだけでよい。そして訴因変更手続は、法廷において口頭で行えてしまう簡便な手続である。煩瑣な要素は一つもない。それにもかかわらず訴因変更手続をとることを面倒がり、煩瑣な判断基準を用いて第一審裁判所が孤独に検討し、出した判決が不当な不意打ちだとして控訴され、控訴審が再び煩瑣な判断基準を用いて孤独に検討するという手続過程は、裁判所と当事者間のコミュニケーション不全を示す以外の何物でもない。つまり、訴因変更手続をとらないで済ませる必要性も相当性もないということだ。以上から、訴因と異なる事実認定は一切許されず、異なる事実認定をする場合にはすべからく訴因変更が必要と解する。

　なお私は、将来訴因変更をとらねばならない場合をシミュレートし、予備的・択一的訴因の記載（256Ⅴ）を活用して多様な訴因をあらかじめ記載しておくことが「できる限り」（256Ⅲ）の要求である（【067】参照）と考えている。このような記載がなされた場合には、訴因変更が必要になる場合はほとんどなくなるだろう（ただし、審理の経過に鑑み、明らかに不要となった訴因はどんどん撤回していくのが望ましい）。

　次の話題に移ろう。訴因変更の要否を判断するに際し、縮小認定理論というものが持ち出されることがある。訴因に包含された犯罪事実を認定するには訴因変更は不要という理論である。例えば強盗の訴因で起訴されたが、公判で争っているうちに、本件実行行為は反抗を不能にするような強度のもの（強取）とまではいえないと裁判官が考えたとしよう。この場合、強盗よりも程度が低いものが恐喝なので、訴因変更なく恐喝で有罪としても特に被告人側に不利益は生じない（最判昭26・6・15 41c 参照）。「大は小を兼ねる」というわけだ。審判対象画定の見地からも問題ないといえよう。そこで、このような場合は訴因変更不要ということになる。もちろん私は、このような理論は認めない。

　ところで、縮小認定が問題となる事案が紹介される際には「強盗から恐喝へ

縮小認定」というように罪名だけを書いて紹介する場合が多い。しかし重要なのは事実なので注意されたい。殴ったという事実は認められるのだが、それが反抗を不能にする程度のものと評価されるのか、そこまでは評価できないのかが問題になっているのである。殴ったという事実は認められないがナイフで切りつけたことは認められるというように実行行為自体が大幅に変わる場合には縮小認定理論を適用できないので注意されたい。したがって、訴因に対しどのような事実を認定したのか、本当に縮小になっているのかは、判決・決定そのものにあたってチェックしてもらう必要がある。急がば回れだ。というわけで、以下の判例群をチェックしてみてほしい。❶前述した、強盗訴因に対し恐喝を認定したもの（最判昭26・6・15 41c ）、❷殺人の訴因に対し同意殺人を認定したもの（最大判昭28・9・30）、❸殺人未遂の訴因に対し傷害を認定したもの（最決昭28・11・20）、❹強盗致死の訴因に対し傷害致死を認定したもの（最判昭29・12・17 41c ）、❺傷害の訴因に対し暴行を認定したもの（最決昭30・10・19）。

　なお、この理論の準用を認めてよいかについては議論がある。板橋酒気帯運転事件でそれが問題となった（最決昭55・3・4 41c ）。酒酔い運転と酒気帯び運転は「大は小を兼ねる」の関係にない。また、酒酔いから酒気帯びに変更するということはすなわち行為を変更するということであるから、審判対象画定の見地からは訴因変更が必要的と判断されることになるのではないか。しかし本決定はそのようには判断しなかった。訴因に関する判例群の中では少々浮いた存在となっている。

【078】争点変更

　争点とは、訴訟において当事者が争う主要な論点のことである。公判前整理手続で行われることの中には事件の争点整理が含まれている（316の5③）。また、公判前整理手続を行わない場合にも、検察官および弁護人は、事件の争点を明らかにするため、相互の間でできる限り打ち合わせておかねばならない（規178の6Ⅲ①）。争点が整理され、明確にされることにより、公判が円滑に進むことが期待され、かつ、防御の利益に資することとなる。争点を逸脱した認定を裁判所が行い、それが被告人にとって不意打ちになり防御権侵害となる場

合には、訴訟手続の法令違反（相対的控訴理由である379）となる。

　リーディングケースであるよど号ハイジャック事件の最高裁判決（最判昭58・12・13 39c）や、【077】にも登場した後続判例（最決平13・4・11 39）等に鑑みると、争点変更について最高裁は次のように考えていると思われる。すなわち、罪となるべき事実として必須の事実でなくとも、一般的に防禦上重要な事実と認められるものについては、できるかぎり明示する必要がある。明示の方法は、起訴状に記載する（本来必要不可欠のものではないが「訴因」として掲げる）という形が望ましいが、そうでなくともよい。❶起訴状に記載した場合、裁判所が記載されたものと異なる事実を認定しようとするならば、具体的防御説により検討し、防御上重大な不利益が生じる場合には訴因変更手続が必要である。❷起訴状に記載しない形で明示した場合には、その他の方法で新たな争点として顕在化させねばならない。

　なかなか複雑である。その元凶？は、罪となるべき事実として必須の事実とそれ以外の事実とに分けて異なる取扱をしようとする識別説にある。

【079】　罰条変更

　312Ⅰは、訴因のみならず罰条を変更する際にも手続が必要と規定しているが、これには厳格に従わねばならないか。最高裁は、訴因により公訴事実が十分に明確にされていて被告人の防禦に実質的な不利益が生じない限り、罰条変更の手続を経ないで起訴状に記載されていない罰条を適用できると判示した（最決昭53・2・16）。256Ⅳとパラレルに考えているのだろう。

　このように判断したのは、罰条そのものは審判対象ではないからである。法律の適用は裁判所の専権事項であり、当事者たる検察官の主張に拘束されないというのが一般的な考え方である（【066】参照）。起訴状に罰条を記載させるのは、裁判所に参考意見を提供するためにすぎない。だから「防禦に実質的な不利益が生じない限り」手続は必要ないと考えられているのである。

　もっとも、適用されるべき罰条につき被告人に検討の機会を与えることも罰条記載の意義であると考える見解もある。この見解に立つと、起訴状記載と異なる罰条を適用する場合は、罰条変更手続をとるべきだということになる。

【080】訴因変更の可否を論じる趣旨

　訴因変更が必要になったとして、次に問題になるのは、どこまで変更してよいのかである。例えば、2017年5月10日、埼玉のA宅でAの財布を窃取という訴因から、2007年12月24日、福岡のB宅でBを殺害という訴因に変更してよいだろうか。これはもう全く別の事件といえないだろうか。このような別事件に変更してしまってもよいのだろうか。

　多くの者は、このような変更は許されないと考えてきた。ものには限度があるというわけだ。実際、312Ⅰは「公訴事実の同一性を害しない限度において」訴因の変更（広義）を許すと規定している。「公訴事実の同一性」が認められる範囲内でのみ訴因変更は許されることになる（範囲外であるにもかかわらず一審が訴因変更を認めてしまった場合、控訴審で破棄される［378③、397Ⅰ]）。そこで「公訴事実の同一性」の解釈が問題となる。が、これを論ずるためには長い前置きを要する。

　訴因の明示問題や、訴因変更の要否問題と同様、訴因変更の可否の問題もその設定のされ方が時代とともに動いてきているように思われる。国家の利益と被告人の利益との対立という図式が当初設定されていたのだが、後者の利益を考慮すべき範囲を縮減させる方向に議論がシフトしてきているように私にはみえる。

　議論がシフトしてきたのには、歴史的な要因と、被告人の防御の利益における内在的な要因があるように思われる。まず歴史的な要因について述べる。訴因という概念がなく、訴因変更という制度もなかった旧法においては、起訴状に書かれていない事項であっても「公訴事実の同一性」の範囲内で審判対象になると解されていて、起訴状記載の事実と異なる事実が告知なく判決で認定されてしまうという不意打ちを甘受するよう被告人に強いていた。そこで、現行法ができ、訴因変更制度が設けられた際には、旧法時代の考え方をなるべく維持しようとする立場と旧法時代の問題が生じないようにしようとする立場が鋭く対立し、「公訴事実の同一性」の解釈論争が華々しく展開されたのである。しかし、さまざまな解釈が出された割には、事案に対するあてはめ・結論は判例とさほど変わらず、近年は緊張感が薄れてきたきらいがある。

　次に被告人の防御の利益における内在的要因について述べる。被告人の利益

を尊重しようとする解釈をしても判例とさほど変わらない結論になってしまうのは、考慮すべき被告人の利益にもいろいろなものがあって、それらの調整が難しいからである。「公訴事実の同一性」を広く解すると、当該審理における被告人の防御の負担は重くなる。しかし、後に検討するように、一事不再理効がおよぶ客観的範囲は公訴事実の同一性の範囲内とされている（【153】参照）ので、広く解したほうがその場面では有利になるのである。このようなトレード・オフの関係がある。また、公訴事実の同一性を害するので訴因変更を許さないとされても、検察官は変更を拒否された当該訴因について別に公訴を提起することができるので、「公訴事実の同一性」を狭く解したところで被告人の防御の負担が特に軽くなるわけではない。

　以上の要素を棚上げにすると、訴因変更の範囲に限界を定めるメリットとして挙げられるのは、つまるところ、１つの罪について複数の起訴がなされ、複数の有罪判決が併存してしまい、罪は１つであるにもかかわらず多重処罰がなされてしまうのを予防すること、これただ１つに収斂する。多重処罰を避けるためには、明快な手続が望ましい。そこで、１個の国家刑罰権に服する事項は一個の手続で処理すべきという命題を立てる。そして、一罪一訴因の原則（【067】参照）を立ててすっきり整理させたうえで、一罪について複数回起訴することを禁じ（338③）、代わりに１個の手続の中で訴因変更することにより対処するよう求める（312）。さらに、当該手続の中で変更可能だった範囲内のものについては裁判確定後に起訴することを禁ずることによって、多重処罰という誤りが起こらないよう万全の体制を敷いているのである（337③）。

　例を挙げよう。住居侵入のみ起訴していたが窃盗についても処罰を求めたくなった場合は、独立して窃盗の訴因を後から起訴することを禁じ（338③）、住居侵入事件の公判において住居侵入の訴因から住居侵入窃盗の訴因に変更することを求める（312）。これにより、牽連犯で一罪となるものを１つの訴因としてまとめ、１つの手続内で処理できる。このような訴因変更をせず、住居侵入の訴因のままで公判が終了し、住居侵入の有罪判決が確定した場合、後から窃盗の訴因で別に起訴しても、住居侵入事件の公判において訴因変更することにより窃盗について審理することが可能だったわけだから後の祭りであるとして、裁判打ち切りの免訴とするのである（337③）。

【081】 公訴事実の同一性

　【080】で説明した法の趣旨から、「公訴事実の同一性」（312 I）の解釈はお
のずと決まってくる。つまり、「有罪判決が出され、それが確定したならば実
現される国家刑罰権の発動対象が、1個におさまっていること」である。具体
的な判断基準として、公訴事実の単一性があること、および、狭義の同一性が
認められることが挙げられてきた。この区分に疑問を呈する向きもあるが、何
について処理しているのかを明確にするメリットがあるので、本書では一応、
この伝統的な区分を残しておきたい。

　公訴事実の単一性があるとは、一罪だということである。被疑事実の単一性
（【050】【051】参照）と同様である。住居侵入の訴因から住居侵入窃盗の訴因に
変更することの許可を検察官が請求してきた場合、当該住居侵入と当該窃盗が
牽連犯となり一罪として処断されうるのであれば、単一性があるということに
なる。これに対し、窃盗の訴因から殺人の訴因に変更したいという場合には、
両者は一罪とならず、併合罪（刑45）として処理されることになる。国家刑罰
権の発動が1個ではなく2個となるので単一性は否定される。

　狭義の同一性があるとは、同じ事件だということである。強盗と恐喝のあて
はめの例を【051】に挙げておいたので、強盗の訴因を恐喝の訴因に変更する
ことの許可を検察官が請求してきた場面に置き換えて読み直してほしい。

　以上の判断基準に関し、いくつか補足しておこう。第一に、単一性と狭義の
同一性は便宜上の区分にすぎず、両者は絡み合っているので、「この事案では
単一性と狭義の同一性のどちらが問題になるのだろうか？」とか「単一性と狭
義の同一性、どちらを先に検討すればよいのだろうか？」といった疑問を持つ
必要はない。両者の間を行ったり来たりしながらどちらも検討すればよい。

　例として【080】の冒頭に掲げた窃盗から殺人へ変更しようとする事例を検
討しておこう。❶とりあえず単一性をみてみよう。窃盗と殺人は併合罪だから
単一性がないといえそうだ。❷次に狭義の同一性をみてみよう。日時、場所、
客体、方法、結果に共通性が全くなく、窃盗と殺人は両立する（窃盗を犯しつ
つ殺人を犯すこともできるから2つの事件が成り立ちうる）ので狭義の同一性がない
といえそうだ。しかし、❸検察官が以下のような釈明をしている。すなわち、
Aはちょっと変わった人で、トランクに常に3000万円の現金を入れて持ち運

び、そのトランクを「財布」と称していた。被告人はこの3000万円の現金を盗みたかったのだが、Aを心配していた友人Bが、Aの監視・保護体制を万全に敷いていたため、窃盗の実行は著しく困難だった。そこで被告人は、Bを排除しなければAの現金を盗むことはできないと考え、たまたま有給休暇をとって福岡の別荘で数日間過ごしていたBを殺害した。ところがすぐに、Aを心配する別の友人Cが、Aが築き上げた監視・保護体制を受け継いだため、なかなか窃盗の機会は訪れず、9年半もの間機会をうかがい続け、とうとうスキが生じたので窃盗を実行することができたのだ。——以上の釈明に基づくと、もしかしたら殺人と窃盗は牽連犯で一罪と構成されることになるのだろうか？　❹もし一罪と構成されるとすると、殺人の事実と窃盗の事実は一体化するので、狭義の同一性が否定される余地もなくなりそうだ……。

　第二に、上記の例でおわかりのように、公訴事実の同一性が認められるか否かは、旧訴因と新訴因を比較するだけではわからず、検察官の釈明や審理経過をもとに判断せざるを得ない場合が多い。そして、審判対象を設定する権限は検察官のみにあり、訴因変更はその審判対象を再設定する行為に他ならないから、「事件の真相は何なのか」などと裁判所は実体に立ち入るべきではない。そこで、訴因変更許可請求の際には、公訴事実の同一性があると考える理由を常に釈明させ、それに基づいて判断すべきであり、当該審理の経過は、当該釈明がそれと齟齬をきたしていないかを確認するに止めるべきである。

　第三に、いったん許可／不許可決定を出した後の審理経過に照らすと実は公訴事実の同一性がない／あることが明らかになった場合にどう処理するかが問題となる。許可／不許可決定を取り消すという考え方もあるが、変更された訴因をもとに進行してきたこれまでの手続を全て無効とするわけにはいかないだろう。決定を撤回するという方法も考えられるが、種々の事情により今さら撤回されても困るという場合も出てくるだろう。あらためて考えてみると、訴因変更命令制度（312Ⅱ）はまさにこのような時のために用意されたのではないか。形成力のない訴因変更命令を発することにより、あらためて検察官が訴因変更の当否について判断する機会を提供するのである。312Ⅱは撤回の変更命令がないが、撤回すべき部分は検察官の判断に委ねるまでもなく同一性を欠く部分であるから、当該部分に関する許可決定を裁判所が撤回すれば済む。

【082】公訴事実の同一性に関する判例

　以上の説明をふまえて、いくつか判例を分析してみよう。ただ前述のように、検察官の釈明や審理の経過が判断に影響するため、本書の要約紹介だけでは判例の意味がよくわからないかもしれない。面倒でも、下級審判決も含めて原典にあたることを強くお勧めする。また、本書の判例分析は、両訴因を比較するだけでなく審理経過もみていること、そして単一性問題と狭義の同一性問題を行きつ戻りつ検討していることをわかってもらうためのものである。少しばかり異色の分析かもしれないので、さまざまな判例評釈も確認しておこう。

　また、財産犯の事例が多く登場するが、罪数について混乱するかもしれないので最初に基本知識を仕込んでおこう。窃盗や強盗の正犯（単独正犯または共同正犯）が刑256に該当する行為をしても共罰的事後行為として吸収され、一罪しか成立しない。しかし判例は、狭義の共犯（教唆犯または幇助犯）の場合には併合罪とする（窃盗教唆と盗品有償処分あっせんが併合罪の関係に立つことにつき最判昭24・7・30参照。強盗幇助と盗品有償譲受が併合罪の関係に立つことにつき最判昭24・10・1参照）。

　それではまず基本的な判例から。第一に、単一性の問題を前面に出した判例（最判昭33・2・21）を1つ見てみよう。窃盗幇助の訴因（紙幅の制約があるためこのような端折った書き方をするが、「我々が窃盗幇助にあたると評価できるような事実の主張」という程度の意味に捉えてほしい。訴因は事実の主張に尽きることを思い出してほしい）に対し、盗品有償譲受の予備的訴因を追加した事案である。最高裁は、「窃盗の幇助をした者が、正犯の盗取した財物を、その贓物（筆者注：盗品）たるの情を知りながら買受けた場合においては、窃盗幇助罪の外贓物故買罪（筆者注：盗品有償譲受罪）が別個に成立し両者は併合罪の関係にあるものと解すべきであるから、右窃盗幇助と贓物故買の各事実はその間に公訴事実の同一性を欠くものといわねばならない。そして本件における前記本位的訴因、予備的訴因の両事実も、右説明のように、本来併合罪の関係にある別個の事実であり従つて公訴事実の同一性を欠くものであるから、前記贓物故買の事実を予備的訴因として追加することは許容されないところといわねばならない」と述べた。

　単一性がないことのみを指摘し、狭義の同一性について直接触れてはいない

が、抽象的に罪名だけを捉えて単一性を判断しているわけではなく「本件における」「両事実」をみて単一性がないと判断していること、すなわち全く別の事件ではなく「正犯の盗取した財物を、その贓物たるの情を知りながら買受けた」１つの事件とみることができると考えていることに注意しておこう。

　なお、判文からは両訴因を比較するだけで判断しているようにみえるが、１つの事件であるという仮説と矛盾する事情が当該審理の中に存する場合にはそれを無視して判断することはないと思われる（例えば、審理の経過に鑑みると窃盗幇助の被害物件と盗品有償譲受罪の被害物件が明らかに異なっていたならば、狭義の同一性がないことを前面に押し出した書き方になっていたかもしれない）から、審理経過も見ているのであろう。

　第二に、狭義の同一性の問題を前面に出した判例（最判昭29・9・7）をみてみよう。窃盗の訴因に盗品保管の予備的訴因を追加した事案である。最高裁は、「日時の同一、場所的関係の近接性及び不法に領得されたＡ所有のリヤカー１台に被告人が関与したという事実に変りはないから、右両訴因の間の基本的事実関係は、その同一性を失うものでない」と述べた。本判決に限らず判例は、狭義の同一性を問題にする際に、「基本的事実関係が同一か」という基準を立てる。そして本判決のように、両訴因の多くが共通していることをもって基準を満たすと述べることがある。「あくまでも一つの事件がテーマになっているのであり別の事件にテーマが移っているのではない」ことの理由として、多くの要素が共通していることを挙げるのだろう。第一の事例と同様、両訴因だけをみて判断しているわけではなく、審理の経過もみていると思われる。しかし【081】で述べたように、一見同一性があるようにみえても実はそうではないという場合はありうるので、単に両訴因を比較したり、審理経過をチェックしたりするだけではなく、後の手続で混乱が生じないよう、はっきりと検察官に釈明もさせておくべきである。

　なお、本判決の中に単一性について直接言及している箇所はないが、単一性が認められないかもしれないのに狭義の同一性のみ判断して公訴事実の同一性ありと判断するはずがない。両訴因の事実関係のもとでは、窃盗と盗品保管は共罰的事後行為で法条競合（吸収関係）であるから単一性があるという判断も裏でなされているはずだ。

　ここからは、少々解読が難しい判例群をみていこう。第三に、前面に立てるべき問題を誤った事案を紹介する（最決昭47・7・25 42c ）。寄付金募集の名目で詐欺をしたという訴因に、条例に定める手続をとらないで寄付金募集をしたという予備的訴因を追加した事案である。最高裁は「公訴事実の同一性があるとの原審の判断は正当である」としか述べていないので原判決をみると、犯罪の日時・場所・その他さまざまな要素が同一なので「両者は基本たる事実関係において同一である」と判示している。詐欺と条例違反とでは罪質等が違いすぎることが問題として提起された事案なので、真の争点は単一性の有無であろう。お金を集める行為が条例違反行為にも詐取にもあたると評価できるのであれば観念的競合となり単一性が認められるので、罪質が異なることは問題にならない。原判決も最高裁決定もこの点を明示すべきだったと思われる。

　第四に、単一性と狭義の同一性のいずれを述べているのかわかりにくい箇所がある判例を紹介しよう。窃盗の訴因に盗品有償処分あっせんの予備的訴因を追加した事案（最判昭29・5・14 42c ）である。起訴状記載の訴因は「10月14日、静岡県内のホテルで、A所有の背広を窃取」だった。予備的訴因は「10月19日、自称Aから頼まれて、東京都内の質店で背広を入質した」であった。日時や場所はかなり異なるが、最高裁は、被害物件である背広が同一のものであることが審理の経過に鑑み明らかと指摘し、当該背広に関する被告人の所為が窃盗か有償処分あっせんかという点に差異があるにすぎず、「両者は罪質上密接な関係があるばかりでなく、……その日時の先後及び場所の地理的関係とその双方の近接性に鑑みれば、一方の犯罪が認められるときは他方の犯罪の成立を認め得ない関係にあると認めざるを得ないから、かような場合には両訴因は基本的事実関係を同じくする」と判示した。

　ここでは「基本的事実関係が同一か」を判断する理由として非両立関係にあることが挙げられている。予備的訴因がもし別の事件であったとするならば、あちらを立ててもこちらも立つという関係になるはずだが、そうはなっていない。被告人自ら背広を窃取したのならば、Aは背広を窃取できないから、入質を頼めない。そこで「あくまでも一つの事件がテーマになっているのであり別の事件にテーマが移っているのではない」ことの理由になるわけである。本判決のいう非両立は、単一性が認められること、すなわち共罰的事後行為なので

一罪になることを指摘しているわけではない。ここが誤解しやすい箇所なので注意してほしい。もちろん、法条競合（吸収関係）で一罪だと判断しているだろうが、それは判決には直接示されていない。

　ところで本判決は、審理の経過に鑑み背広が同一であることを確認し、日時の先後及び場所の地理的関係とその双方の近接性から非両立関係を認めていた。しかし、両立するストーリーは、実はいくらでも考えられる。例えば、10月14日に被告人が背広を窃取したがＡにすぐ取り返された。15日にＡは第三者に背広を盗まれた。そこで被告人が第三者を突き止め、18日に第三者から背広を窃取した。これを被告人に買い戻してもらおうと思いコンタクトをとったところ、19日に自称Ａが現れ、その者の指示通りに有償処分あっせんした……。「そんなことはまずありえない」から無視してよいと多くの者が説くが、まずありえないなどと断言できる根拠はないし、断言できるようにするために裁判所が実体調査を徹底的に行うのも不当である。何度も繰り返すが、裁判所が検察官に求釈明し、検察官が狭義の同一性ありと考えている理由を釈明させ、その釈明をもとに判断すべきだと思われる。審理経過等は、当該釈明におかしな点がないことを確認するために用いるにとどめるべきだ。

　第五に、単一性と狭義の同一性のいずれを述べているのかわかりにくい判例をもう一つ紹介しよう。馬の売却代金の横領という訴因に馬の窃盗という予備的訴因を追加した事案である（最判昭34・12・11）。最高裁は、「一方が有罪となれば他方がその不可罰行為として不処罰になる関係にあり、その間基本的事実関係の同一を肯認することができる」と判示した。「一方が有罪となれば他方がその不可罰行為として不処罰になる関係にあり」の部分は、狭義の同一性における非両立関係を指摘しているわけではない。第四の事案とは異なり、事実をみれば両立関係にある（馬を盗み、かつ、売却代金を着服する）のだが、両事実には法条競合（吸収関係）で一罪だと述べているのである。したがって両事実は一体と捉えればよいので、狭義の同一性の検討に際し、両事実を比較し非両立関係にあるかという問題設定をする必要がなく、そのまま狭義の同一性を認めてもよいと述べているのである。単一性の問題と狭義の同一性の問題を行きつ戻りつ検討しているのでこのような判示になる。

　第六に、単一性と狭義の同一性のいずれを述べているのかわかりにくい判例

をさらにもう１つ紹介しよう。「被告人甲は、公務員乙と共謀のうえ、乙の職務上の不正行為に対する謝礼の趣旨で、丙から賄賂を収受した」という枉法収賄の訴因だったところに、「被告人甲は、丙と共謀のうえ、右と同じ趣旨で、公務員乙に対して賄賂を供与した」という贈賄の予備的訴因を追加した事案である（最決昭53・3・6 [42]）。

　最高裁は、「収受したとされる賄賂と供与したとされる賄賂との間に事実上の共通性がある場合には、両立しない関係にあり、かつ、一連の同一事象に対する法的評価を異にするに過ぎないものであつて、基本的事実関係においては同一であるということができる」と判示した。

　ここにいう「両立しない関係」とは、狭義の同一性のことを言っている。両訴因の賄賂が全く同一とまでは言えないが、最高裁は、訴因や審理の経過に鑑み「事実上の共通性がある」と判断している。そのうえで、被告人はある１つの事件において収賄側・贈賄側いずれの共同正犯なのかをテーマにしている。その賄賂を受け取ったのであれば贈ることはできず、贈ったのであれば受け取ることはできないので、どちらか１つのはずである。そこで狭義の同一性が認められる。これに対し、「一連の同一事象に対する法的評価を異にするに過ぎない」は、法条競合（択一関係）で単一性が認められることをそのように表現していると考えられる（択一関係というカテゴリを認めないのであれば、「事実認定または事実のあてはめを問題にしているだけだ」と読むことになろう）。

　最後に、検察官の釈明に基づいて同一性を判断したことがはっきりわかる事案（最決昭63・10・25 [43]）を紹介しよう。「1985年10月26日午後５時30分ころ、被告人方において、Bをして自己の左腕部に覚せい剤を含有する水溶液を注射させた」という覚せい剤使用の訴因を変更し、「被告人は、1985年10月26日午後６時30分ころ、スナック『C』店舗内において、覚せい剤を含有する水溶液を自己の左腕部に注射した」という訴因に変更することが認められるかが争われた事案である。

　覚せい剤使用罪は１回使用につき一罪が成立する。自宅で注射し、かつスナックで注射することは可能なので、単一性も狭義の同一性もないようにもみえる。しかし検察官は、公訴提起後に被告人が使用時間、場所、方法に関する供述を変更したので、新供述にそって訴因の変更を請求したと釈明したよう

だ。そこで最高裁は、「両訴因は、その間に覚せい剤の使用時間、場所、方法において多少の差異があるものの、いずれも被告人の尿中から検出された同一覚せい剤の使用行為に関するものであつて、事実上の共通性があり、両立しない関係にあると認められるから、基本的事実関係において同一であるということができる」と判示した。検察官の釈明をもとに、それが審理の経過と矛盾しないかどうか確認したうえで、使用行為は1回であり、その1回がなされた日時・場所等に変更が生じただけであるから非両立関係にあり、狭義の同一性が認められると判断したのだと一般に理解されている。

検察官の釈明を考慮して判断したのは結構なことだが、よく考えてみると、尿中から覚せい剤が検出されたことを同じく根拠としてまた別の使用行為を訴追するつもりがあるのかどうかまで求釈明をしていない。したがって、例えば「1985年10月18日ごろから1985年10月28日（被告人が逮捕され採尿された日）までの間に覚せい剤を使用した」という訴因で後から起訴された場合に、それが本件の審判対象とされた使用行為と同一なのか否かについて再び争いを生じさせることになる。そのような争いが生じないよう、もっと突っ込んだ釈明をさせるべきである（この点については【153】参照）。

【083】基準となる訴因

❶窃盗幇助の訴因で起訴されたが、後に❷窃盗の訴因に変更され、さらに❸盗品等有償譲受の訴因に変更されたとする。❶と❷の間には単一性が認められる。❷と❸の間にも単一性が認められる。しかし、❶と❸の間には単一性が認められない。したがって、最初から❸盗品等有償譲受の訴因変更許可請求をしても認められないが、❷窃盗という藁をかませれば、❸盗品等有償譲受の訴因変更許可請求が認められることになる。このようなことは許されるだろうか。

公訴事実の同一性をどのように解釈するかによって、この問題に対する答えと理由は異なってくる。1個の国家刑罰権に服する事項は1個の手続で処理すべきというポリシーを実現するために訴因変更制度はあると解し、公訴事実の同一性を「国家刑罰権の発動対象が一個におさまっていること」と解釈すると、一個の手続に複数の対象が入り込むのを許すことはできない。したがって、❸盗品等有償譲受の訴因変更許可請求は認められない。

【084】訴因変更の許否

　訴因変更許可請求がなされ、公訴事実の同一性を害しないと認められる場合でも、諸利益を比較衡量した結果、訴因変更を許可すべきでないという場合があるのではないか（なお、2016年の法改正により、合意違反の場合に訴因変更を許さない旨の規定が置かれた。350の13Ⅱ参照）。「訴因変更の許否」の問題として議論されている。

　第一に、現訴因につき有罪にできるのに、検察官が訴因変更許可請求してきた場合、実体的真実に合致した判決を出すことを重視して変更を不許可にすべきか。最高裁は、❶訴因変更の可否を決する基準は公訴事実の同一性であること（312Ⅰ）、❷起訴便宜主義（248）を採用していること、❸検察官に公訴の取消（257）を認めていることに鑑み、不許可とすべきではないと述べた（最判昭42・8・31 44c ）。審判対象設定権限を検察官に与えている当事者主義構造に則り、実体的真実主義の要請を譲歩させたこの判断は高く評価されている。

　ただし本事案では、変更後の訴因につき有罪判決を出せた。変更を認めれば無罪になる場合には不許可とすべきか。実体的真実主義の要請を重視し、そのような場合には「単純に許可すべきではない」と判示した裁判例もある（大阪高判昭56・11・24）。しかしそれだけでは、❷❸との整合性がとれない。せめて訴因維持勧告（訴訟指揮権）くらいはすべきだという見解もあるが、訴因変更制度は多重処罰を避けるためのもの（【080】参照）にすぎないから、そのような勧告は目的外であり許されないだろう。検察官が審判対象を設定していない事件（起訴議決事件および付審判決定事件）のみ不許可にし得よう。

　第二に、被告人の負担を考慮し、訴因変更を許可するのが相当でない場合である。現行法は、訴因変更により被告人の防禦に不利益が生じる可能性を考慮し、充分な防禦の準備をさせるため公判手続を停止するよう求めている（312Ⅳ）。そこで、訴因変更を許可することにより公判手続の停止では賄えないような不利益が生じる場合には、不許可によって対応する以外にないと考えられている。これまで争われてきた事案を検討し、衡量の対象として何を取り上げ、どのように衡量しているかを分析しておこう（福岡高那覇支判昭51・4・5 44 、浦和地決昭63・9・28、大阪地判平10・4・16 44c 等参照）。

　なお、比較衡量する際には、312Ⅳにより根拠づけることのできない要素を

入れるべきではない。「審理が長引くと裁判員に気の毒」、「公判前整理手続を経た意味がなくなる」（東京高判平20・11・18 47 参照）等の事情もあるだろうが、被告人の負担に関する要素に転換できるもののみ算入すべきである。

【085】訴因変更命令

　裁判所は、審理の経過に鑑み適当と認めるときは、訴因又は罰条を追加または変更すべきこと（撤回は含まれていない）を命ずることができる（312Ⅱ）。審判対象設定権者は検察官であるにもかかわらず、なぜこの規定が置かれているのだろうか。「現訴因については無罪だが訴因変更すれば有罪にできるのに検察官が訴因変更許可請求をしないときに、裁判所は訴因変更を促し（訴訟指揮権）たり、訴因変更命令（312Ⅱ）を発したりしなければならないか」という論点を扱う際に問題となる。

　最高裁は、原則としてそのような義務は裁判所にない（最判昭33・5・20参照）が、❶訴因変更すれば有罪になることが明らかで、❷その罪が重過失により人命を奪うという相当重大なものであるような場合には、例外的に訴因変更を促しまたはこれを命ずる義務があるとする（最決昭43・11・26 45c 。最判平30・3・19も参照）。事案が重大であるときには実体的真実主義の要請を無視できないと考えたのだろう。ただし、審判対象を直接変動させる権限を裁判所に与えるわけにはいかないので、この訴因変更命令に形成力（検察官の意向に関係なく命令によって訴因変更がなされたことにする力）はない（最大判昭40・4・28 45c ）。したがって、命令を発しても検察官が従わなければそれまでであることに注意しておこう。最高裁はこのような形でバランスを取っている。

　しかし、訴因変更制度は、1つの事件を1回の手続で処理することにより多重処罰を避けるシステムである。無罪判決が出たからといって多重処罰の危険が高まるわけでもないから、訴因変更命令を発すべき必要性がない。同様の理由で、訴因変更を促す義務も発生しない。【081】で述べたように、訴因変更命令は、いったん訴因変更許可請求を許可／不許可とした後の審理経過に照らすと実は公訴事実の同一性がない／あることが明らかになった場合に、形成力のない訴因変更命令を発することにより、審理が進んだ現段階においてなお訴因変更すべきか否かを検察官が判断する機会を提供するものと解すべきである。

【086】 訴訟条件を具備しているかを判断する基準

　現訴因を基準とすれば訴訟条件を具備しているが、審理の結果明らかとなった事実を基準とすれば訴訟条件を欠く場合に、どのように処理すればよいか。

　３つの基本的事例をもとに考えてみよう。すなわち、❶同居していない叔父を被害者とする強盗罪で起訴した（告訴なし）のだが、審理の結果、親告罪である恐喝（刑249、251・244Ⅱ）との心証を裁判所が抱いた場合、❷事件発生から４年後に窃盗の訴因で起訴した（時効は完成していない。刑235、刑訴法250Ⅱ④参照）のだが、審理の結果、遺失物横領（起訴前に時効が完成している。刑254、刑訴法250Ⅱ⑥）との心証を裁判所が抱いた場合、❸失火の訴因で簡易裁判所に起訴した（簡裁に事物管轄あり。刑116、裁33Ⅰ②参照）のだが、審理の結果、現住建造物放火の心証を裁判所が抱いた（地裁に事物管轄あり。刑108、裁24②参照）場合である。

　私が望ましいと考える処理方法は、非常にシンプルなものとなる。まずは、処理する際の前提となる事項を３点挙げておこう。第一に、審判対象は訴因であるから、訴訟条件を具備しているか否かは訴因をもとに判断する。第二に、変更許可請求された訴因が訴訟条件をみたすものか否かは、訴因変更を許可するか否かを判断する際には考慮しない。第三に、訴因変更許可請求がないのに、勝手に検察官の意思を忖度して縮小認定をしたりしない。

　これらの前提を置いて処理してみよう。❶については、訴因変更許可請求がなければ審判対象は現訴因の強盗であるから、現訴因に基づき無罪にする。恐喝への訴因変更許可請求があれば、許可したうえで、変更後の恐喝の訴因について訴訟条件を判断し、告訴なしとして公訴棄却する（338④）。❷については、訴因変更許可請求がなければ現訴因の窃盗で無罪とする。遺失物横領への訴因変更許可請求があれば、許可したうえで変更後の遺失物横領の訴因に基づき訴訟条件を判断し、時効が完成していたとして免訴とする（337④）。❸については、訴因変更許可請求がなければ現訴因の失火で無罪とする。放火への訴因変更許可請求があれば、許可したうえで変更後の放火の訴因に基づき訴訟条件を判断し、管轄違いの判決を言い渡す（329）。

　なお、以上のケースにおいて想定していた訴因変更許可請求は、現訴因を撤回して新訴因を追加する、狭義の変更である。しかし実務では、現訴因をまる

まる撤回することはあまりなく、予備的訴因を追加するという方法で訴因変更することが多い。そこで、それぞれの事案の「現訴因」が本位的訴因であり、訴訟条件を欠く予備的訴因がもともと記載されていたり、後から追加されたりした場合にはどう処理すべきかを考えてみよう。

　本位的訴因が認定できない場合に審判を求めるのが予備的訴因であるから、本位的訴因が認定できない場合には予備的訴因について判断をしなければならないようにも思える。しかし、予備的訴因に基づいて形式裁判で終わらせようとするならば、前提として本位的訴因について無罪という実体判断を行っていなければならず、かつ無罪という実体判断を本位的訴因について行ったことを裁判の理由中で表明しなければならない。だとすれば、無罪という実体判断に一事不再理効を働かせるべきであるから、本位的訴因に基づき無罪判決を出すべきだろう（冒頭❶❷❸の典型的な事例群の場合には、裁判所が現訴因について無罪の心証を抱いていたとしても裁判という形で外部に表明していないし、裁判所の心証とは関係なく公訴事実の同一性基準に照らして訴因変更を許可しているだけであることに注意）。択一的訴因についても同様のことがいえる。

　ところで、検察官が上記の典型的な事例群において検察官が訴因変更許可請求をしてこない場合に訴因変更勧告を出したり訴因変更命令を出したりすべきか。また、予備的訴因や択一的訴因が付されている場合に、それらを撤回しつつ本位的訴因をもともとの予備的訴因であったものに変更（狭義）する意思があるか求釈明したり、そのような請求をすべきと勧告したり命令したりすることはできるか。これらも現訴因について無罪判断したことを外部に示すことになるから、許されないと考えるべきだろう。

　以上が本書の採用する処理方法であるが、もちろん、本書の立場に立たない処理方法も数多く提唱されてきている。まず、第一の前提（審判対象は訴因であるから、訴訟条件を具備しているか否かは訴因をもとに判断する）を置かず、審判対象は訴因でなく公訴事実（公訴事実の同一性が認められる全範囲）と捉え、裁判所の心証を基準に判断し、検察官の訴因変更許可請求をまたずに形式裁判を出すという考え方もかつては提唱された。しかし、審判対象は公訴事実であるという旧法時代の考え方は現在克服されている。また、この処理方法では、裁判所が現訴因につき無罪と判断したことを外部に表明したにもかかわらず一事不再

理効を働かせず再起訴を許すものであるから不当である。

　次に、第二の前提（変更許可請求された訴因が訴訟条件をみたすものか否かは、訴因変更を許可するか否かを判断する際には考慮しない）を置かず、「訴因に関する適法性維持の原則」を設け、不適法な訴因への変更を許さないという考え方もある。ただし第三の前提（訴因変更許可請求がないのに、勝手に検察官の意思を忖度して縮小認定をしたりしない）も置かず、縮小認定を認めるので、変更許可を請求している訴因の主張も黙示的にしていたと考えて縮小認定を行い、形式裁判を出すことになる。縮小認定を認めるということは訴因変更の必要性がないことを認めるわけだから、検察官の訴因変更許可請求がなくても形式裁判を出してよい。

　おそらく判例は、この考え方に立っていると思われる。名誉毀損の訴因に対し時効が完成している侮辱を認めて免訴とした判例（最判昭31・4・12）、道交法上の非反則行為として通告手続を経ないで起訴された速度制限違反を反則行為と認めて公訴棄却した判例（最判昭48・3・15）、業務上横領の訴因に対し時効が完成している単純横領を認めて免訴とした判例（最判平2・12・7）などがある。

　しかし、この考え方も妥当とは思えない。起訴状記載の訴因が不適法であったとしても裁判所はひとまず受理し、そのうえで形式裁判により手続を打ち切るというシステムにもともとなっている。それにもかかわらず、訴因変更の時だけ、不適法だから請求自体を認めないということはできないだろう。また、検察官の意向を勝手に忖度して縮小認定を行うことも不当であり、認められない。そもそも、告訴を得ていなかったり、時効が完成したりしているにもかかわらず、「非親告罪で処罰してほしいのだが、だめだったら親告罪でも処罰してほしい」、「時効が完成していない罪で処罰してほしいのだが、だめだったら時効が完成している罪で処罰してほしい」などと、現実の検察官が考えるはずがない。それにもかかわらず黙示的主張がなされていると判断するのであれば、それはフィクションである。フィクションによる処理はよろしくない。

【087】訴因変更後に訴訟条件の追完等を認めてよいか

　変更後の訴因をもとに判断すると訴訟条件が欠けている場合には、形式裁判

で手続を打ち切る（【086】参照）。しかし、【086】の❶事例において、恐喝の訴因変更直後に被害者から告訴を得ることができた場合を想定してほしい。形式裁判で手続を打ち切る前に訴訟条件の追完が可能なのであれば、それを認め、手続を打ち切らないで審理を続行してもよいだろうか。

　この論点については、一般的な訴訟条件の追完について述べた【072】と同様に処理すべきだろう。すなわち、親告罪であるにもかかわらず告訴なく訴因変更許可請求した違法は看過できないので、原則として追完は認めるべきでない。しかし、公訴棄却されても再起訴される可能性はある。訴訟条件は被告人保護のためにあるのだから、1回の手続で終わらせようと被告人が考え、異議を申し立てない場合には、例外的に追完を認めてよいだろう。

　ただし、当初の起訴にすさまじい違法が認められる場合もありうる。例えば、「もともと親告罪で起訴するつもりだったのだが告訴がなかなか得られず、このままでは時効が完成してしまうので、時間稼ぎのため、もともと立証が無理とわかっている非親告罪で起訴し、時効を停止させたうえで、審理をだらだらと引き伸ばし、その間に被害者を説得して告訴を得よう」と検察官が考えていた場合には、当初の起訴に公訴権濫用という重大な違法があるので、追完を認めることはできない。当初の起訴の違法を理由に公訴棄却（338④）すべきである。公訴権濫用があったという判断に拘束力（【154】参照）を及ぼし、侵害された利益が回復されたといえない限り告訴を得ても再起訴を遮断すれば、被告人の不利益にはならない。

　なお、訴訟条件の追完とは異なった形で検察官を救済する方策が、管轄違いの場合について考えられている。判例は、【086】の❸事例のような場合には、管轄違いの判決を言い渡すのではなく、332により地裁に移送することを認めている（最判昭28・3・26）。しかし332は、簡裁と地裁の事物管轄が競合している場合（裁33Ⅰ②、24②参照）に、裁判所の都合で移送を認める規定である（移送すべき場合を明文で規定しているものとして裁33Ⅲ参照）。検察官の都合で移送を認める規定ではないから、本来の趣旨から外れるものを含める拡大解釈や類推解釈はすべきでない。例外なく管轄違いの判決を言い渡すべきである。

【088】訴訟条件を欠く訴因からの訴因変更の可否

　現訴因では訴訟条件を欠くのだが、訴因変更を許可し、許可した訴因に基づいて判断すれば訴訟条件を備えるという場合が考えられる。例えば、【086】の❶事例とは逆に、同居していない親族の告訴がなく、親告罪である恐喝で起訴したが、公判途中で、非親告罪である強盗に訴因変更許可請求した場合とか、【086】の❷事例とは逆に、時効が完成している遺失物横領の訴因で起訴したが、公判途中で、時効が完成していない窃盗の訴因に訴因変更許可請求したような場合とか、【086】の❸事例とは逆に、現住建造物放火の訴因で事物管轄権のない簡裁に起訴したが、事物管轄権のある失火の訴因に訴因変更許可請求したような場合が考えられる。これらのような場合、現訴因に基づいて裁判を打ち切らずに、訴因変更を許可して審理を続行してよいだろうか。

　判例には、告訴がないのに親告罪で起訴した事案において、被告人の異議を問題にすることなく非親告罪への訴因変更を認めたことを適法とするものが存在する（最決昭29・9・8）。しかし、上に挙げたようなケース群は、実質的には、訴因変更することによって訴訟条件を追完するものである。そこで、【072】で述べたことと同じように考えるべきである。すなわち、訴訟条件が欠けた状態で起訴した違法は看過できないので、訴訟条件の追完を認めたことになってしまうような訴因変更は原則として認めるべきでない。しかし、公訴棄却されても再起訴される可能性はある。訴訟条件は被告人保護のためにあるのだから、1回の手続で終わらせようと被告人が考え、異議を申し立てない場合には、例外的に訴因変更を許可してもよいだろう。

　なお、【086】の❷事例とは逆のケースについては例外を認めるべきという見解も存する。現訴因に基づき時効が完成したとして免訴にすると、免訴判決については一事不再理効を認めるのが一般的見解なので、再起訴することができなくなってしまい、不当である（これに対し、公訴棄却や管轄違いについては一事不再理効は及ばないとするのが一般的見解なので、【086】の❶事例や❸事例とは逆のケースについてはこのような問題が生じない）。したがって、この場合のみ例外を認め、被告人が異議を申し立てても訴因変更を認めるべきだというのである。しかし、免訴に一事不再理効を認めなければよい（【153】参照）ので、例外を認める必要はない。

【089】　罪数処理と訴因変更の要否

　一罪一訴因の原則が認められている（【067】参照）ので、一罪は一個の訴因として記載されるべきである。しかしそのように記載されていない場合にどのように処理すべきか。一罪一訴因原則に従った書き方をしてもらわないと、手続に混乱が生じ、多重処罰の危険が増すので当該記載を是正する必要がある。また、一罪となるか併合罪となるかで処断刑が変わってくる（刑45〜53、54参照）ので、被告人の防禦のためにも是正する必要がある。

　第一に、起訴状に訴因が数個記載されている（ので検察官は数罪と評価しているはず）が、裁判所は一罪と評価した場合について考えてみよう。一罪について二重起訴したことになるからどちらかを公訴棄却（338③）にすべきようにも思えるが、一罪一訴因の原則に従った書き方をするよう明文で義務付けられているわけではないので、少々大げさである。わかりにくい書き方になっているのを、一罪一訴因原則に沿った書き方に是正するだけのことと考えれば、公訴棄却判決を出すのではなく、補正を命じるのが妥当だろう。訴因変更手続をとるべきとの見解もあるが、二罪を一罪にするという建前を通すことになるため公訴事実の同一性（単一性）を害してしまうので、312Ⅰを用いることはできないだろう。補正を命じたうえで、補正の方法（明文規定がない）につき訴因変更手続を準用するという方法が無難である。

　第二に、起訴状に訴因が１個記載されている（すなわち検察官は一罪と評価しているはず）のだが、裁判所は数罪と評価した場合、どのように処理すべきか。第一の場合とは異なり、二重起訴したのではないかとの疑念は生じないが、一罪一訴因原則に沿った書き方にしないと手続が混乱する危険が増すという点は同じである。したがって、この場合においても補正させるのが妥当である。

　なお、第一の場合について、判例は何らの手続もとらずに一罪と認定した判決を是認している（最決昭35・11・15）。また、第二の場合について、何らの手続きをとらずに数罪の併合罪と認定した判決を是認したものがある（最判昭29・3・2、最判昭32・10・8）。しかし、「判決に影響を及ぼすべき法令の違反」（411①）がないことを示している判例しかないと考えることも可能なほど、いずれの判例も基準を具体的に示していない。判例理論は依然として不明というべきだろう。

【090】公判期日における手続

　公訴提起が行われると、公判が開かれ、事件の審理がなされる。そこで公判手続について概説しよう。怒涛の如く条文が押し寄せるが、耐えよう。

　公判手続という言葉には2つの意味がある。広義では、公訴提起から判決が確定するまでの全過程を指す。狭義では、公判期日における手続のみを指す。公判期日における取調および判決の宣告は公判廷で行う（282Ⅰ、342）。公判期日においては、裁判官の面前で、当事者である検察官と被告人が攻撃・防御を展開する。なお、裁判所では日本語を用いることになっている（裁74）ので、必要な場合は通訳・翻訳を行う（175～178参照）。

　審判を行う役目を担う機関である受訴裁判所は、単独体の場合と合議体の場合とがある（【167】参照）。裁判所は、「法規の明文ないし訴訟の基本構造に違背しないかぎり、適切な裁量により公正な訴訟指揮を行ない、訴訟の合目的的進行をはかるべき権限と職責を有する」（最決昭44・4・25 46c ）。これを訴訟指揮権という。訴訟指揮権は本来受訴裁判所が有しているが、公判期日における訴訟指揮のほとんどは裁判長に委ねられる（つまり、合議を経なくてもよい）。迅速性が要求されるからである。訴訟関係人の尋問等を制限したり（295）、最終弁論の時間制限をしたり（規212）、求釈明（規208）をしたりする。

　また、裁判所は法廷の秩序を維持し、審判の妨害を阻止する権限も有している。これを法廷警察権と呼ぶ。訴訟指揮権と同様、原則として裁判長に委ねられている（288Ⅱ後、裁71Ⅱ）。

　公判廷には裁判官及び裁判所書記が列席し、検察官が出席する（282Ⅱ）。被告人も出頭することが開廷の要件とされている（286）が、例外もある（283～285参照）。出頭した被告人は、裁判長の許可がなければ退廷できず、裁判長は被告人を在廷させるため相当な処分をすることができる（288Ⅰ、288Ⅱ前）。逆に、法廷の秩序を維持するため被告人を退廷させることもできる（288Ⅱ後、裁71Ⅱ）。許可を受けずに退廷したり、退廷を命ぜられたりしたときは、被告人の陳述を聴かずに判決できる（341）。また、勾留されている被告人が正当な理由なく出頭拒否したり、刑事施設職員による引致を著しく困難にしたりしたときは、出頭しなくてもその期日の公判手続を行える（286の2）。なお、公判廷では被告人の身体を拘束しないのが原則である（287Ⅰ）。

　被告人は弁護人依頼権を有する（憲37Ⅲ）。権利である以上、その権利を行使しないこともできるわけだが、法は、法定刑が重い事件を審理する場合には弁護人がなければ開廷できないことにしている（289Ⅰ）。これを「必要的弁護事件」という。「被告人の防御の利益を擁護するとともに、公判審理の適正を期し、ひいては国家刑罰権の公正な行使を確保するための制度」である（最決平7・3・27 2-49）。必要的弁護事件の場合、弁護人がないとき、弁護人が出頭しないとき、弁護人が出頭しないおそれがあるとき、弁護人が在廷しなくなったときには、裁判長は職権で国選弁護人を付す（289ⅡⅢ）。なお、公判前・期日間整理手続や即決裁判手続対象事件についても弁護人が必要的とされている（【092】【098】参照）。

　ところで、必要的弁護事件であっても、弁護人不在のまま審理できる場合があるとするのが判例である。前述の最決平7・3・27 2-49 は、「裁判所が弁護人出頭確保のための方策を尽したにもかかわらず、被告人が、弁護人の公判期日への出頭を妨げるなど、弁護人が在廷しての公判審理ができない事態を生じさせ、かつ、その事態を解消することが極めて困難な場合には、当該公判期日については、刑訴法289条1項の適用がないものと解するのが相当」と述べている。

　それでは弁護人選任手続について簡単に紹介しておこう。まずは私選弁護人について。被告人は、何時でも弁護人を選任できる（30Ⅰ）。弁護人を選任しようとする被告人は、弁護士会に対し弁護人選任の申出をして弁護人となろうとする者を紹介してもらうことができる（31の2）。

　被告人の法定代理人、保佐人、配偶者、直系親族および兄弟姉妹も、独立して（つまり被告人の意思に関わりなく）弁護人を選任できる（30Ⅱ）。とはいえ、被告人はこれを解任することができると解されている。

　公訴提起前に弁護人を選任した場合、第一審においてもその効力を有する（32Ⅰ。なお、被疑者が私選弁護人を選任する手続は被告人と同じである）。ただし規17は、弁護人と連署した書面を検察官または司法警察員に差し出した場合に限ると規定している（規165Ⅱも参照）。本規定は、法律の規定を実質的に変更するものであり、無効とすべきではないか。

　次に、被告人の国選弁護人選任手続について。被疑者段階で国選弁護人が付

いていた場合とそうでない場合に分かれたり、必要的弁護事件とそうでない事件に分かれたり、整理手続を経る事件とそうでない事件に分かれたり、即決裁判手続による場合とよらない場合とに分かれたりするので、被疑者の国選弁護人選任手続（【055】参照）と比べると若干複雑だが、基本は同じである。❶被疑者段階で国選弁護人が選任されていた場合、その効力は第一審においても効力を有すると解すべきである（32Ⅰ）。❷被告人の請求によるときは、被疑者に国選弁護人を付す場合と同じである（【055】参照）。資力が基準額未満の場合には、36の2→38の4→38Ⅰ→法支38ⅠⅡ→38の3とたどってほしい。規29〜29の3も参照のこと。資力が基準額以上の場合には、上記流れの前に36の3Ⅰ→31の2→36の3Ⅱを置く。❸職権による場合は、任意的国選弁護の場合（37、290、289Ⅲ参照）と必要的国選弁護の場合（289Ⅰ、規178Ⅲ、289Ⅱ、316の4Ⅱ、316の28Ⅱ・316の4Ⅱ、350の18）がある。

　なお、弁護人の数につき35、規26Ⅰ参照（被疑者の場合は35、規27Ⅰ参照）。被告人に複数の弁護人がある場合は、主任弁護人を定めねばならない（33。主任弁護人の権限については規25参照）。

　それでは公判手続をみていこう。第一に、冒頭手続が行われる。❶被告人が人違いでないことを確かめる「人定質問」（規196）、❷審判の対象となる事件を確認する「起訴状朗読」（291Ⅰ）、❸被告人に対する「権利告知」（291Ⅳ、規197）、❹被告人および弁護人に対して被告事件につき陳述する機会の提供（291Ⅳ。「意見陳述」と呼ばれる。「罪状認否」と呼ばれることもあるが、不正確である）がなされる。

　第二に、証拠調請求が行われる。通常の公判における流れをまずおさえよう。❶検察官が証拠により証明すべき事実を明らかにする「冒頭陳述」（296Ⅰ本）が行われる。その際には、256Ⅵと似た予断排除の要請がなされている（296Ⅰ但）。被告人・弁護人も冒頭陳述ができるが、義務ではない（規198）。

　❷次に証拠調請求がなされる。当事者が請求するのが原則であり（298Ⅰ）、裁判所の職権証拠調は補充的に行われる（298Ⅱ）。証拠調請求をするか否かは当事者の判断に委ねるのが原則だが、例外もある（300参照）。また、証拠の厳選も要請されている（規189の2）。

　なお、公判期日外の自白の取調時期には制限がかけられている（301）。予断

排除のためである（【129】参照）。さらに実務では、予断排除を徹底させるため、検察官請求証拠を「甲号証」（乙号証以外の証拠）と「乙号証」（被告人の自白調書、身上・前科関係の証拠など）に区別し、争いのある事件では甲号証の後に乙号証（つまり301の要請を超えて身上・前科関係の証拠を含む）を取り調べている。

❸証拠調請求の際には一定の書面の提出が必要である（規188の２。証人尋問を請求する場合につき規188の３も参照）が、実務では、証拠の標目や立証趣旨等を一覧の形で記載した「証拠等関係カード」を提出するのが通常である。「立証趣旨」とは、証拠と証明すべき事実との関係を具体的に明示したものである（規189Ⅰ。規189ⅡⅢⅣも参照のこと）。

❹立証趣旨が示されることにより、裁判所は証拠調の必要性や証拠能力の有無を判断することができる。そのような参考資料として用いられるにすぎないので裁判所を拘束することはないというのが一般的見解である。したがって、当事者が掲げた立証趣旨とは異なる形で証拠を評価し、事実認定することができるとされている。この運用には不意打ち認定を招く等の批判がなされている。

第三に、証拠決定が行われる。❶証拠調請求したものについては相手方に証拠開示することが義務付けられている（299Ⅰ）。開示証拠の検討をふまえ、相手方の請求証拠について意見をいう。実務では、「異議なし（然るべく）」、「異議あり」などの表現を用いて意見を述べている。裁判所はこれを聴かなければならない（規190Ⅱ。「証拠意見」と呼ばれる。裁判所が職権で証拠調を行おうとする場合については299Ⅱ）。ただし例外もある（規190Ⅲ参照）。

❷裁判所は、意見を聴くだけでなく、証拠の採否を判断するために必要があるときは、証拠書類または証拠物の提示を命ずることもできる（「提示命令」という。規192）。あくまでも採否を判断するためにチェックするだけなのであり、これにより心証形成を行うことはないという建前になっているが、果たしてそれは可能なのだろうか（関連して【112】参照）。

❸このように、当事者の意見を聴き、必要に応じて提示命令を発し、証拠調の範囲、順序、方法を決定する（297Ⅰ、規190Ⅰ）。これを「証拠決定」という。証拠能力（公判廷で取調をなしうる資格のこと。例えば319Ⅰや321Ⅰ参照。【101】

～【128】で扱う）のない証拠の請求は却下される。

　❹しかし、証拠能力があれば全て採用されるわけではない。当該事件において証拠調をすべき必要性（広義。狭義の必要性＋相当性を意味する）が裁判所により認められねばならない。例えば、内容が重複しているものが３つある場合には、狭義の必要性がないとして２つが却下され、１つだけが採用されるかもしれない。そして、証拠調をすべき必要性の判断は裁判所の裁量によるというのが判例である（最大判昭23・7・29参照）。当事者が訴訟を進めていく当事者追行主義を採る現行刑訴法においては、当事者が請求した証拠（もちろん証拠能力があるもの）は全て取り調べるのが原則と考えるべきだとして、裁判所に広範な裁量を与えている実務の運用を批判する声は強い。また、現在の実務においては、証拠能力の問題として扱うべき領域の多くが証拠調をすべき必要性の領域で扱われてしまっているという問題もある（【103】【108】参照）。

　第四に、証拠調が行われる。❶証拠の種類に応じて証拠調の方法が定められている（304、305〜307、規203、規203の２）。詳しくは【139】で扱う。

　❷証人尋問については143〜164および規106〜127、規199の２〜203に詳細な規定が置かれているので、やや詳しく解説しておこう（❾までかかる）。「証人」とは、裁判所・裁判官に対して、自己の体験した事実を供述する者をいう。自己の体験した事実により推測した事項を供述させることもできる（156）。

　❸証人となるには、その資格（「証人適格」という）がなければならない。法律に定めのある場合（144・145）を除き、原則として証人適格は何人にも認められる（143。明文規定はないが理論上認められている例外については【135】参照）。ちなみに裁判官・書記官が証人になった場合は除斥される（20④、26Ⅰ・20④。除斥については【167】参照）。

　また、証人として証言するには、自己の体験を供述する能力である「証言能力」が必要である。実務では、ある証人の証言能力につき一律に「この人にはある」「この人にはない」とは判断しない。裁判所が「この事項についてはある」「この事項についてはない」とアド・ホックに判断する（年少者の証言につき最判昭23・4・17、精神障害者の証言につき最判昭23・12・24参照）。

　❹証人は、出頭義務（143の２、150〜153の２）、宣誓義務（154、161。例外として155参照）、証言義務（160、161）を負う。これらの規定の多くは、2016年の法

改正により、より確実に義務が履行されるよう強化された。

　証人は、義務だけでなく権利も有している。証言拒絶権がそれである（144
〜149、規121、規122）。証言拒絶権や、それをはく奪する刑事免責制度について
は【054】参照。また、権利ではないが種々の保護措置が用意されている。例
えば、証人が被告人の面前では圧迫を受けて充分な供述を行えない場合は、弁
護人が出頭している場合に限り、被告人を退廷させることができる（304の2、
281の2）。傍聴人も退廷させることができる（規202）。被告人を退席させた場
合は、供述終了後に被告人を入廷させ、証言の要旨を告知して、その証人を尋
問する機会を与えねばならない（304の2、281の2）。その他の証人保護措置に
ついては【163】参照。

　❺証人尋問は原則として公判期日に行われる。検察官、被告人、弁護人は、
証人尋問に立ち会うことができ（157Ⅰ。157Ⅱも参照）、証人を尋問できる（157
Ⅲ）。被告人にとっては、証人尋問は憲法上の権利である（憲37Ⅱ）。

　しかし一定の場合には公判期日外において裁判所内外で尋問することもでき
る（158、159、281）。このうち、裁判所外尋問は「所在地尋問」と呼ばれる。
入院中の者に対し病院で尋問するような場合である。所在地尋問は、受命裁判
官（出張して尋問してくるよう命じられた合議体の構成員）や受託裁判官（証人の現
在地の裁判官に尋問を嘱託し、これを受託した裁判官）に行わせることができる
（163）。所在地尋問を行う場合は、当事者が立ち会えない等のイレギュラーな
事態が発生することもあるので特則が設けられている（158ⅡⅢ、159、規108、
規109、303参照）。

　❻尋問の方式は、実務においては、当事者が証人を尋問する交互尋問制が定
着している。法は、裁判官がまず尋問し、当事者がその後に尋問するような書
き方になっている（304参照）が、当事者主義の手続にはふさわしくないし、実
際、当事者は証拠開示により捜査段階で作成された調書等をチェックしている
のでツボを得た尋問ができるが、調書等に触れていない裁判官がイニシアティ
ブをとって尋問することは困難であるため、交互尋問制を原則とし、裁判官は
当事者による尋問の様子を観察しながら補充的に尋問するという形態が定着し
たのである。なお、裁判員裁判の場合は裁判員も尋問できる（裁員56、57）。被
害者参加人も尋問できる（316の36。被害者参加制度については【163】参照）。

❼証人尋問を請求した当事者は、証人を期日に出頭させるよう努める（規191の２）。そして、事実を確かめる等の方法によって、適切な尋問をすることができるように準備しなければならない（規191の３）。これを「証人テスト」という。検察官の証人テストが行き過ぎ、何度もリハーサルすることで、本人の真の記憶がねじ曲げられ、検察が証言してほしいと思っている事実が証人の頭に植え付けられていく危険があるので注意する必要がある。

❽交互尋問は、証人尋問を請求した者の尋問（主尋問という）、相手方の尋問（反対尋問）、証人尋問を請求した者の再度の尋問（再主尋問）の順に行われる（規199の２Ⅰ。Ⅱも参照）。立証すべき事項、それに関連する事項、証人の供述の証明力を争うために必要な事項を内容とする（規199の３ⅠⅡ）主尋問では誘導尋問をしてはならないのが原則である（規199の３Ⅲ本）。誘導尋問とは、「犯人が手にしていたのはナイフですね？」のように、答えを問いに含んでいる尋問（closed question）をいう。問いに含まれた答えに誘導され、本人の記憶に基づかない証言をする危険があるから原則として禁止されるのである。したがって、「犯人が手にしていたのは何ですか？」というように、答えを問いに含んでいない質問（open question）によらねばならない。例外的に誘導尋問が許される場合については規199の３Ⅲ①〜⑦、規199の３Ⅳ参照。

　これに対して、主尋問に現れた事項、それに関連する事項、証人の供述の証明力を争うために必要な事項、自己の主張を支持する新たな事項を内容とする（規199の４Ⅰ、199の５Ⅰ）反対尋問においては、誘導尋問が許される（規199の４Ⅲ）。証言が誘導に耐える力を持っているかが試されるわけである。再主尋問については規199の７参照。

❾証人尋問に関するその他の規定について、足早に紹介しておこう。訴訟関係人は、できるかぎり個別的かつ具体的で簡潔な尋問を行わなければならない（規199の13Ⅰ）。威嚇的・侮辱的な尋問をしてはならず、既にした尋問と重複する尋問、意見を求めまたは議論にわたる尋問、証人が直接経験しなかった事実についての尋問は、正当な理由がある場合以外はしてはならない（規199の13Ⅱ）。

　立証すべき事項や主尋問・反対尋問に現れた事項に関連する事項について尋問する場合には、その関連性が明らかになるような尋問をする等の方法によ

り、裁判所にその関連性を明らかにしなければならない（規199の14Ⅰ）。証言の信用性や証人の信用性に関連する事項について尋問する場合も同様である（規199の14Ⅱ）。裁判傍聴に行き、尋問の途中で関連性につき求釈明がなされる場面に遭遇する確率は結構高いと思う。

　書面や物に関し、その成立、同一性等について証人尋問する場合において必要があるときは、その書面や物を示すことができる（規199の10）。証人の記憶を喚起するため必要があるときは、裁判長の許可を受けて、書面（供述録取書は除く）や物を示して尋問できる（規199の11）。証人の供述を明確にするため必要があるときは、裁判長の許可を受けて、図面、写真、模型、装置等を利用して尋問できる（規199の12。図面の利用について争われた事例として最決平23・9・14 58 参照）。

　❿次は、鑑定人尋問について。鑑定とは、特別の学識経験によって知り得た法則そのものまたはこれを適用して得た具体的事実判断等の報告をいう。鑑定人とは、裁判所（165）または裁判官（179）の命令により鑑定を行う者をいう。証人の規定が多く準用される（171）が、証人とは異なり、代替可能性があるので勾引の規定は準用されない（171）。鑑定人が特別の知識によって知り得た過去の事実に関する尋問については、性質上証人（自己の体験した事実を供述する者）そのものなので、証人尋問に関する規定が適用される（174）。鑑定の手続についてはここまでにとどめておくが、165〜174の規定には一通り目を通しておこう。

　⓫被告人を証拠として供述を求めるときは、「尋問」ではなく「質問」という言い方をする。被告人は黙秘権を有するので、供述義務のある「尋問」を行うことができないからである（日本ではそのように解されているが、被告人が黙秘権を放棄して証人になることを認める国もある。【135】参照）。被告人は終始沈黙したり個々の質問に対する供述を拒んだりすることができる（311Ⅰ）。被告人が任意に供述をする場合には、裁判官、検察官、弁護人、共同被告人、共同被告人の弁護人は、いつでも必要とする事項につき供述を求めることができる（311ⅡⅢ）。裁判員も質問できる（裁員59）。被害者参加人も質問できる（316の37）。

　311Ⅱが「いつでも供述を求めることができる」と規定し、311Ⅰが「終始沈黙」できると規定していることから、被告人が「一切の質問に黙秘する」と最

初に宣言しているにもかかわらず延々と質問が続けられることがある。そのような場合、取調受忍義務を課した捜査機関による被疑者取調と似た状況が生じる。約400回にわたり検察官が質問し続け、それらの全てに被告人が黙秘し続けた事件において、札幌高裁は「実際に被告人質問を実施してみて被告人が明確に黙秘権を行使する意思を示しているにもかかわらず、延々と質問を続けるなどということはそれ自体被告人の黙秘権の行使を危うくするものであり疑問を感じざるを得ない」と述べた（札幌高判平14・3・19）。同じ発想で被疑者取調の適法性も判断してほしいものだ。

❷個々の証拠方法に関する証拠調のルールは以上である。最後に、証拠調に関する一般的なルールを2つ挙げておこう。ａ：証拠調に際し、裁判所は、検察官、被告人、弁護人に対し、証拠の証明力を争うために必要とする適当な機会を与えねばならない（308、規204）。ｂ：検察官、被告人、弁護人は、証拠調に関して異議を申し立てることができる（309Ⅰ、規205Ⅰ）。異議を申し立てる場合は、個々の行為、処分、決定ごとに、簡潔にその理由を示して、直ちにしなければならない（規205の2）。そして裁判所は遅滞なく決定を行う（309Ⅲ、規205の3）。不適法な申立については却下決定、適法な異議申立だが理由がないと認めるときは棄却決定、理由があると認めるときは申立に対応する決定を行う（規205の4～205の6）。決定が出たならば、重ねて異議を申し立てることはできない（規206）。

第五に、犯罪被害者等による意見陳述がなされることがある。これについては【163】参照。

第六に、証拠調が終了すると、訴訟関係人による意見陳述が行われる。これを「弁論（狭義）」という。❶検察官が事実および法律の適用について意見陳述（「論告」）する（293Ⅰ）。明文規定はないが、生きた法の世界では量刑についての意見陳述（「求刑」）も行っている。❷被害者参加人がいる場合には、裁判所の許可があれば被害者参加人も論告をする（316の38）。❸被告人および弁護人も意見陳述ができる（293Ⅱ）。これを最終弁論という。被告人または弁護人には、最終に陳述する機会が与えられている（規211）。❹以上をもって公判期日における審理が終結する。審理が終結することを「結審」という。

第七に、公判期日外における裁判所の評議・評決を経て（評議・評決について

は【145】参照）判決が宣告される。公開法廷で告知される（342）。この判決宣告は、主文および理由を朗読するか、主文を朗読し理由の要旨を告げることにより行われる（規35）。有罪判決の場合は、被告人に対し上訴期間および上訴申立書を差し出すべき裁判所を告知する（規220）。裁判長は、判決宣告後、被告人に対し、その将来に対して訓戒をすることができる（規221）。

　第八に、公判前整理手続がとられた場合は、これまでの説明と異なる進行をたどる部分があるので紹介しよう。❶証拠調請求や証拠決定は既に整理手続において済ませているため、公判期日には行わない。その代わりに整理手続の結果を顕出する（316の31、規217の29）。❷冒頭陳述は、検察官の冒頭陳述に引き続いて被告人または弁護人の冒頭陳述を行うことが予定されている（316の30。「双方冒陳」という）。❸整理手続終了後の証拠調請求に制限を受ける（316の32Ⅰ）。なお、裁判員裁判では公判前整理手続を経ることが必要的となる（裁員49）が、裁判員にわかりやすい裁判にするために、冒頭陳述において証明すべき事実と証拠との関係を具体的に明示しなければならない（裁員55）。裁判員以外の事件においてもそうすべきである。

　第九に、イレギュラーな措置がとられることもあるので列挙しておこう。❶裁判所は、弁論（広義。公判における審判全般を意味する）を併合したり分離したりすることができる（313Ⅰ）。詳しくは【134】参照。検察官が起訴状に数個の訴因を掲げて起訴したり（「併合起訴」）、ある事件の係属中に同一被告人の別事件を同一裁判所に起訴したり（「追起訴」）した場合に弁論の併合が行われる。なお、被告人の権利を保護するため必要があるときは弁論の分離が必要的となる（313Ⅱ）。❷裁判員裁判においては、区分審判の制度がある。【170】参照。❸公判手続は停止されることがある（314、312Ⅳ）。314Ⅰに該当し、回復見込みが立たない場合には手続打ち切りを考えねばならない。この点については【162】【071】参照。❹公判手続は更新（既に行われた公判手続をやり直すこと）されることがある。開廷後裁判官が転勤などで替わったとき（315）がその典型である。その他に更新される場合については315の2、350の25Ⅱ、規213ⅠⅡ参照。更新手続については規213の2参照。❺いったん結審した弁論が再開されることがある（313Ⅰ）。結審前の主張・立証を補充する必要が生じた場合に行われる。

【091】 公判手続の大原則

　【090】で垣間見たように、公判手続に関する規定の量は膨大である。しかしそれらには全て意味があり、さかのぼれば以下の5つの原則のいずれかに由来するものが多い。そこで、公判手続の五原則を説明しよう。

　第一に、公判中心主義である。公判が捜査の結果を引き継いで追認する場であってはならないというポリシーである。捜査は捜査機関の一方的な調査活動にすぎず、公正な手続に基づく適正な事実認定を保障するステージにはなっていない。そこで、事実認定の公正さ、適正さが保障された場で刑事事件に決着をつけるべく、公判手続が整備されなければならない。

　日本の公判は、捜査機関が作成した調書等に依存した「調書裁判」であり、公判中心主義が形骸化していると批判されてきた。裁判員裁判では、膨大な調書を自宅で読みこむ作業を裁判員に求められないので、調書の使用が控えめとなり、公判中心主義が甦ってきたと評価されている。しかしこれは裁判員に配慮した結果であり、捜査機関の嫌疑の引継ぎを拒否すべく改革を進めた結果ではない。公判中心主義のベクトルと裁判員配慮のベクトルが常に同じ方向を向くとは限らないので、今後の動向に注意を払う必要がある。

　第二に、当事者主義である。❶当事者が審判対象の設定・立証を主導する「当事者追行主義」、❷検察官よりも弱い地位に置かれている被告人の権利保障を手厚くし、真に対等な存在にすることによって当事者追行主義をまっとうしようとすることを意味する「実質的当事者主義」、❸手続上重要な事項について当事者の処分を認める「当事者処分権主義」の3つの意味で用いられる。

　若干敷衍しよう。❶は、裁判所が審判対象の設定・立証を主導する「職権追行主義」のアンチテーゼとして生まれた。職権追行主義がとられていた旧刑訴法では、起訴状一本主義がなく、捜査記録は起訴とともに裁判所に全て送付され、裁判官が事前にそれらの記録を読みこみ、嫌疑を引き継いだうえで公判に臨んでいた。審判対象についても、起訴状の公訴事実欄に記載された事実は審判対象ではなく、裁判所はそれに拘束されないと捉えられていた。証拠調も裁判官がリードしていた。事前に捜査記録を読みこんでいるから証人尋問等をリードすることができたのである。捜査記録を読みこんで嫌疑を引き継いだ予断にまみれた裁判官が尋問をリードしていたのである。

　このような公判中心主義に真っ向から反する訴訟構造を否定したのが当事者追行主義である。現行法は当事者追行主義をベースとしている。審判対象たる訴因は検察官が設定し（256ⅡⅢ）、裁判所はそれに拘束され、訴因外事実を認定して判決することは絶対的控訴理由となる（378③）。当事者の請求により証拠調が行われる（298Ⅰ）。証人尋問の方法については、書かれた法はともかく（304Ⅰ）、生きた法の世界ではこれを克服し、交互尋問制をとっている。

　以上からおわかりのように、公判中心主義と当事者追行主義は密接に結びつく（裁判員法の施行直後の時期に、当事者追行主義をより尊重せよというメッセージを発したものと受け止められた判例として、最判平21・10・16 2-59 参照）。しかし、裁判員裁判制度とセットで創設された公判前整理手続は裁判所が主宰するものとされ、第1回公判前から裁判所が当事者の意向をよく把握できるようになったので、当事者にさまざまな要求を突き付けてくるため、実務経験の少ない若手弁護士等が翻弄されるという事態が生じているようである。当事者追行主義を強化するための公判前整理手続が、いわば「ネオ職権追行主義」へと変貌しないよう、警戒が必要である。

　❷に移ろう。公判前整理手続導入以後、防御の利益に配慮して裁量保釈が増えたこと、証拠開示が以前よりもなされるようになったこと、供述調書等が「必要性なし」として証拠採用されない場合が増えてきたこと等が注目される。しかし、これらを実質的当事者主義に基づく変革と評価できるかは微妙である。権利保釈は増えていないし、全面証拠開示には至っていないし、伝聞例外規定の解釈を変えたわけでもない。今後の動向には注意が必要である。

　❸の当事者処分権主義を示す規定は以下のとおりである。検察官については、起訴便宜主義（248）、公訴取消制度（257）、訴因制度（256Ⅲ）、訴因変更制度（312Ⅰ）などである。2016年の刑訴法改正により、司法取引の制度が追加された。刑事免責制度も追加された。検察官が処分できるものが増えたことになる。被告人については、即決裁判手続に対する同意（350の16Ⅱ）、略式手続について異議を述べないこと（461の2）、伝聞証拠への同意（326Ⅰ）、上訴の放棄・取下（359）などである。2016年の刑訴法改正には盛り込まれなかったが、被告人が有罪を自認したならば証拠調を省略して量刑手続に入る有罪答弁制度の導入も法改正の過程では俎上に載せられていた。即決裁判手続もそうだ

が、実質的当事者主義が貫徹しておらず依然として弱い地位にある被告人に自己決定を迫り、同時に自己責任を負わせるシステムが果たして公正といえるか否か、検討する必要がある。

第三に、直接主義・口頭主義である。❶直接主義とは、要証事実に近接し、かつ裁判所が取り調べた証拠でなければ、事実認定の資料とすることができないという原則である。2つの意味に分かれる。ａ：裁判所が自ら証拠を取り調べるという意味の「形式的直接主義」と、ｂ：オリジナルでない証拠方法は証拠能力が制限されるという「実質的直接主義」である（実質的直接主義を理解していないと思われる検察官が控訴し、控訴審裁判官がその意義を教え諭している裁判例がある。東京高判平28・8・10参照）。裁判官が交代した場合に公判手続が更新されることや、受命・受託裁判官による証人尋問調書を証拠調することなどが形式的直接主義の要請に基づく制度である。捜査段階で作成された目撃者の調書によらず、目撃者を直接証人尋問すべきであるという考え方が実質的直接主義に基づく考え方である。

❷口頭主義とは、公判期日における手続は口頭で行うという原則である。口頭弁論に基づいて判決すること（43Ⅰ）、証拠書類の取調は朗読により行うこと（305）などの規定に現れている。口頭主義に基づく手続は、わかりやすく印象深くなり、的確な判断がしやすくなるといわれている。裁判員裁判では必須のものとなる。

第四に、裁判の公開である。審判は公開の法廷で行うという原則である。密室で裁判が行われ、権限濫用が生じる危険を回避しようとしているのである。また、国民の知る権利（憲21）に対応したものだという見解も強い。

憲法は、「裁判の対審及び判決」（憲82Ⅰ）を公開法廷で行うよう求め、さらに刑事事件については「公開裁判を受ける権利」を被告人の権利としている（憲37Ⅰ）。これらの規定を受けて刑訴法は、公判期日における取調（282Ⅰ）と判決の告知（342）を公開とした（これらが「裁判の対審及び判決」にあたると解されている）。審判の公開に関する規定に違反したことは絶対的控訴理由となる（377③）。

なお、公序良俗を害する虞があると裁判所が決した場合には対審を非公開とすることができる（憲82Ⅱ）。しかし、対審を非公開とする手続を定めた規定が

刑訴法にはないので、実務では憲82Ⅱを直接適用して公判を非公開としているようである。私も、性犯罪事件において被害者が性行為の具体的内容（いわゆる「大人のおもちゃ」が使用されたらしい）を証言し始めたところで、裁判長が非公開を宣言し、傍聴席から追い出された経験がある。性行為に同意があったか否かが争点であったから、行為の具体的内容は非常に重要な事項であった。それにもかかわらず国民監視を解くというのは問題ではないか。憲82Ⅱが濫用されないよう注意しなければならない。とはいえ、憲82Ⅱを有効活用すべき場合もないとはいえない。例えば、少年が被告人であった場合、少年のプライバシーにかなり踏み込んだ証拠調をする必要があったり、公開法廷では少年が圧迫されて自由に発言することができないおそれがあったりするような場合には、憲82Ⅱ「公の秩序」を拡大または類推解釈して非公開にすることを考えてよいと思う。

　さて、裁判の公開については、その射程が問題となる。❶裁判の公開原則が知る権利に対応したものと捉えるならば、傍聴人だけでなく、広く国民に当該裁判の様子を伝えることができなければならない。そこで、裁判を取材し報道する自由が認められるべきだということになる。書かれた法は、裁判所の許可を得て公判廷の様子を写真撮影・録音・放送することを予定した規定を置いている（規215。裁判所の許可を必要とすることが憲21に反しないとした判例として、最大決昭33・2・17 55c 参照）が、生きた法の世界では、ニュースでみなさんがいつも見ているとおり、公判開始前のわずかな時間しか撮影・報道は許可されない。裁判員裁判の場合は、裁判員入廷前の撮影・報道のみが認められている。人物特定の危険に配慮したためである（裁員101参照）。

　❷かつては、司法記者クラブ所属の記者以外の傍聴人がメモをとることは禁じられていた。法廷の秩序を乱すというのである。これに異を唱えた人が国賠訴訟を提起した事件において最高裁は、憲82Ⅰの趣旨を「裁判を一般に公開して裁判が公正に行われることを制度として保障し、ひいては裁判に対する国民の信頼を確保しようとすること」と捉え、「傍聴人に対して法廷においてメモを取ることを権利として保障しているものではない」と述べつつ、「さまざまな意見、知識、情報に接し、これを摂取することを補助するものとしてなされる限り、筆記行為の自由は、憲法21条1項の規定の精神に照らして尊重される

べきである」とも述べ、「傍聴人のメモを取る行為が公正かつ円滑な訴訟の運営を妨げるに至ることは、通常はあり得ないのであって、特段の事情のない限り、これを傍聴人の自由に任せるべき」と判示している（最大判平元・3・8 [2-54]）。

❸裁判の監視と批判という観点からは、訴訟記録の公開も裁判の公開の射程に入れてよい。刑訴法は、情報公開法等の適用を除外し（53の2）、開廷前は訴訟書類を非公開と定めつつ（47。ただし被保3、4参照）、「何人も、被告事件の終結後、訴訟記録を閲覧することができる（53Ⅰ本）」と定めている。この規定を受けて、刑事確定訴訟記録法が制定されたが、広範な例外を定めており（確記4Ⅱ参照）、強く批判されている。

第五に、迅速な裁判である。応訴強制された被告人が、関係者の怠慢のせいでだらだらと長期にわたり刑事手続にかけられるということがあってはならない。そこで憲37Ⅰは、迅速な裁判を受ける権利を保障している。本規定をプログラム規定（法的強制力を持たない訓示規定のこと）と解する見解もあったが、最高裁は「個々の刑事事件について」迅速な裁判の保障に「明らかに反し、審理の著しい遅延の結果、迅速な裁判をうける被告人の権利が害せられたと認められる異常な事態が生じた場合には、これに対処すべき具体的規定がなくても」「その審理を打ち切るという非常救済手段がとられるべきことをも認めている」（最大判昭47・12・20 [54]）と判示した。手続を打ち切る明文規定が刑訴法には存在しないが、最高裁は判決で免訴の言渡しをした。手続打ち切りを可能にしたこと自体は高く評価されているが、具体的な判断基準やあてはめの妥当性については異論もある。特に、本判決以後に迅速な裁判違反が争われた事件群において最高裁は、被告人側が積極的に迅速な裁判を要求する行動に出たことを要求するようになったが、これには批判が強い。

【092】簡易な裁判手続

迅速な裁判条項（憲37Ⅰ）は、あくまでも被告人の権利として規定されている。しかし、裁判を迅速に行いたいというニーズは、被告人以外の者・機関にもある。特に裁判所にとっては、簡易明白な事件を迅速かつ効率的に処理し、重要案件に資源を割きたいというニーズがある。

　そこで1953年に導入されたのが、簡易公判手続（291の２）である。有罪である旨を被告人が冒頭手続において陳述した場合に、検察官の冒頭陳述、証拠決定等を省略し、証拠調も法律の規定によらず「適当と認める方法」で行い（307の２）、伝聞法則の適用も除外しうる（320Ⅱ）簡便な手続である。ただし、簡易裁判所では利用されているようだが、地方裁判所ではほとんど行われていないようだ。

　その後約50年の時を経て、裁判員裁判制度の導入とセットで2004年に導入されたのが即決裁判手続である。軽微で争いのない事件について、簡易・迅速に裁判を行うことを目的とした手続である。以下のような流れをたどる。❶検察官が公訴提起と同時に書面により申し立てる（350の16Ⅰ）。ただし、検察官の説明を受けた被疑者の同意が必要である（350の16Ⅱ）。弁護人がある場合にはその同意または留保も必要である（350の16Ⅳ）。❷申立の段階では、国選弁護人を付すことは被疑者の請求による（350の17）。申立後は弁護人が必要的となる（350の23）ので、裁判長が職権で付す（350の18）。❸証拠開示がなされる（350の19）。❹最終的に弁護人の同意を確認する（350の20）。❺公判期日を指定し（350の21）、有罪である旨の陳述を被告人がした場合には、即決裁判手続により審判する旨の決定をする（350の22。350の22①②③④が規定している例外に注意）。❻審理の方式や証拠調の方法はおおむね簡易公判手続と同じである（350の24、350の27）。❼一定の場合には即決裁判手続によって審判をする旨の決定を取り消す（350の25Ⅰ）。その場合には公判手続を更新する（350の25Ⅱ）。❽検察官の見込みが外れ、即決裁判手続の申立が却下され、証拠調が行われることなく公訴を取り消して公訴棄却の決定が確定したときは、再起訴を許すためのシビアな条件を規定している340を適用せず、再起訴できる（350の26。2016年に追加された）。❾できる限り即日に判決を言渡さねばならない（350の28）。懲役または禁錮（拘禁刑）の言渡しをする場合は必ず刑の全部の執行猶予の言渡しをしなければならない（350の29）。これが「飴」である。その代わり、事実誤認を理由に控訴できなくし、控訴審も事実誤認を理由に破棄することをできなくした（403の２）。これが「鞭」である。本手続の合憲性が争われたが、最高裁は合憲とした（最判平21・7・14 58 ）。

　簡易な裁判手続としては、他に略式手続がある。【162】参照。

【093】公判準備概説

　近年、連続して開廷し継続して審理を行う「継続審理」(281の6)や、公判期日の空転を避け、密度の濃い充実した審理を行う「集中審理」が強く要請されている。裁判所からみた効率性や裁判員にかかる負担の軽減等が主として念頭に置かれたうえでの要請なのだが、被告人の立場から見ても、直接主義・口頭主義が有効となるためには継続・集中審理が必要であるし、迅速な裁判を受ける権利の保障もまた重要なので、いずれの立場からも、公判期日における手続を滞りなく進めるために十分な準備を行うことが重要となる。もちろん、立場の違いから「十分な準備」のあり方をめぐって争いは生じうる。

　公判準備として行われるさまざまな活動や処分のうち、とりわけ重要と思われる保釈と証拠開示（の規定を含む公判前・期日間整理手続）は別に論じることにする。ここではその他の活動・処分についてまとめて紹介しておこう。

　❶起訴された事件は特定の裁判所に配点され、❷受訴裁判所は起訴状謄本を被告人に送達し (271)、❸弁護人選任権、国選弁護人選任請求権を告知し (272、規177)、国選弁護人の選任請求をするか確かめねばならない（規178 ⅠⅡ）。必要的弁護事件の場合には、弁護人がなければ開廷できない旨を告知し、私選弁護人を選任するか否か確かめなければならない（規177、178 ⅠⅡ。規178Ⅲも参照）。❹裁判長は公判期日を指定する (273 Ⅰ)。やむを得ない場合には公判期日を変更することもできる (276、規182 Ⅰ。277も参照)。

　❺被告人、証人、鑑定人等の出頭を確保する必要がある。その手段として、ａ：裁判所・裁判官が一定の場所への出頭を命ずる「召喚」(57、62、63、152、153、275参照)、ｂ：被告人に対して指定の場所に出頭・同行を命ずる「出頭命令」(68)、ｃ：証人に対して同行を命ずる「同行命令」(162)、ｄ：被告人、証人等を一定の場所に引致する「勾引」(58、59、62、64、68、70〜76、152、153、162参照)、ｅ：被告人の「勾留」（【066】【069】参照）がある。条文に一通り目を通しておこう。

　❻裁判所が証拠を収集・保全しなければならない場合もある。その手段として、捜索、差押、記録命令付差押、提出命令 (99Ⅲ)、領置 (101)、検証、鑑定、公務所等照会 (279) がある。裁判所が積極的に証拠を収集・保全することは一般的にはあまりないが、精神鑑定はよく行われる。検証もたまに行われ

ているようだ。裁判員裁判において裁判員と裁判官が犯行現場の検証を行った例もある。これらの手段の大半は、捜査機関の対物的強制処分に準用されていた（222ⅠⅡⅢ）のでお馴染みのものが多いだろう。222ⅠⅡⅢが準用していない条文を中心に目を通しておくとよい。

　１点だけ説明しておこう。捜索・差押については令状に関する規定があるのに（106〜109）、検証の章をみると、捜索状・差押状の執行に関する規定が準用されてはいるが（142）、「検証状」を要するとの規定はない。これは、検察官の指揮により検察事務官または司法警察職員が執行する捜索・差押（108Ⅰ）とは異なり、検証は裁判所・裁判官が自ら行うため、令状不要と考えられたからである。

【094】保　　釈

　保釈とは、勾留を観念的には維持しながら、保証金を納付させ、不出頭の場合は没収するという条件で威嚇し、被告人を暫定的に釈放する制度である。「観念的には維持」というのはつまり、勾留を取り消してはいないということである。したがって、保釈を取り消した場合、あらためて勾留審査を行って勾留決定をする必要がなく、迅速に刑事施設に収容することができる（98参照）。

　この保釈制度は、逃亡・罪証隠滅の危険があってもできる限り被告人の権利・利益の制約が少ない方法をとるべきとの趣旨で設けられている。実際、勾留された者は、弁護人等との接見が指定されることはないものの（39Ⅲ参照）、その他の者とのコミュニケーションは裁判所・裁判官により制限されうるし（81参照）、その他施設管理の都合上、さまざまな制限を受ける。外部交通を例にみてみよう。❶面会は監視されうる（被収116）。❷面会人数は制限されうる（被収規69）。❸面会場所は仕切り版が設置されている「仕切り室」が原則である（被収規70）。❹面会日、面会できる時間帯、実際の面会時間は制限される（被収規71〜73）。❺信書（手紙など）は検査されうる（被収135）。❻信書検査を円滑に行うために信書の枚数や字数等が制限される（被収規77）。

　勾留されている者は、単に身体が拘束されて移動の自由がないというだけではなく、その他さまざまな制限を受けること、そして、さまざまな制限を受ける過酷な状況の中に長期間いると心身が蝕まれやすいことを理解してほしい。

勾留された被告人の中には、ノイローゼ等の拘禁反応を生じさせる者や自殺したりする者もいるのだ。

　できるだけこのような過酷な状況に放り込まないようにすべしというルールが身体不拘束原則（自規9Ⅲ）である。その背景には、無罪推定原則や実質的当事者主義の考え方がある。無罪推定原則は、狭義では「疑わしいときは被告人の利益に」という証明責任の原則を意味するにすぎないが、広義では、「有罪判決が確定するまでは、刑事手続全体を通じて、無実の者としての法的地位を保障すべき」という意味で用いられる（この意味で用いることを否定する論者もいるが）。つまり、一般市民と同等の権利・利益をできる限り保障しなければならないということだ。そうすることによって初めて、検察官と対等な存在として当事者追行型訴訟を担うことができなければならないという実質的当事者主義の理念も実現することができる。

　そのような観点からみると、ひとまず勾留してから保釈するという選択肢しか用意されていないのは問題であり、勾留せずに逃亡防止等の目的を果たす多様な制度が設けられる必要がある（立法の試みが頓挫したことについては【033】参照）。もちろん、保釈に関する規定の解釈・運用が身体不拘束原則の趣旨に反しないものか否か、慎重に検討しなければならない。

　それではまず、保釈に関する規定をみていこう。❶保釈を請求できる者は、勾留されている被告人、弁護人、法定代理人、保佐人、配偶者、直系親族、兄弟姉妹である（88）。❷保釈の審査・決定を行う主体は、勾留の場合と同じである。すなわち、第1回公判期日前は裁判官（280Ⅰ）、それ以後は受訴裁判所である。❸保釈に関する決定を行うには、検察官の意見を聴かねばならない（92Ⅰ。被告人や弁護人の意見を聴くことは必要的とされていないが、問題である）。❹請求があったときは、原則として保釈を認めねばならない（89柱）。これを「権利保釈」または「必要的保釈」と呼ぶ。❺しかし89①〜⑥に該当する場合には権利保釈は認められない。

　❻権利保釈が認められない場合でも、諸事情に鑑み職権で保釈を認めることができる（90。条文に列挙されている諸事情は、2016年の法改正により追加されたものである）。これを「裁量保釈」または「職権保釈」と呼ぶ。

　なお、裁量が認められるからといって、他事件につき逃亡の危険や罪証隠滅

の危険があるかを検討して保釈を認めないことがあってはならない。それでは他事件を理由に勾留しているのと同じことになるので、事件単位原則に反する。ただし判例は、勾留の基礎となっている「甲事実の事案の内容や性質、あるいは被告人の経歴、行状、性格等の事情をも考察することが必要であり、そのための一資料として、勾留状の発せられていない乙、丙各事実をも考慮することを禁ずべき理由はない」とする（最決昭44・7・14 51 ）。つまり、勾留されている事件について逃亡の危険や罪証隠滅の危険があるか否かを判断するための情況証拠として他事件を考慮するのであれば問題ないということである。実際にそのような区別を頭の中でできるのか、そして、実質的には他事件の罪証隠滅を警戒して保釈を認めないのだが決定書には単に情況証拠として他事件を用いたと作文した場合にそれを見抜けるのか、不安が残る。

❼保釈を許す場合には保証金の金額を定めねばならない（93ⅠⅡ）。また、適当と認める条件を付すことができる（93Ⅲ）。特定人物と接触しないという条件が付されることが多い。❽保釈決定の執行は保証金の納付があった後に行われる（94Ⅰ）。保釈請求者でない者が納めるのを許すこともできるし（94Ⅱ）、有価証券または裁判所の適当と認める被告人以外の者の差し出した保証書を以て保証金に代えることを許すこともできる（94Ⅲ）。2013年に全国弁護士協同組合連合会が保釈保証書発行事業をスタートさせ、実績を上げている。

❾96Ⅰ①〜⑤に該当する場合、裁判所は保釈を取り消すことができる。その場合、保証金の全部または一部を没収できる（96Ⅱ。96Ⅲも参照）。被告人は刑事施設に収容される（98）。

❿保釈の裁判に対する不服申立は、裁判官の裁判に対しては準抗告（429Ⅰ②）、裁判所の裁判に対しては抗告（420Ⅱ）である。

次に、保釈の運用状況を検討しよう。1960年代において保釈率は50％程度であったが、1990年代後半には20％未満にまで低下した。書かれた法には保釈するのが原則（89柱）とあるが、生きた法の世界では保釈を認めないのが原則となっている。原則と例外が逆転しているのである。

その主たる原因は「罪証を隠滅すると疑うに足りる相当な理由」のあてはめにあるといわれている。具体的根拠に基づく現実的可能性が必要なことは60Ⅰ②と同じである（【041】参照）。しかし実務では、「否認しているから罪証隠滅

の虞がないとはいえない」、「検察官請求の書証に同意しないから罪証隠滅の虞がないとはいえない」などといった漠然たる危惧感を理由に89④に該当するとされてきた。そうすると、自白したり検察官請求書証の全てに同意したり（つまり被害者や目撃者の供述は全て調書によることに同意し、証人尋問はあきらめるということだ）しないかぎり保釈は認められないことにもなりかねない。このような状況は「人質司法」と呼ばれ、批判されてきた。

　しかし、連日的開廷を必要とする裁判員裁判制度の創設に伴い、公判の事前準備の重要性が高まったことなどから、被告人も十分に準備してもらわねばならないということで、「罪証隠滅の危険はあるので権利保釈は認めないが、危険は高いというわけではないし、被告人は防御の準備をしなければならないのだから、職権により保釈を認める」という理由で裁量保釈（90）を認めるケースが増えてきた（例えば最決平22・7・2 50c の原決定参照）。

　また、最高裁は、「抗告審は、原決定の当否を事後的に審査するものであり、被告人を保釈するかどうかの判断が現に審理を担当している裁判所の裁量に委ねられていること（刑訴法90条）に鑑みれば、抗告審としては、受訴裁判所の判断が、委ねられた裁量の範囲を逸脱していないかどうか、すなわち、不合理でないかどうかを審査すべきであり、受訴裁判所の判断を覆す場合には、その判断が不合理であることを具体的に示す必要があるというべき」と判示し（最決平26・11・18 50 ）、「第一審の理由づけはどうであれ、私たちは保釈すべきでないと考えたから原決定を破棄する」という一刀両断型の決定を抗告審が出すことを抑止している（事実誤認を理由として破棄する場合の要件を示した最判平24・2・13 96 と同じアプローチによっている。【147】【149】 参照）。

　さらに、前述の保釈保証書発行事業もスタートし、保釈金を用意できないので保釈を断念する被告人が減った（ただし、裁判所が設定する保証金の額がそもそも高すぎるのではないかという問題は残されている）。

　このような動きもあり、保釈率は近年20％を超えるようになり、2016年には30％を超えた。しかし、まだその程度である。そして、権利保釈がほとんど認められない状況に変化はない。身体拘束制度の目的を公判出頭確保一本に純化すること、60Ⅰ②や89④自体を削除することを真剣に検討すべきだろう（【032】 参照）。

【095】 証拠開示の意義

　証拠開示とは、当事者の手持ち資料を相手方に閲覧・謄写させることをいう。証拠の収集・保全について圧倒的な力を有している検察官に被告人が対抗するのは非常に難しい。そこで、検察官が有している資料に被告人側がアクセスできるような手段が必要となる。

　起訴状一本主義のなかった旧刑訴法では、捜査資料全てを検察官が裁判所に提出していたので、弁護人はそれらの資料にアクセスし、閲覧・謄写することができた（旧44）。しかし、起訴状一本主義が採用された現行法においては、捜査資料が裁判所に送付されることはなくなった（40は旧44を引き継いだものだが、第１回公判期日前の全面開示という機能は失われた）。公判前・期日間整理手続が創設される前は、検察官が証拠調請求する資料を事前開示する規定（299。300も参照）しかなく、検察官が証拠調請求する意思のない資料に被告人・弁護人がアクセスすることを認める明文規定はなかったのである。そこで最高裁も、証拠調請求の意思のない証拠を開示する義務は検察官になく、被告人にも請求権はないと判示した（最決昭35・２・９）。

　しかし、検察官が証拠調請求していない保管資料の中に被告人のアリバイを示す証拠が存在することがマスコミの取材で明らかになり、それが法廷に顕出された結果、有罪死刑判決が破棄されて無罪となった事件（松川事件）が発生したことにより、被告人に有利な証拠を検察官が隠すことがあると意識されるようになった。その後最高裁は、「本件のように証拠調の段階に入つた後、弁護人から、具体的必要性を示して、一定の証拠を弁護人に閲覧させるよう検察官に命ぜられたい旨の申出がなされた場合、事案の性質、審理の状況、閲覧を求める証拠の種類および内容、閲覧の時期、程度および方法、その他諸般の事情を勘案し、その閲覧が被告人の防禦のため特に重要であり、かつ、これにより罪証隠滅、証人威迫等の弊害を招来するおそれがなく、相当と認めるとき」、裁判所は「その訴訟指揮権に基づき、検察官に対し、その所持する証拠を弁護人に閲覧させることを命ずることができる」と判示した（最決昭44・４・25 46c）。つまり、299Ⅰの場合を除き被告人に証拠開示請求権がないという判例は維持しつつ、訴訟指揮権に基づき、裁判所が、個別具体的事情に応じて個別具体的な資料の開示を命じることはできると判断したのである。

　検察手持ち資料へのアクセス・ゲートを開いたものとして評価された判例ではあるが、訴訟指揮権に基づくということは裁判所の広汎な裁量に委ねることを意味する。これでは安定的な運用は望めない。実際、再審請求審においても証拠開示が問題とされ、証拠開示に関する規定がないために訴訟指揮権の発動を請求人側が申し立てるケースが多数あるが、裁判所が証拠開示に積極的な姿勢を示した結果多数の証拠が開示されるケース（なかには、検察官が「不見当」（見当たらない）と長年言い続けてきた証拠が開示されたケースもある）と、裁判所が証拠開示に全く関心を示さないケースとの差があまりに大きいことが問題となっている。どの裁判官にあたるかによって結果が大きく異なってしまうこの不当な状況は「再審格差」と呼ばれている。

　また、松川事件における諏訪メモ（アリバイを示した証拠）のように、被告人に有利な資料であるにもかかわらず被告人側がその存在を知らない場合は、開示すべき資料を具体的に特定できないので、そもそも証拠開示の申出ができず、冤罪を防止すべき証拠は検察庁の証拠保管室に眠ったままということになりやすい。

　以上のように、訴訟指揮権の発動によって解決を図ることには限界があることをふまえ、学界では、訴訟指揮権を発動して個別の資料を開示させるのが本筋ではなく、当事者の実質的な公平を図る（つまり実質的当事者主義）という点や、国民の税金、公共の人的・物的資源を用いて収集した証拠を捜査機関・訴追機関が独占してよい根拠がないという点などを強調し、第1回公判前に全資料の開示を求める見解が強く唱えられてきた。

【096】従来型の公判準備手続

　それでは、証拠開示を含む公判準備手続全体を説明していこう。まず、公判前・期日間整理手続を経ない事件における、従来型の公判準備手続の関連規定を紹介する。

　❶訴訟関係人は、第1回公判期日前に、できるかぎり証拠を収集・整理しておかねばならない（規178の2）。

　❷裁判所は、検察官と弁護人が速やかに連絡をとれるように検察官および弁護人の氏名を相手方に知らせる等の措置をとる（規187の3）。❸裁判所は、書

記官に命じて、検察官や弁護人に訴訟準備の進行に関し問い合わせたり、準備を促す措置をとらせたりすることができる（規178の9）。❹裁判所は、適当と認めるときは、第1回公判期日前に、検察官および弁護人を出頭させ、公判期日の指定その他訴訟の進行に関し必要な事項について打ち合わせを行うことができる（規178の10）。

　❺検察官や弁護人は、第1回公判期日前に、相手方と連絡して、訴因・罰条の明確化、争点の明確化を図る（規178の6Ⅲ①）。❻検察官は、299Ⅰ本に該当する証拠（つまり検察官が証拠調請求する証拠）を速やかに開示する（規178の6Ⅰ①）。❼弁護人は、被告人等に事実関係を確かめておく。そして開示証拠につき、326の同意をするか否か、異議を出すかどうかの見込みを検察官に通知する。さらに、299Ⅰ本に該当する証拠（つまり弁護側が証拠調請求する証拠）を速やかに開示する（規178の6Ⅱ①②③）。❽検察官は、開示証拠につき、326の同意をするか否か、異議を出すかどうかの見込みを弁護人に通知する（規178の6Ⅰ②）。❾検察官であれ被告人または弁護人であれ、299Ⅰ本に基づき証人等の氏名および住居を知る機会を与える場合、なるべく早い時期にその機会を与える（規178の7）。❿開示された証拠は適正に管理しなければならない（281の3）。被告人・弁護人等による検察官開示証拠の複製等の目的外使用は禁止される（281の4、281の5。関連して【164】参照）。

　⓫検察官および弁護人は、審理に要する見込み時間の見通しを立てるについて必要な事項を裁判所に申し出る（規178の6Ⅲ②）。裁判所は、公判期日の審理に充てることのできる見込み時間を知らせる（規187の5）。

　⓬検察官および弁護人は、証人として尋問を請求しようとする者で第1回公判期日において取り調べられる見込みのあるものについて、これを在廷させるように努めねばならない（規178の8）。

　以上の規定には3つの特徴がある。第一に、規則の規定ばかりで法律の規定はほとんどない。第二に、訴訟準備はもっぱら当事者に委ねられ、裁判所が積極的にリードする場面は少ない。強力にリーダーシップを発揮する人や機関はないのである。第三に、証拠開示については299を運用するための規定しか置かれていない。弁護人の求めに応じ、証拠調請求する意思のない資料を検察官が事実上個別開示することはある（「任意開示」と呼んでいる）が、任意開示しな

いときは、裁判所の訴訟指揮権の発動に期待するしかない。

【097】公判前・期日間整理手続①：目的

　【096】の最後で論じたように、通常の準備手続には当事者の自主性に委ねられるところが多く、実効性に乏しい。これでは迅速な裁判（被告人の権利としての迅速性ではなく、効率的な処理という観点からの迅速性）を行うことができないばかりか、連日的開廷が必須のものとなる裁判員裁判を成功させることはできない。

　そのような認識のもと2004年に導入されたのが、第1回公判前に実施される公判前整理手続である。公判前整理手続は、「充実した公判の審理を継続的、計画的かつ迅速に行うため」に「事件の争点及び証拠を整理するための公判準備として」行われる公判準備手続である（316の2Ⅰ）。同時に、第1回公判期日後に同様の整理手続をとることができるよう、期日間整理手続の制度も導入された。「審理の経過にかんがみ必要と認めるとき」に「事件の争点及び証拠を整理するための公判準備として」行われる（316の28）。

【098】公判前・期日間整理手続②：内容

　それでは公判前・期日間整理手続の規定を紹介していこう。といっても、期日間整理手続については公判前整理手続の規定がほぼ全面的に準用される（316の28Ⅱ参照）ので、公判前整理手続の規定を紹介すれば足りる。

　第一に、検察官、被告人もしくは弁護人の請求により、または職権により、公判前整理手続に付される（316の2Ⅰ）。裁判所が「充実した公判の審理を継続的、計画的かつ迅速に行うため必要がある」と認めることが必要である（ただし裁判員裁判では必要的となる。裁員49参照）。当事者の請求権は2016年の法改正により追加されたが、請求が却下されても即時抗告ができないのでこの請求権は少々弱い。

　第二に、参加人について。❶裁判所が主宰する。❷弁護人は必要的である（316の4Ⅰ）。被告人に弁護人がないときは職権で付す（316の4Ⅱ）。❸公判前整理手続は、期日を定めて訴訟関係人を出頭させる方法、または書面を提出させる方法によって行う（316の2Ⅲ）。前者の場合は、検察官および弁護人の出

頭・在席が必要的となる（316の7。316の8も参照）。❹被告人の参加は任意（316の9Ⅰ。316の9Ⅱ、316の10も参照）だが、出席した場合は黙秘権告知が必要となる（316の9Ⅲ）。

　第三に、内容について。本手続において行うことができる事項は316の5に列挙されているが、争点および証拠の整理という観点から中核となるものについては316の13以下で具体的手順を規定している。以下、その中核部分を紹介していく。証拠開示は一度に行われるのではなく段階的に行われていくので注意しよう。

　❶まず、証明責任を負っている検察官が、証明予定事実を記載した書面を提出・送付し（316の13Ⅰ）、証拠調請求し（316の13Ⅱ）、証拠開示する（316の14）。「検察官請求証拠開示」と呼ぶ。従来型の公判準備手続における証拠開示（299）とほぼ同じものである（したがって299は適用されない。316の13③参照）。ということは、検察官が証拠調請求する意思のない証拠はこの段階では開示されないということだ。

　ところで、2016年の法改正により項が追加され、様子が少し変わった。すなわち、316の14Ⅰによる証拠開示をした後、被告人または弁護人から請求があったとき、検察官は、検察官が保管する証拠の一覧表を交付することになったのである（316の14Ⅱ。一覧表に記載すべき事項については316の14Ⅲ参照。交付後に別の証拠を新たに保管するに至った場合について316の14Ⅴ参照）。これにより被告人側は、検察官が証拠調請求した証拠以外にどのような証拠を保管しているかを把握できるようになった。とはいえこのリストは完全なものではない。例外が非常に多い（316の14Ⅳ参照）し、記載対象は検察官が保管する証拠に限られるから司法警察員が送致（246）した証拠に漏れがあればそれも記載されないことになる。

　❷被告人または弁護人は、検察官請求証拠以外の証拠で、一定の類型（316の15Ⅰ①〜⑨参照）に該当し、かつ、特定の検察官請求証拠の証明力を判断するために重要と認められるものについては、検察官に対し証拠開示請求できる（被告人または弁護人が明らかにしなければならない事項については316の15Ⅲ参照）。

　検察官は、一定の事情（316の15Ⅰ柱参照）を考慮し必要かつ相当と認めるときは、速やかに開示しなければならない（316の15Ⅰ柱。開示の時期・方法を指定

したり、条件を付したりすることもできる）。これを「類型証拠開示」と呼ぶ。被告人や弁護人が類型証拠の開示請求をする際の手がかりとして前述の「検察官が保管する証拠の一覧表」が利用される。

　なお、2016年の法改正により、開示証拠等の範囲が拡大された。まず316の15Ⅰ⑧が書き換えられ、被告人のみならず共犯者の取調状況等報告書も開示対象となった。次に316の15Ⅰ⑨が追加され、検察官が取調請求した証拠物にかかる差押調書や領置調書も開示対象となった。さらに316の15Ⅱも追加され、検察官が証拠調請求しておらず、類型証拠として開示すべき証拠物の差押調書や領置調書も開示対象となった。

　❸以上の手続により開示された証拠をよく吟味し、被告人または弁護人は検察官請求証拠について326の同意をするか否か、異議を出すかどうかを明らかにする（316の16Ⅰ）。

　❹次は被告人側の番である。被告人または弁護人は、証明予定事実その他の公判期日においてすることを予定している事実上および法律上の主張があるときは、裁判所および検察官に対し、それらを明らかにしなければならない（316の17Ⅰ）。これを「主張明示義務」と呼ぶ。証明予定事実があるときは、それを証明するために証拠調請求を行い（316の17Ⅱ）、検察官に証拠開示する（316の18）。これを「防御側請求証拠開示」と呼ぶ。

　❺開示された証拠をよく吟味し、検察官は防御側請求証拠について326の同意をするか否か、異議を出すか否かを明らかにする（316の19Ⅰ）。

　❻被告人または検察官は、❹で示した主張に関連する証拠の開示を請求することができる（316の20Ⅰ。被告人または弁護人が明らかにしなければならない事項については316の20Ⅱ参照）。ここでも、開示請求をする際の手がかりとして前述の「検察官が保管する証拠の一覧表」が利用される。

　検察官は、一定の事情（316の20Ⅰ参照）を考慮し必要かつ相当と認めるとき、速やかに開示する（316の20Ⅰ。開示の時期・方法を指定したり、条件を付したりすることもできる）。これを「争点関連証拠開示」と呼ぶ。

　❼以上の手続が終わった後も、検察官、被告人または弁護人は、証明予定事実等を追加・変更し、新たに証拠調請求をすることができる。その場合、改めて証拠開示が行われる（316の21、316の22）。

❽これまで紹介してきた手続において、証拠開示のあり方をめぐり争いが生じるかもしれない。そこで裁判所に裁定の権限が与えられている。証拠開示の時期・方法を指定したり条件を付したりする権限（316の25）と、証拠開示命令を発する権限（316の26）である。これらの裁定のため必要があるときは、請求証拠の提示を命じることができる（316の27Ⅰ）。また、証拠開示命令を発するか否かを判断するために必要があるときには、検察官に対し、検察官が保管する証拠であって、裁判所の指定する範囲に属するものの標目を記載した一覧表の提示を命ずることができる（316の27Ⅱ）。この一覧表には、証拠の提示を命ずるかどうかの判断のために必要と認める事項を記載しなければならない（規217の26）ので、被告人または弁護人に交付される一覧表（316の14ⅡⅢ参照）よりも詳細なものとなる。

❾公判前整理手続を終了する際に裁判所は、検察官および被告人または弁護人との間で、事件の争点および証拠の整理の結果を確認しなければならない（316の24）。

❿公判前・期日間整理手続に付された事件については、公判手続に特例が設けられる。【090】で既に紹介したが、ａ：必要的弁護事件となり（316の29）、ｂ：双方冒陳が予定され（316の30）、ｃ：整理手続の結果の顕出がなされ（316の31）、ｄ：証拠調請求が制限される（316の32）。なお、開示証拠の適正管理および目的外使用禁止の規定は、本手続や期日間整理手続を経た場合にも適用がある（281の3〜281の5参照）。

【099】　公判前・期日間整理手続③：問題点

公判前・期日間整理手続の規定を概観したところで、従来型の準備手続（【096】参照）と比較してみよう。詳細な規定が法律に置かれ、格段に安定度が増していることがわかる。と同時に、裁判所が強力なリーダーシップを発揮することが期待されていることも窺えたと思う。またこの手続は、被告人の防御の利益だけに配慮したものではない（【097】参照）ため、場合によっては被告人の権利を侵害する危険をはらんでいる。

そのため、この手続を設けることに懸念を示す者は多かった。例えば、❶この手続では、裁判所が第1回公判前から両当事者の主張や証拠調請求に接し、

場合によっては証拠提示命令（316の27Ⅰ）を発して証拠（最終的に証拠採用されないものも含む）に直接触れる。そこで、この手続は裁判所に予断を生じさせる危険性が高いという批判がなされていた。しかし、公判前整理手続においては一方当事者の主張だけに触れるのではなく、両当事者の主張等に等しく触れることになるし、そもそも心証形成をすることを目的とする場ではないから、裁判所の中立公正さは損なわれないとの反論がなされ、立法を正当化した。

　なお、早期からさまざまな情報に触れる裁判官と、整理手続には参加しない裁判員との間に情報格差が生じ、裁判員裁判における評議に影響が出るとの懸念もあったが、整理手続は心証形成をする場ではなく、証拠採用されなかった証拠は心証形成には使用しないから、裁判官が不当な影響力を裁判員に与えることはないと反論されている。しかしこの反論は、裁判官に対する信頼を表明しているだけにすぎない。パワハラ防止策を講じていない大学が、「ウチの教員はパワハラなどしませんから大丈夫です！」と反論しているようなものだ。懸念は何ら払拭されていないと言わざるを得ない。

　❷この手続は効率的に、迅速に、手続を進めるためのものである。そのため、被告人側が争点にしたいイシューや証明に使用したい証拠を裁判所が削ぎ落そうとする危険があるとの批判もなされた。歯止めとなる手当が十分に施されていないということである。実際、懸念が現実化したと評価できるケースも生じているようである（「ネオ職権追行主義」と化す危険につき【091】参照）。

　❸後日の証拠調請求権を制限した（316の32）うえで被告人側に主張明示義務を負わせる（316の17）ことが黙秘権を侵害するのではないかと批判された。何をいつ供述するかは被告人に委ねるというのが黙秘権なのではないかというわけである。これに対しては、主張するか否かの選択はいずれどこかで行わねばならないのだから、その時期を前倒しにしたにすぎないなどと反論され、立法を正当化した。

　しかし実務では、被告人側がある主張をすると、その主張を立証する有力な証拠方法（例えば、アリバイの存在を証言する予定の人物）を検察官が事前に潰そうとする（例えば、その人物を検察庁に呼び、偽証罪で起訴するぞなどと脅して被告人に有利な証言をさせないようにする）ケースが皆無ではなかった。被告人側には、早期に自らの主張や証拠を明らかにしたくないという思いがある。検察官

による不当なふるまいの歴史に学んでいない反論に説得力はないと言わざるを
得ない。

【100】 公判前・期日間整理手続④：判例の動向

　最後に、公判前・期日間整理手続の問題を扱った最高裁判例群を紹介してお
こう。まずは【099】で紹介した、整理手続に対するファンダメンタルな批判
に関連する判例をみる。2つある。❶主張明示義務を定める316の17が憲38Ⅰ
に違反するか否かが争われた事件で、「自己に不利益な供述を強要するものと
はいえない」と判示している（最決平25・3・18）。もっとも、黙秘権を侵害す
るか否かについては判断していない。また、316の32をどのように捉えるかに
ついても触れていない。なお本決定は、公判前整理手続は「裁判の対審及び判
決」（憲82Ⅰ）に当たらないこと等も判示している。

　❷証拠調請求権を制限している316の32に関連して、次のような一般論を示
している。すなわち、「公判前整理手続終了後の新たな主張を制限する規定は
なく、公判期日で新たな主張に沿った被告人の供述を当然に制限できるとは解
し得ないものの、公判前整理手続における被告人又は弁護人の予定主張の明示
状況（裁判所の求釈明に対する釈明の状況を含む。）、新たな主張がされるに至った
経緯、新たな主張の内容等の諸般の事情を総合的に考慮し、前記主張明示義務
に違反したものと認められ、かつ、公判前整理手続で明示されなかった主張に
関して被告人の供述を求める行為（質問）やこれに応じた被告人の供述を許す
ことが、公判前整理手続を行った意味を失わせるものと認められる場合（例え
ば、公判前整理手続において、裁判所の求釈明にもかかわらず、「アリバイの主張をす
る予定である。具体的内容は被告人質問において明らかにする。」という限度でしか主
張を明示しなかったような場合）には、新たな主張に係る事項の重要性等も踏ま
えた上で、公判期日でその具体的内容に関する質問や被告人の供述が、刑訴法
295条1項により制限されることがあり得る」（最決平27・5・2549）。295Ⅰと
いう「公判手続の特例」（刑訴法第二編第三章第二節第三款）に規定されていないも
のを用いて被告人にサンクションを与えるのは不当ではないか。また、例とし
て挙げられた「アリバイの主張をする予定である。具体的内容は被告人質問に
おいて明らかにする」が果たして主張明示義務違反といえるか、疑問である。

　以上の判例群をみる限り、最高裁は、公判前整理手続に対して示されたファンダメンタルな懸念をあまり深刻には受け止めていないようだ。

　次に、証拠開示をめぐる争いを処理した判例群をみる。4つある。❸326の15Ⅰ⑧の類型証拠につき、不開示にしたいのであれば、一般的、抽象的な弊害を主張するのではなく「検察官としては、あくまで具体的事件における不開示を相当とする具体的事情を主張しなければならない」と判示して、開示を相当とした原決定を維持した判例（最決平18・11・14）がある。

　❹主張関連証拠として警察官の取調メモ等を弁護人が開示請求したところ、本件証拠（検察官は、検察官が保管している証拠に限られると解している）中には存在しないので開示対象にならないと検察官が主張した事件において、争点整理と証拠調を有効かつ効率的に行うという「証拠開示制度の趣旨にかんがみれば、刑訴法316条の26第1項の証拠開示命令の対象となる証拠は、必ずしも検察官が現に保管している証拠に限られず、当該事件の捜査の過程で作成され、又は入手した書面等であって、公務員が職務上現に保管し、かつ、検察官において入手が容易なものを含むと解するのが相当」と述べた。また、犯捜13「警察官は、捜査を行うに当り、当該事件の公判の審理に証人として出頭する場合を考慮し、および将来の捜査に資するため、その経過その他参考となるべき事項を明細に記録しておかなければならない」等を援用し、「取調警察官が、同条に基づき作成した備忘録であって、取調べの経過その他参考となるべき事項が記録され、捜査機関において保管されている書面は、個人的メモの域を超え、捜査関係の公文書ということができる」ので証拠開示対象となりうるとも述べた（最決平19・12・25[46]）。

　❺警察官のメモの提示命令を検察官が拒否したのだが第一審裁判所が当該メモの開示命令を発した事件において、「警察官が私費で購入してだれからも指示されることなく心覚えのために使用しているノートに記載されたものであって、個人的メモであり」、犯捜13が規定する備忘録には当たらないとの理由で開示命令を違法と主張した検察官に対し、「本件メモは、本件捜査等の過程で作成されたもので警察官によって保管されているというのであるから、証拠開示命令の対象となる備忘録に該当する可能性がある」ので「本件メモの提示を命じたことは相当である。検察官がこの提示命令に応じなかった本件事実関係

の下においては、本件メモの開示を命じた原々決定は、違法ということはできない」と判示した（最決平20・6・25 46c ）。私費で購入したか否か等は重要でないと判断したようである。

❻警察官が取調における供述内容等を記録した大学ノート（私費で購入し、警察署の自己の机の引き出し内に保管し、別の警察署に転勤した後は自宅に持ち帰っていたもの）に対し証拠開示命令が出され、その適否が問われた事件において、「警察官としての職務を執行するに際して、その職務の執行のために作成したものであり、その意味で公的な性質を有するものであって、職務上保管しているものというべきである」と判示した（最決平20・9・30 46c ）。私費購入とか自宅に持ち帰っていたとかいった事情は本質的でないと判断したようである。また、犯捜13も援用していない。「職務を執行するに際して、その職務の執行のために作成した」か否かが本質的な判断基準なのであろう。

❸〜❻の判例群の意義と射程の詳細については、さまざまな判例評釈や論文に委ねよう。ここでは、整理手続の趣旨に鑑みて開示対象となる証拠の範囲を広く捉えようとしている最高裁の姿勢に注目しておくに止めたい。

ところで、最決平20・9・30 46c 以降、証拠の範囲に関して検察官が抗告し、最高裁が判断を示した決定は出ていない。そして実務では、規定に基づいて検察官が開示に応じるのではなく、規定に基づかずに「任意開示」するという現象が増えてきているようである。これは、開示証拠の範囲を拡大するような判例をこれ以上作らせたくないという検察組織の意向を反映したものなのだろうか。そうだとしたら問題である。

また、2008年10月（すなわち最決平20・9・30が出て間もない頃）に最高検は、公判で任意性が争われることが想定される場合は取調メモを保存し、保存の必要のないメモは速やかに廃棄せよという内容の通達を出したようである。実際、廃棄されたために証拠開示がなされなかった事件も登場している。開示されるくらいなら廃棄してしまえ、と最高検が考えたのだとしたら、大問題である。

【101】証拠能力の意義

　「事実の認定は、証拠による」(317)。これを証拠裁判主義という。水審（手足をしばって水中に放り込み、浮かべば有罪、沈めば無罪）とか、盟神探湯（熱湯の中に手を入れ、火傷を負えば有罪、負わなければ無罪）とかいった神判を否定し、合理的な手続・事実認定を求めている。

　しかしあらためて考えてみれば、古の人々は、「水の中から浮かんだという事実」や「火傷を負ったという事実」を有罪の証拠と捉えていたのであり、証拠裁判主義に基づいていたといえなくもない。しかし現代では、これらの事実を有罪の証拠とは考えない。合理的な手続・事実認定を目指している以上、「証拠」(317) もまたそれらに資するものでなければならない。そこで、証拠として認められる要件を設ける必要が出てくる。学界は、公判廷で取調（証拠調）をなしうる資格のことを証拠能力（または証拠の許容性）と呼び、証拠能力が認められるための要件について複雑な理論を構築してきた。

　なお、証拠能力という用語は刑訴法上には登場しない。証拠能力について明確に定める規定も多くはない。このように実定法上の手がかりが少ないため、証拠能力に関連する概念・用語法・分類法は論者によりかなり異なる。実は、大本の「証拠能力」の定義すら、一つには定まっていない。証拠能力に関するさまざまな論文を読み、頭が混乱したときは、その論者が基本的な用語についてどのような定義を与えているかを確認するとすっきりすることが多い。

　さて、証拠能力の諸要件は大きく３つの要素に分類されている。❶自然的関連性があること、❷法律的関連性があること、❸証拠禁止にあたらないことである。❶自然的関連性とは、要証事実を推認させる最小限の力を意味する（【102】）。❷法律的関連性とは、事実認定を誤らせたり混乱させたりする危険が低いことを意味する。本書では主として悪性格立証と伝聞法則を扱う（【103】～【119】。【103】～【105】が入門）。❸証拠禁止にあたらないとは、事実認定に直接関わらない諸利益に配慮して証拠とすることを許さない場合（これが証拠禁止である）ではないことである。本書では主として違法収集証拠排除法則、自白法則を取り上げる（【120】～【128】。【120】【121】が入門）。独立した項目にはしていないが、「手続的正義の観点から公正さを欠く場合」（最判平7・6・20 65 ）も紹介する（【117】）。

【102】 自然的関連性

　要証事実を推認させる最小限の力を当該資料が有するときに「自然的関連性がある」という。要証事実を推認させる力を全く有していない資料（噂や風評など）を法律家たる検察官や弁護人が証拠調請求することは通常は考え難いが、証明力の高い証拠がなく、証明力の低い情況証拠を積み重ねて立証しなければならない事件では問題となることがある。また、本来ならば高い証明力を有するのだが、同一性（間違えて別事件のサンプルが証拠調請求された場合など）や真正性（データに改編を加えて作成された鑑定書など）に問題があるので自然的関連性なしとされることもある。

　自然的関連性の領域でよく議論されているのが、科学的証拠（科学的な知識・技術を用いた証拠）の許容要件である。ジャンク・サイエンスの類に依拠した技術であったり、検査者が素人だったり、検査方法が杜撰だったりすると、検査結果はデタラメなものとなり、証明力が全くない、すなわち自然的関連性がない可能性が高くなる。そこでアメリカでは、「科学的原理等が、専門分野における一般的承認を得ていること」を要件とするフライ基準や、「依拠する理論や方法が科学的に有効であること、および、当該理論や方法が適切に用いられたこと」を要件とするドーバート基準が判例により設けられてきた。規則ではあるが、判例に沿った基準を明文で規定した立法もなされている。

　これに対し日本の最高裁は、科学的証拠にどのような態度で臨んでいるだろうか。❶筆跡鑑定につき「多分に鑑定人の経験と感に頼るところがあり、ことの性質上、その証明力には自ら限界があるとしても、そのことから直ちに、この鑑定方法が非科学的で、不合理であるということはでき」ず、「経験の集積と、その経験によって裏付けられた判断」は尊重されるべきと述べた（最決昭41・2・21 60c）。❷ポリグラフ検査結果につき原審が「相当と認めて、証拠能力を肯定したのは正当」と述べた（最決昭43・2・8）。❸犬の臭気選別結果につき「専門的な知識と経験を有する指導手が、臭気選別能力が優れ、選別時において体調等も良好でその能力がよく保持されている警察犬を使用して実施したものであるとともに、臭気の採取、保管の過程や臭気選別の方法に不適切な点のないことが認められる」ので証拠能力ありと述べた（最決昭62・3・3 60c）。❹DNA型鑑定（MCT118型鑑定）につき、「科学的原理が理論的正確

性を有し、具体的な実施の方法も、その技術を習得した者により、科学的に信頼される方法で行われたと認められる」ので証拠能力ありと述べた（最決平12・7・17⟨60⟩。足利事件の上告審決定。本決定により有罪がいったん確定したが、後に本鑑定が誤りであることが判明し、再審が開始され、無罪となった）。

　❶❷❸については科学的原理の確かさについて疑問が提起されている。❹についても当該検査法の確かさについては疑問が提起されている。しかし最高裁は、科学的原理がさほど確かなものでなくても、それなりの経験に裏付けられ、適切な方法がとられていれば、証拠能力を認める傾向にあるといえよう。この判例の傾向に対しては、緩すぎるとの批判が強い。

　適切な方法がとられていることは必須の要件といわねばならない。しかし、科学的原理の確かさについては相対的であってもよいと思う。科学的証拠に対して高いハードルを課そうとする見解が多いのは、本来の証明力を超えた過大な評価をしてしまう危険に鑑みてのことであろう。その意味では、科学的原理の問題は、自然的関連性の問題だけでなく、証明力の評価を誤らせる危険に焦点をあてる法律的関連性の問題でもあるといえる。そこで、当該証拠の証明力を過大に評価して事実認定を誤る危険と、当該証拠なしに判断して事実認定を誤る危険を比較したうえで要求される科学性の水準を決めるべきではないか。要するに、「科学的原理が際立って確かとは言い切れないが、この証拠なしで判断するよりもこの証拠を含めて判断したほうが相対的にマシ」という場合は証拠能力を認めてよいと思う。

【103】 法律的関連性①：総論・悪性格立証

　本書では、法律的関連性を「事実認定を誤らせたり混乱させたりする危険が低いこと」と定義した（【101】）が、証拠の重要性や手続遅延の危険性といった多様な要素を含める見解も有力である。しかしこれらの要素は、裁判所に裁量が認められている証拠決定の場面において検討すべきこと（316の5⑦、規190Ⅰ参照）なので、定義が広すぎると思う。逆に実務では、法律的関連性の問題として論ずべきものの多くを裁量の問題として処理してしまっているきらいがある。例えば、裁判員にインパクトを与えすぎるため遺体写真を証拠としてよいかという問題を実務では裁判所の裁量で処理しているが、これは証明力判断を

誤らせるか否かという法律的関連性の問題とすべきであり、要件を明確に定め、それにあてはめて処理すべきだと思う。

　できるだけ裁量の問題として処理しようとする実務の態度を示すものは他にもある。例えば、書面に頼れない裁判員裁判では、裁量で伝聞書面を採用する機会を減らしているが、伝聞例外規定を広く解釈する従来の態度は変えていない（【108】参照）。取調の記録媒体の証拠能力が激しく争われている（【115】参照）最中であるにもかかわらず、証拠能力に一切言及することなく裁量により「必要なし」という理由で記録媒体の証拠調請求を却下した原判決を是認した東京高判平28・8・10 85 を読むと、問題の所在をよく理解できるだろう。

　このような運用は、法律的関連性に関する実定法上の規定がほとんどないことに起因するのかもしれない。法律的関連性とは、事実認定者が判断を誤る危険性に鑑みて証拠の範囲を絞ろうとするものである。事実認定者たる裁判官が、「私はこの証拠の判断を誤ってしまうと思うので、見ません」と思うだろうか。そして、裁判官が自分の手足を縛るようなルールを自ら構築しようとするだろうか。裁判官を縛るルールは明確に法律で定めるべきではないだろうか。

　このように法律的関連性の領域にはさまざまな混乱があるが、「被告人は普段から虚言癖があったので、本件詐欺も被告人が行ったのだ」というような、人の性格に基づく証明（「悪性格立証」という）についてはほぼ異論なく法律的関連性の問題として捉えられ、判断を誤らせる危険が高いので原則として認められないとほぼ一致して考えられている。

　これと同種のものとして、被告人に同種前科や類似した余罪があることを証拠として「今回の事件も被告人が犯人である」ことを証明する「同種前科立証（類似事実立証）」がある。最高裁は、「同種前科については、被告人の犯罪性向といった実証的根拠の乏しい人格評価につながりやすく、そのために事実認定を誤らせるおそれがあ」る（筆者注：だから同種前科立証は悪性格立証の一種となる）ので、「前科証拠によって証明しようとする事実について、実証的根拠の乏しい人格評価によって誤った事実認定に至るおそれがないと認められるときに初めて証拠とすることが許され」、被告人と犯人の同一性の証明に用いる場合は「前科に係る犯罪事実が顕著な特徴を有し、かつ、それが起訴に係る犯罪

事実と相当程度類似することから、それ自体で両者の犯人が同一であることを合理的に推認させるようなものであって、初めて証拠として採用できる」と判示した（最判平24・9・7 61）。その後、前科以外の類似事実を被告人と犯人の同一性の証明に用いる場合も同様とする判例も出ている（最決平25・2・20 61c）。

　これら2つの判例は、学界における議論を反映させたものであり、おおむね受け容れられている。ただし判例は、他の証拠により犯罪の客観的要素が証明されている場合、故意などの主観的要素の立証に用いるのであれば前科にも法律的関連性ありとしている（最決昭41・11・22 61c）。このような場合は判断を誤らせる危険性がないと考えたのだろう。

【104】法律的関連性②：伝聞法則入門

　あなたが殺人の訴因で起訴されたとしよう。そして、証人Aが「私の親友であるBが犯行を目撃しました。Bは『被告人が被害者をナイフで刺したのを見た。間違いない』と言っていました。Bは『ちゃんとしっかり見た』と言っていたので間違いないでしょう」と証言したとしよう。

　Bは公判廷に出てきていないから、あなたの反対尋問を受けない。裁判官や裁判員は直接Bさんを観察できない。もちろんBは宣誓していないので偽証罪の対象にもならない（刑169参照）。無実のあなたは、この「Aが伝えたBの供述」に基づいて有罪とされようとしているのだが、納得できるだろうか？

　このような供述には証明力を誤らせる危険がある、と法律は考えた。320Ⅰは、「公判期日外における他の者の供述」（B供述）を内容とする供述（A供述）の証拠能力を否定している。また320Ⅰは、「公判期日における」Bの「供述に代えて書面を証拠」とすることも否定している。反対尋問ができず、裁判官や裁判員がBを観察できず、宣誓もなされないという点で伝聞供述と同じ特徴を有するからである。320Ⅰが対象としている供述や書面を「伝聞証拠」という。伝聞証拠に証拠能力を認めないとする法則を「伝聞法則」という。

【105】法律的関連性③：伝聞例外入門

　しかし320Ⅰは、321〜328に該当する場合は証拠能力を認めると規定している。この伝聞例外規定はやたらと多く、原則と例外が逆転しているとの批判も

古くからなされている。それだけに、これらの伝聞例外規定が伝聞法則の趣旨を害さない適切なものとなっているかを検討しなければならない。ここでは、実務上頻繁に使われている321Ⅰ②後を取り上げてみよう。

　321Ⅰ②は、目撃者等の「検察官の面前における供述を録取した書面」について規定している。捜査段階において検察官がBを取り調べ（223）、その供述を録取した「検察官調書」をイメージしてほしい。そして、Bが嫌々ながらも公判廷に出頭し、証言している場面をイメージしてほしい。Bが証言しているのだから、何も問題はないのではないかとも思える。しかし321Ⅰ②後は、「前の供述」すなわち検察官調書と「相反するか若しくは実質的に異なった供述を」公判廷でしたときに検察官調書の証拠能力を認めている。この規定は妥当だろうか。反対尋問によってBの証言が崩れたときに、検察官調書と「相反するか若しくは実質的に異なった供述をしたとき」になる場合が多い。皮肉なことに、反対尋問が成功することが伝聞証拠を許容する要件となるのである。

　ただし、公判廷証言よりも「前の供述」すなわち検察官調書を「信用すべき特別の状況の存するとき」でなければならない（321Ⅰ②後但）。とはいえ実務では、❶調書作成時のほうが記憶は新鮮だった、❷調書のほうが詳しく具体的だ、❸公開法廷で弁護人の攻撃にさらされるというストレスフルな環境下での供述よりも、密室で穏やかに行われた供述のほうが信用できるといった理由を挙げ、あっさりと要件該当性を認める事例が多い。しかし、検察官の取調は本当の初期供述ではない。通常はまず警察官が取り調べる。検察官がその警察官調書を精査し、弱点をチェックし、弱点を除去して強い証拠を作り出すべく自ら取調にあたるのである。既に事件の見立てを済ませた検察官が見立てに沿った供述をさせるべく強力に暗示・誘導をかける危険が高い環境だといえる。警察官調書ではばらばらだった複数の目撃者の供述内容が、検察官調書ではぴたりと揃うという現象が実務では度々みられるが、これは目撃者全員がそろって突然真実を思い出したためか。それとも、検察官が強力に誘導したためか。

　以上の問題に鑑みると、321Ⅰ②後は、反対尋問の効果を弱め、かつ、証明力を誤らせる危険が高い証拠（検察官調書）に証拠能力を認める規定であり、伝聞法則の趣旨を害するものといえよう。321Ⅰ②後は削除されるべきだ。

【106】供述証拠の意義

　伝聞法則についてさらに詳しく検討していこう。伝聞法則の対象は供述証拠であるから、まずは供述証拠の意味を正確に理解しておかねばならない。供述証拠とは、❶人が知覚し、記憶し、叙述することにより、事実認定者の知覚に達する証拠で、❷その内容の真実性を立証するためのものをいう。この定義には❶と❷の2要素が含まれている。順にみていこう。

　まずは❶について敷衍する。第一に、事実は我々の五感を通じて「知覚」されるが、いついかなる時も正しく知覚するとは限らない。みなさんも見間違いや聞き間違いをしたことがあるだろう。第二に、知覚された情報は脳に「記憶」される。この「記憶」もまた怪しいものである。記憶は、保持している客観的な情報がそのまま引き出されるのではなく、情報の行間を埋める知識である「スキーマ」と混然一体となって引き出される。また、記憶を尋ねる質問者がどのような言葉を用いたかによって異なる記憶が引き出される。記憶は、脳内に保持されている情報と他のファクターが合わさって構築されるものだ、というのが認知科学における常識である。第三に、引き出された記憶は、口頭で語ったり文章で書いたりするなどして「叙述」されるわけだが、これもまた正確とは限らない。記憶と異なる嘘の事実を意識的に叙述しているかもしれない。誠実に伝えているつもりでも、日本語が不正確なため、意図したものとは異なる情報を結果として伝えてしまうこともある。

　このように供述証拠は、その内容が真実でない危険性を多数有している。当該供述内容が果たして真実なのか否かをチェックするためには、当該証拠を提出した当事者と敵対する反対当事者が尋問するという方法が有効である。また、被告人にとってみれば、自分に不利なことを供述する者に対し、自ら（または弁護人が）尋問するという形で対決することを認めるのが公正な手続と考えられる。そこで憲法は、「すべての証人に対して審問する機会を十分に与へられ」る権利、すなわち証人審問権を認めた（憲37Ⅱ前）。また、「公費で自己のために強制的手続により証人を求める権利」、すなわち証人要求権も認めた（憲37Ⅱ後）。供述証拠に対して手厚い権利保障を行っているわけである。

　もっとも判例は、憲37Ⅱ前について「喚問した証人につき、反対訊問の機会を充分に与へなければならないと言うのであつて、被告人に反対訊問の機会を

与えない証人其他の者（被告人を除く。）の供述を録取した書類は、絶対に証拠とすることは許されないと言う意味をふくむものではない」（最大判昭24・5・18[64c]）と述べ、憲37Ⅱ後について「裁判所がその必要を認めて訊問を許可した証人について規定しているものと解すべきである。この規定を根拠として、裁判所は被告人側の申請にかかる証人の総てを取調ぶべきだとする論旨には、到底賛同することができない」（最大判昭23・6・23）と述べている。これらの判示については、憲37の保障範囲を狭めるものだという批判が強い。

　さて、「知覚」「記憶」「叙述」という危険な過程を経たものであるから手厚いチェックが必要になるのだということになると、「知覚」「記憶」「叙述」のいずれかを経ていない供述についてはさほど手厚いチェックは必要ないのではないかという考え方も出てくる。ここが勘所である。刑事訴訟法の世界では、伝聞法則の適用を受けるか否かという問題となる。【107】で検討しよう。

　次に、❷について敷衍しよう。人間から発されることばの全てが供述証拠として扱われるわけではない。供述内容が真実であることを立証しようとする場合にのみ、供述証拠として扱われる。供述内容が真実であることを立証するということは、ことばを受け取る者からみれば、供述内容が真実だと受け取るということである。例えば、Aが「私は甲にレイプされた」と供述し、それを聞いた裁判所が「甲はAを強姦した」と認定したとしよう。裁判所は、Aの供述内容が真実だと受け止めて事実認定したわけである。

　これに対して、ことばが供述証拠として用いられない場合がある。ことばの内容の真実性を問題にしない場合である。例えば、Aが「私は甲にレイプされた」と供述し、それを聞いた裁判所が「Aが『甲にレイプされた』と供述したことは、公然と人の社会的評価を低下させるおそれのある行為といえるので、刑230Ⅰの名誉棄損罪に該当する」と認定したとしよう。裁判所は、実際にAがレイプされたことが真実か否か（供述内容が真実か否か）を問題にしていない。Aがそのような発言をしたこと自体を問題にしているのである。

　どちらの場合もAの発言は同じである。しかし、その発言内容を問題にするか、発言したこと自体を問題にするかによって、法的効果は異なってくる。刑事訴訟法の世界では、伝聞法則の適用を受けるか否かという問題となる（まただ！）。【107】で検討しよう。

【107】 伝聞法則・伝聞証拠の意義

　誤りが混入している危険性の高い「供述証拠」(【106】)に対し刑訴法は、公判廷における証人尋問という措置を用意している。この証人尋問には、❶公開、宣誓、偽証罪による威嚇のもとで供述がなされること、❷反対尋問によるチェックがなされること、❸供述時の態度や表情を事実認定者(裁判官や裁判員)が直接観察すること等の特色がある。供述者が真実を供述するように、そして供述された内容の真偽を誤りなく評価できるように、配慮しているのである。

　しかし、公判廷外でなされた供述が公判廷に出された場合(捜査段階において目撃者が司法警察職員の取調に応じて供述し、作成された調書が提出された場合や、犯行現場を目撃していない者が目撃者から聞いた犯行状況を法廷で証言しようとした場合)、目撃者は法廷に出てこないので、❶❷❸いずれのセーフガードも発動できない。そのような「伝聞証拠」には証拠能力を認めないという法理が伝聞法則である。「伝聞法則」という用語は刑訴法上には存在しないが、320Iはこの伝聞法則を規定していると一般に解されている。

　それでは、伝聞法則の対象となる「伝聞証拠」とは正確にはどのように定義されるか。320Iは、「公判期日における供述に代え」た「書面」、および「公判期日外における他の者の供述を内容とする供述」を対象にしている。しかし一般的な見解は、これらの文言を文理解釈せず、「伝聞法則」の趣旨に合致するよう縮小解釈する。【106】で説明した「供述証拠」の定義をふまえて「知覚・記憶・叙述の過程を経た公判廷外の供述を内容とし、当該供述内容の真実性を立証するための資料」が「伝聞証拠」だと捉え、それに適合するように320Iの文言を縮小解釈するのである。したがって、「公判期日における供述に代え」た「書面」とは、「知覚・記憶・叙述の過程を経た公判期日における供述に代えて当該供述内容の真実性を立証するために用いようとする書面」と解される。「公判期日外における他の者の供述を内容とする供述」とは、「公判期日外における知覚・記憶・叙述の過程を経た他の者の供述を内容とし、当該供述内容の真実性を立証するためになされる供述」と解されることになる。

　ところでこの伝聞法則は、刑訴法が要請しているものにすぎないか。それとも、憲37Ⅱ前が要請しているものか。【106】で紹介した判例群をみるかぎり、

伝聞法則は憲37Ⅱ前に由来するものではないと最高裁は考えているようだ。公判廷にいる証人に対して尋問する権利を保障しているだけだと判示しているわけだから、公判廷にいない供述者の供述については憲37Ⅱ前の関知するところではないと考えているのであろう（ただし最判平7・6・20[65]に注意する必要がある。【111】参照）。そうすると、伝聞法則は証拠の証明力評価を誤らせる危険に着目したものと考えられるので、法律的関連性のカテゴリに属するものと捉えられるだろう。本書も伝聞法則を法律的関連性の問題と捉えて論じているところである。

　しかし、本当にこの理解でよいのだろうか。憲37Ⅱ前を、これほどまでに薄い内容しか有していないものと解釈してよいのだろうか。そんなはずはない、と多くの者は考える。公判廷外でなされた被告人に不利な供述を証拠として使用することは、当該供述者を公判廷において尋問する機会を奪うことになるので憲37Ⅱ前違反と考えるのである。伝聞法則は憲37Ⅱ前の要請するところとなり、証拠禁止のカテゴリに属するものと捉えられることになる。

　後者のアプローチに私は魅力を感じているのだが、すっきりしない点が多々残されているようにも思う。例えば、刑訴法上の伝聞法則は検察官側にも被告人側にも等しく適用を受ける。被告人に有利な供述にも証拠能力の制限がかかるのである。また、被告人による反対尋問が考えられない被告人本人の公判廷外供述も320は対象にしている。刑訴法上の伝聞法則は、憲37Ⅱに由来するものとそれ以外のものとが混在するアマルガムだと捉えざるをえない。したがって、ある時は法律的関連性の問題、ある時は証拠禁止の問題としてアド・ホックに問題点が検討されることになる。どうもすっきりしない。

　また、このように理解した場合における証人審問権の制約原理・基準がすっきりしない。【108】で述べるが、伝聞例外（321～328）の許容性を判断する二大フレームワークは「必要性」と「信用性の情況的保障」である。必要があれば、かつ（または）、上述の❶❷❸が揃っていないことを問題にしなくてもよいほどの信用性の担保があれば、伝聞証拠であっても証拠能力を認めてよいというのである。となると、憲37Ⅱ前の証人審問権は、結局、信用性のチェック手段として有用なため政策的に道具として与えられているにすぎず、被告人の権利として何か特別な価値があるわけではないことを裏から認めてしまうことに

なるのではないか。

　アポリアを解決するためには、証人審問という行為における固有の価値を突き詰めて検討する必要がある。【106】で紹介した、「自分に不利なことを供述する者に対し、自ら（または弁護人が）尋問するという形で対決することを認めるのが公正な手続」だという考えは証人審問権の固有の価値を示している。「私を不利な状況に追い込みたいのであれば、裏でこそこそ画策しないで、私と直接闘え」という被告人の思いは、確かに、証明力の問題とは別の固有の価値を持っている。この価値を前面に出せば、伝聞法則（すなわち証明力の問題）と関係なく、直接闘うのを認めない当該措置が公正といえるかという観点から当該措置の合憲性を判断することができるだろう。しかしその判断基準は、現段階では、まだ詰められていないように思われる。そこで本書では、憲37Ⅱに対する判例の理解を承認するわけではないが、さしあたり憲法問題を脇に置き、法律的関連性の問題として伝聞法則を捉え、解説していきたいと思う。

　それでは、伝聞証拠の定義の問題に戻ろう。320Ⅰを縮小解釈した定義をもう一度読み直してほしい。公判廷外の「供述」であっても、伝聞証拠には該当しないものが出てくることに注意しなければならない。該当しないもの（「非伝聞」と呼ばれる）は伝聞法則の適用を受けないことになるので、321以下の伝聞例外に該当するか否か（伝聞証拠にあたるが例外的に証拠能力を認めてよいか）について判断する必要もなくなる。その意味で、「供述」のうち伝聞証拠となるものとならないものを区別する基準が重要となる。

　ポイントは3つある。第一に、当該供述によってどのような事実を証明しようとしているのか（当該供述によって事実認定者にどのような事実の証明ありと考えてもらおうとしているのか）を確定させる。【106】においてレイプ供述を例に挙げて説明したように、事実認定者がどのように当該供述を受け止めるかによって当該供述は「供述証拠」になったりならなかったりする。「供述証拠」でなければそもそも伝聞証拠に該当するかを検討する必要がない。そこでこの作業が必要となるのである。この作業に慣れるのがおそらく一番大変である。

　なお、「当該供述によってどのような事実を証明しようとしているのか」は「当該供述の要証事実は何か」と一般的に表現されている。少々ミスリーディングな表現だが、一般的用法に従っておこう。要証事実を確定させる際に、証

拠調請求の際に当事者が示す「立証趣旨」（規189Ⅰ）にこだわる必要はない（こだわらなかった判例として最決平17・9・27⸢67⸥）。実際にその証拠を使ってどのような事実が認定されることになるのかを考えて判断しよう。

　第二に、当該供述内容の真実性を問題にするものか否かを検討する。供述内容の真実性を問題にするものでなければ非伝聞である。供述内容が真実であるか否かを問題にしないのであれば、供述の信用性・真実性を低下させるリスクファクターである知覚・記憶・叙述のプロセスを警戒して❶❷❸を取り揃えて臨む必要がないからである。もちろん、当該供述が本当になされたのか、そして（冗談や嘘ではなく）真摯になされたのかを反対尋問以外の方法で吟味する必要がある。なお、その吟味のためにも原供述者への反対尋問が不可欠だと考える論者は、やはり伝聞として扱うべきと主張する（その論者は、供述証拠や伝聞証拠の定義に「供述内容の真実性を立証するため」を含めていないかもしれないので、論文等を読む場合は注意されたい）。

　第三に、当該供述が知覚・記憶・叙述の過程を経たものであるか否かである。知覚・記憶の過程が欠けていれば非伝聞である。供述の信用性・真実性を低下させるリスクファクターである知覚・記憶がない以上、誤謬の危険は少なく、❶❷❸を取り揃えて臨む必要がないからである。なお、供述の存在や真摯性を吟味するためには原供述者への反対尋問が不可欠だと考える論者は、やはり伝聞として扱うべきと主張する（その論者は、そもそも供述証拠や伝聞証拠の定義に「知覚・記憶・叙述の過程を経た」を含めていない可能性が高いので、論文等を読む場合は注意されたい）。

　それでは、以上の3ポイントをふまえて事例を判断する訓練をしよう。教科書や論文では、伝聞・非伝聞が争われる事例について「精神状態の供述」とか「行為の言語的部分」とかいったカテゴリに分けて叙述することが多いが、初学者のあなたは、そのような類型は全て無視し、上記3ポイントのみを脳のワーキングメモリーに据えて検討してほしい。カテゴリの名前をみただけで結論を性急に判断し、事案の特殊性に目を向けなくなる危険性があるからだ。

　［事例1］Dは、甲の顔に傷害を負わせたという訴因で起訴された。公判廷でAが次のように証言した。「『Dが甲の顔を殴ったのを目撃した』と友人のBが言っていた」。B供述は伝聞か、非伝聞か。Aのことは無視し、Bに意識を

集中させよう。

　要証事実は何か。「Dが甲の顔を殴ったのを目撃した」というBの公判廷外供述から、「Dが甲の顔を殴った」という事実が直接推認されるだろう。したがって要証事実は「Dが甲の顔を殴ったこと」である。となると、供述内容の真実性を問題にし、かつ、知覚・記憶・表現の過程を経たものであることは明らかであるから、本件B供述は伝聞証拠である。

　［事例2］Dは、「Bが甲の顔を殴ったのを目撃した」という発言を集会で行い、Bの名誉を毀損したという訴因で起訴されている。公判廷でAが次のように証言した。「集会でDが『Bが甲の顔を殴ったのを目撃した』と叫んだのを確かに聞きました」。D供述は伝聞か、非伝聞か。

　要証事実は何か。「Bが甲の顔を殴ったのを目撃した」というDの公判廷外供述から、「Dは集会で『Bが甲の顔を殴った』と発言した」という事実が直接推認されるだろう。したがって要証事実は「Dは集会で『Bが甲の顔を殴った』と発言した」である。となると、D供述は、供述したことだけを問題にし、内容の真実性を問題にしていないから、非伝聞ということになる。

　［事例3］Dは、「公園のブランコの鎖が外れかかっていることを知りながら自分の娘を当該ブランコで遊ばせたところ、遊んでいる途中に鎖が外れ、娘は勢いで吹き飛び、落下した際に右腕を骨折した」という過失傷害の訴因で起訴されている。公判廷でAが次のように証言した。「Dと娘さんがブランコに近づいたときに、別の家族のお父さんらしきBが遠くからDに向かって『そのブランコ、危ないですよ。さっき見たんですけど、鎖が外れかかっていましたよ。あなたも気を付けたほうがいいですよ』と大声で叫んでいるのを聞きました」。B供述は伝聞か、非伝聞か。

　「鎖が外れかかっていましたよ」というBの公判廷外供述から「ブランコの鎖が外れかかっていた」という事実を推認するのであれば、供述内容の真実性が問題となり、かつ、知覚・記憶・叙述の過程を経たものであることは明らかであるから、伝聞証拠である。しかし、「鎖が外れかかっていましたよ」というBの公判廷外供述から「Dは鎖が外れかかっていると知らされた」という事実を推認し、ひいては「Dは鎖が外れかかっている可能性を認識していた」という事実を推認しようとするのであれば、供述したことが問題となり、内容の

真実性は問題にならないから、非伝聞である。

　［事例４］Ｄは贈賄の訴因で起訴された。公判廷でＡが次のように証言した。「公務員甲に対し『例の入札の件、これでよろしくお願いいたします』と言いながらＤが100万円を渡しているのを見ました」。Ｄの公判外供述は伝聞か、非伝聞か。Ｄ供述から「そのようなことを発言しながら100万円を渡した」と推認する（したがって、借金を返済するつもりで金を渡したのではなく贈賄のつもりで金を渡したと推認する）のであれば、そのような供述をしたことを問題にするのであり供述内容の真実性を問題にするものではないし、当該供述は知覚・記憶のプロセスを伴っていないのであるから、非伝聞である。

　［事例５］Ｄは、アーケード街でたまたま通りかかった第三者をナイフで刺したという傷害の訴因で起訴された。公判廷でＡが次のように証言した。「事件の直前、Ｄは『うぷぷぷ、僕モノクマ。お前ら、お仕置きしちゃうよ』と発言するのを聞きました」と供述した。このＤ供述は伝聞か、非伝聞か。そのような発言をしたこと自体を認定し、そこから被告人の精神異常を推認し、心神喪失を認定しようとするのであれば、供述内容の真実性は問題にならず、知覚・記憶の過程も経ていないので、非伝聞である。

　［事例６］Ｄは強姦致死の訴因で起訴されている。公判廷でＡが「亡くなった被害者Ｂは生前、『あの人（Ｄのこと）はすかんわ。いやらしいことばかりするんだ』と言っていました」と供述した。被害者の公判廷外供述は伝聞か、非伝聞か。ＤはＢにいやらしいことをしていたと推認する（したがってＤはＢと性交したいとの動機を抱いていたと認定する）のであれば、供述内容の真実性が問題となるし、知覚・記憶・叙述の過程を経ていやらしいことをＤがしたと供述しているはずだから、伝聞である（最判昭30・12・9 [62]）。

　しかし、Ｄを嫌悪していたと推認する（したがって性交に同意はなかったと推認する）のであれば、どうか。「すかんわ」というのは発言当時Ｄに抱いていた感情を表明するものであり知覚・記憶のプロセスを伴っていないから非伝聞となる。もっとも、真摯性（冗談で言ったのではないか）に関する吟味が残っており、これについても反対尋問という方法で行う必要があるのではないかと考える読者も多いだろう。上述の３つのポイントのうちの「第二」と「第三」で紹介した異説はこの点を重視し、この場合も伝聞と扱うべきだと主張しているわ

けである。

　［事例7］Dは殺人の訴因で起訴されている。公判廷でAが「Dは『B（被害者のこと）はもう殺していいやつだな』と発言していました」と供述した。Dの公判廷外供述は伝聞か、非伝聞か。「DはBを殺していいやつだと思っていた」と推認する（したがってDには殺意があったと認定する）のであれば、発言当時の考えを表明するものであり知覚・記憶のプロセスを伴っていないから、非伝聞である。もちろん、［事例6］と同様、異説がある（本事例は最判昭38・10・17 62c 63c の事案を単独正犯にアレンジしたものである。本書では詳しく触れないが、共謀共同正犯の場合には「共謀」の解釈によって要証事実が変わりうるので注意してほしい。次の［事例8］もそうである）。

　［事例8］Dは、ある事件の共謀共同正犯の訴因で起訴されている。共犯者とされているAが犯行計画を記したメモが証拠調申請された。当該メモは伝聞か非伝聞か。注意しなければならないのは、犯行計画メモなるものがどのような経緯で作成されたかは、事件によって千差万別だということである。メモが作成された状況をよく検討して要証事実をその都度判断しなければならない。実務では、抽象的に「メモの存在」を要証事実として一律に非伝聞と扱い、他の情況証拠とあわせて主要事実を推認していこうとする向きもあるようだが、他の証拠と当該メモを行ったり来たりしながら評価することにより、実際は共謀の内容等を認定する際の証拠として用いてしまう（だとすると本当は伝聞証拠として扱われねばならないのに看過される）危険はないだろうか。

　第一に、共謀後にメモが作成されたことがわかっている場合を考えてみよう。A本人がメモ作成時にそのような犯行計画を抱いていたことを推認するのであれば、作成当時の本人の意思が示されたものであり、知覚・記憶の過程を経ていないから、非伝聞である。しかし、AのみならずDもメモ内容通りの犯行計画を抱いていたことを推認しようとする場合は微妙である。犯行計画会議に欠席したAが、後日Dから会議で決定された犯行計画を説明され、メモしたという事情があるならば、Dの説明をAが知覚・記憶して叙述した（書いた）という過程を経たものなので伝聞と捉えるべきだ。もっとも、Dがメモ内容を承認したことが他の証拠により立証されたならば、メモ内容は承認した時点におけるDの意思を示すものといえるから知覚・記憶の過程は問題にならないの

で非伝聞と捉える者も多い（東京高判昭58・1・27⑥3参照）。しかし、判決前に
事実認定者の心証が開示されるわけでもないのに、他の事実が認定されること
を条件として伝聞か非伝聞かを決めるべきではない。証拠決定を保留したまま
判決に至りやすいという問題があるし、このような複雑な事実認定を裁判員に
要求できるかという問題もある。本当は伝聞証拠として使用したにもかかわら
ず、判決理由では非伝聞と書いて事態を隠ぺいする等の危険性もある。

　第二に、共謀中に犯行計画メモが作成されたことがわかっている場合を考え
てみよう。「俺が手足を押さえるから、お前はポケットをさぐって財布を抜き
取れ」「わかった。メモメモ……よし、書いた。これでいいか、みんな？」
「（メモを見て）うん、これでいいだろう」といったシーンをイメージするとよ
い。この場合、メモは共謀行為の一部といってよく、知覚・記憶・叙述の過程
が問題にならないから非伝聞と考える者が多い。しかしこの処理も、共謀中に
犯行計画メモが作成されたという他の事実が証明されていることを条件とする
ものであり、第一の箇所で述べたさまざまな問題に注意しなければならない。

　［事例9］領収書から記載内容どおりの事実を認定しようとする場合も論点
とされることが多い。供述内容の真実性を問題とするものであり、知覚・記
憶・叙述の過程を経るものである（例えば100万円を受け取ったと知覚し、その事実
を記憶し、領収書に叙述する）から、伝聞と捉えるのが通常であろう。しかし、
その書面が当事者間で交付・保管され、領収書として扱われていたことが証明
されているならば、一定金額の授受が実際にあったことを前提としなければそ
のような事態は説明できないため、領収書の存在や内容はこのような事実と一
体となって金銭授受を推認させる間接事実となるから、非伝聞だと考える論者
もいる。しかし、「第一」で述べた弊害に対する不安がここでもよぎる。

　このように考えてくると、やはり、事例8・9において登場した、他の事実
の存在を条件に決定するアプローチは——伝聞証拠にしてしまうと証拠能力が
認められない可能性が高い（多くの場合、321Ⅰ③または324Ⅱという最もシビアな
伝聞例外要件をみたさねばならない）ので困るという思いがあるのかもしれない
が——採用すべきでない。伝聞となるか非伝聞となるかが他の事実に依存する
場合は、弊害が生じる危険性に鑑み、伝聞証拠として扱うべきだ。

　［事例10］自己矛盾供述……これは328を扱う箇所（【118】）で検討する。

【108】伝聞例外規定概観

　伝聞証拠であっても、321～328に規定されている要件を満たした場合には証拠能力が認められる（320Ⅰ）。そこで、これらの規定を検討していこう。伝聞例外規定はかなり複雑なので、覚悟してほしい。さまざまな教科書の中には、わかりやすく体系的に理解してもらおうと、規定の順序を変えて説明するものが多い（つまり、もともと条文はあまり体系的に配列されていないのだ）。しかし本書では、愚直に条文の順番通りに見ていく。かつ、書かれた法とその趣旨をまず一通り説明し、その後に細かい解釈論上の問題を検討していく。このように学びを進めることにより、条文を正確かつ迅速に脳裏に刻みつけることができるようになると思う。体系的に配列し直すということは、その著者の考えた体系に沿って配列するということだ。しかしその体系を採らずに別の体系を採用する著者も多数いる。いったんある著者の体系に沿って学んでしまうと、他の著者の教科書等をみても前提となる体系が異なるので理解できない（または誤解してしまう）ということになりかねない。そうならないためにも、まずは「素の条文」を頭に叩き込むことが有益である。

　条文の検討に入る前に、若干のアドヴァイスをしておこう。第一に、伝聞例外規定を学ぶにあたり、まずは各規定がどのような書面や供述を対象にしているのか、正確に把握しておく必要がある。供述調書などのサンプルを入手し、チェックしておくとよいだろう。第二に、捜査機関や裁判所・裁判官が作成する書面については、どの条文に基づいて当該書面が作成されたのかを意識して学んでほしい（ほとんどは復習となる）。本書でも条数を多数挙げておくので、面倒がらずに条文そのものを確認すること。これらの作業により伝聞例外の学びはかなり楽になると思う。

　さて、条文の検討はまだ始まらない。条文を検討するための視点を得るために、伝聞例外として証拠能力が認められるための諸要件を規律する二大原理を説明しておこう。それは、「必要性」と「信用性の情況的保障」である。事実の解明にとって「必要」な場合に、供述内容の真偽を誤りなく評価するためのさまざまな装置（【107】で説明した❶❷❸）がなくても「供述過程に誤りを生じさせないような特別の情況のもとで供述が行われた」のであれば、伝聞証拠であっても証拠能力を認める、という仕組みになっている。この「必要性」と

「信用性の情況的保障」の要請から具体的に求められる要件は、供述や書面の性質に応じて異なってくる。注意しながら条文を読もう。

　この二大原理に関連して、3点前置きしておこう。第一に、これらの二大原理が関わらないものもある。328には、この二大原理は直接関わらない。また、322および326については、この二大原理と関連づけるか否かについて争いがある。

　第二に、この二大原理は、証拠能力要件を規律しているものにすぎない。証拠能力があるということは、公判廷で取り調べられる資格があるということを意味するにすぎないのである。二大原理中の「必要性」から導き出された証拠能力要件を満たしたとしても、証拠調がなされるとは限らない。法令に規定のある場合（303、規213の2③参照）を除き、証拠能力のある資料であってもそれを実際に取り調べるか否か（316の5⑦、規190Ⅰ）は裁判所の裁量によるというのが実務の運用なのである。例えば320Ⅰ②前が定める供述不能要件（これが「必要性」から導き出された要件である）を満たす検察官面前調書であったとしても、必ず当該調書が取り調べられるとは限らない。当該調書によって証明しようとする事実がさほど重要なものでなかったり、他の証拠によっても証明できたりする場合には、証拠調の必要性なしとして証拠調請求が却下されるかもしれないのである。

　なお、裁判員裁判制度の導入に伴い、裁判員にわかりやすい公判を実現するため、書面をなるべく使用しない運用に変わってきている。しかしこの運用は、伝聞例外要件を従来よりも厳格に解釈することによってではなく、上述した裁判所の裁量によってなされている。今のところ、伝聞例外規定の解釈に大きな変化は生じていないので注意しておこう。

　第三に、「信用性の情況的保障」についても注意が必要である。「信用性の情況的保障」もまた、【107】で説明した❶❷❸なしで証拠能力を認めてよいかを問題にしているだけである。例えば立法者は、検察官調書は類型的に信用性の情況的保障が認められる書面だと考え、321Ⅰ①前には信用性に関する特別の要件を置いていないので、供述不能要件を満たせば証拠能力は認められる。しかし、証拠能力が認められた当該調書の内容は、実は、事実に反しているかもしれない。そう考えた場合は、当然、証拠採用された調書の証明力を争ってよ

い。いや、むしろ、争わねばならない。

　ここまでが長い前置きであった。それでは伝聞例外を規定する条文を順番に見ていこう。まずは321Ⅰである。最初に柱書を読もう。「被告人以外の者」（目撃者・被害者等の第三者）の供述を内容とする書面が対象とされている。第三者本人が作成したものが「供述書」、第三者本人の供述を他の者が聞き取って作成した書面が「供述を録取した書面」である。前者は書面による公判外供述という点で伝聞だが、後者は、書面であることに加えて、他の者が聞き取っているという点でも伝聞証拠になっている。「供述を録取した書面」は二重伝聞なのである。そこで321Ⅰ柱は、「供述者」すなわち第三者本人の「署名若しくは押印」を要件としている。第三者本人が録取書を確認し、その正確性を保証することにより、第三者本人が直接書いたのと同じとみなすことができる、というわけである。かくして、録取書は、第三者本人自ら作成した「供述書」と同じ扱いをすることができるようになる（と立法者は考えた）。

　それでは321Ⅰが対象にしている３種類の書面を順番にみていこう。まず321Ⅰ①は、「裁判官の面前における供述を録取した書面」（裁判官面前調書、裁面調書、裁判官調書などと呼ばれている）について規定している。第１回公判前に行われる証人尋問（226、227、179参照。これは【057】【059】の復習となる）の結果作成された調書がこれに該当する。他事件の公判調書等も含むと考えられている（当該被告事件の公判調書等は321Ⅱが対象としている）。

　裁判官面前調書に証拠能力が認められるパターンは２種類あり、条文は前段と後段とに分けて規定している。前段は、「公判準備若しくは公判期日において供述することができないとき」という要件を規定している。これを「供述不能」と呼んでいる。公判廷で供述できないならば書面を証拠とするしかないというわけである。伝聞例外要件の二大原理である「必要性」がこのような形であらわれている。この供述不能要件は、321Ⅰ①②③全てに登場する。

　しかし、「信用性の情況的保障」についてみると、321Ⅰ①は特別の規定を置いていないことがわかる。公平な第三者たる裁判官の面前でなされた供述であること、原則として宣誓のもとでなされた供述である（154参照）こと等に鑑み、「信用性の情況的保障」に関連した特別の要件を課す必要はない、と立法者は考えたようである。

　後段は、「前の供述と異なつた供述をしたとき」である。一般に「自己矛盾供述」と呼ばれている。前段とは異なり、後段では公判廷に第三者本人が登場して証言している場合を想定しているので注意しよう。そのうえで、「前の供述」すなわち裁判官面前調書に記載されている供述内容と異なる証言を法廷でした場合には、調書に証拠能力が認められると規定しているのである。どちらの供述内容が正しいのかを吟味する必要が生じたということだろう。これも二大原理のうちの「必要性」のあらわれである。

　「信用性の情況的保障」については、前段と同じく後段は特別の要件を明文で規定していない。その理由は、第三者本人が法廷に来ており、調書についても直接反対尋問ができるからであろう。したがって、後段については「事後的な尋問の機会が当事者に与えられること」という書かれざる要件が存在するので注意しておこう。

　次に321Ⅰ②を見てみよう。「検察官の面前における供述を録取した書面」（検察官面前調書、検面調書、PS などと呼ばれている）について規定している。当該事件における第三者として検察官が取り調べた際（223）や、他事件における被疑者として検察官が取り調べた際（198）に作成された調書である。

　検察官面前調書についても、証拠能力が認められるパターンは2種類ある。前段は供述不能の場合で、321Ⅰ①前と同じである。「信用性の情況的保障」については特別の要件が規定されていない。公益の代表者（検4）たる検察官の面前でなされた供述であるから、類型的に高度の信用性の情況的保障が認められるので、特別の要件を課す必要はない、と立法者は考えたようである。

　後段は自己矛盾供述の場合である。ざっくりと「異なった供述」を求めていた321Ⅰ①とは異なり、321Ⅰ②後は、「前の供述と相反するか若しくは実質的に異なった供述をしたとき」と規定している。詳しくは【109】で検討するが、321Ⅰ①前よりも「必要性」について厳しい要求をしていることが窺える。

　また、321Ⅰ①後とは異なり、「信用性の情況的保障」についても特別の要件が課されている。すなわち、「前の供述を信用すべき特別の情況の存するとき」である。「前の供述」すなわち調書に記載されている供述のほうが公判における供述よりも信用できると認められる「特別の情況」（相対的特信情況という）が存在しないとアウトになるのである。また、321Ⅰ①後と同様、事後的な尋

問の機会が当事者に与えられることが書かれざる要件となっている。

　321Ⅰの最後は、321Ⅰ③である。裁判官面前調書（321Ⅰ①）、検察官面前調書（321Ⅰ②）とくれば、次は司法警察職員が第三者を取り調べた（検察官が取り調べた場合と同様に223、198）調書（員面調書、KSなどと呼ばれている）がくるはずである……と思ったら、321Ⅰ③は「（321Ⅰ柱に該当する書面のうち）前二号に掲げる書面以外の書面」を全て対象にしていた。もちろん員面調書もこれに該当するのだが、それに限らず、弁護人が第三者から事情聴取して作成した調書などさまざまな書面が含まれる。司法警察職員が作成した調書は特別扱いされていないことに注意しよう。

　証拠能力が認められるパターンは１種類のみである。「必要性」については、供述不能要件を満たすだけでなく、「犯罪事実の存否の証明に欠くことができないものであるとき」でなければならない。「信用性の情況的保障」についても、「その供述が特に信用すべき情況の下にされたものであるとき」（絶対的特信情況という）が求められている。何かと比較して「この書面のほうがマシ」か否かをみる相対的特信情況とは異なり、当該書面単独で特信性が認められねばならない。供述不能＋必要不可欠性＋絶対的特信情況という３つの要件を全て満たさなければならないので、伝聞例外規定の中でも最もシビアである。

　それでは321Ⅱに進もう。321Ⅱは前段と後段に分かれる。前段は、「被告人以外の者の公判準備若しくは公判期日における供述を録取した書面」である。

　公判期日外に証人尋問がなされることがある（281）が、その際に作成された証人尋問調書が「公判準備における供述を録取した書面」である（規38。規52の２も参照）。受命・受託裁判官による裁判所外での証人尋問（163）の調書も含むと一般に考えられている。公判準備として証人尋問を行うことは証拠の収集に他ならない。そこで、公判において証拠調を行わねばならない（303）から書面が必要となる。

　公判期日に証人尋問したのであればそれを録取した書面を証拠とする必要は通常はないが、公判手続を更新（やり直すこと。315参照）したり、判決が破棄差戻しされて審理をやり直さなければならなくなったりした場合には、裁判官が異なるので、以前に実施した証人尋問を録取した書面を証拠とする必要が生じる。公判期日における訴訟手続については公判調書を作成しなければならず

（48）、その中に証人等の供述が記載される（規44Ⅰ㉒）。これが「公判期日における供述を録取した書面」である。公判調書については、当該被告事件のものが対象となると一般に考えられている（他事件のものは321Ⅰ①）。

これらの書面につき、証拠能力が認められるための特別な要件は課されていない。全て裁判官の面前での供述であるから「信用性の情況的保障」が担保されているからだと説明されたり、証人尋問の際には当事者に尋問の機会が保障されているからだと説明されたりする。

後段に移ろう。321Ⅱ後が対象にしているのは「裁判所若しくは裁判官の検証の結果を記載した書面」（検証調書）である。捜査機関ではなく、裁判所（128）・裁判官（179、142・125）が検証を行った場合を対象にしている。検証調書についても特別の要件は規定されていない。裁判官は適切に検証を行うだろうという信頼、検証を行った者の記憶に基づく証言よりも検証調書のほうが正確かつ詳細であること、（捜査機関による検証とは異なり）当事者が立会権を有し（142・113、142・125Ⅳ）、その際に適宜指摘を行えることなどが根拠として挙げられている。なお、他事件の検証調書も含むと考えるのが一般的だが、他事件の場合には被告事件の当事者の立会権はないから、疑問である。

次は321Ⅲである。対象は「検察官、検察事務官又は司法警察職員の検証の結果を記載した書面」である。捜査機関が行った検証（218等）の結果が記載されている書面である。

要件を見てみよう。「必要性」に関し、特別の要件は規定されていない。321Ⅱの検証調書と同じく、検証を行った者の証言よりも検証調書によるほうが良いと法は考えている。「信用性の情況的保障」に関しては、「供述者が公判期日において証人として尋問を受け、その真正に作成されたものであることを供述したとき」という要件が課されている。裁判所・裁判官による検証とは異なり、捜査機関による検証には当事者の立会権が保障されていない（222Ⅰは113を準用していない）ので、証人尋問の機会を与えているわけである。「真正に作成されたものであることを供述したとき」とは、❶検証調書の作成名義が真正であること（つまり、自ら作成した調書であること）、❷検証内容が正確であること、❸調書記載内容が正確であることを供述したときを意味する。

321Ⅳに進もう。対象は「鑑定の経過及び結果を記載した書面で鑑定人の作

成したもの」である。「鑑定人」とは裁判所（165）または裁判官（179）の命令
により鑑定を行う者のことを指す。捜査機関の嘱託（223）により鑑定を任意
で行う鑑定受託者（【019】参照）ではないので注意しよう。

　要件は321Ⅲと同じである。趣旨もほぼ同じである。鑑定の際には当事者に
立会権が認められている（170）点が捜査機関による検証とは異なるが、鑑定
人の記憶に基づく証言よりも鑑定書を証拠とするほうが合理的だという点では
321Ⅲと同じである。

　なお、裁判員裁判においては、専門用語満載の鑑定書と専門用語が飛び交う
証人尋問を聞くだけでは鑑定内容が理解できない危険があるため、まず鑑定人
が単独で、パワーポイントを用いたりするなどの工夫を施してわかりやすく鑑
定内容をプレゼンするという方法（プレゼン方式）が普及してきている。

　これでようやく321の説明が終わった。次は321の2である。「被告事件の公
判準備若しくは公判期日における手続以外の刑事手続」（226、227、179）また
は「他の事件の刑事手続」（他事件の公判での証人尋問など）においてビデオリン
ク尋問（157の6ⅠⅡ）が行われた場合、その尋問および供述ならびにその状況
が記録媒体に記録され、それが調書の一部とされた（157の6ⅢⅣ）ときに、
321Ⅰの例外として、調書の取調後に供述者を証人尋問する機会を訴訟関係人
に与えることを要件として証拠とすることができる。本規程の趣旨は、同一事
項についてくりかえし証言することによる精神的負担の軽減である。

　お次は322Ⅰである。対象は、「被告人が作成した供述書」または「被告人の
供述を録取した書面で被告人の署名若しくは押印のあるもの」である。321Ⅰ
と同様、供述録取書には署名・押印が要件とされている。被告人の供述録取書
は、被疑者段階での取調（198）の際に作成されることが多い（198Ⅲ参照）。そ
の他、被疑者となる前の参考人段階での取調（223）の際に作成されることも
あるし、起訴されて被告人となってから取り調べられて作成されることもあ
る。逮捕時の弁解録取書や、勾留質問時の勾留質問調書もある。多種多様だ。

　被告人が本人に反対尋問することができないことをふまえ、322は伝聞例外
ではなく伝聞不適用と捉える見解もある。しかし伝聞法則は、【107】で挙げた
❶❷❸のセットが不在の場合に備えたものであり、❷の反対尋問だけを問題に
しているわけではないので、本書では322も伝聞例外の一種として捉えておく。

　要件だが、「被告人に不利益な事実の承認」を内容とするものである場合については特別の要件は求められていない。ただし、不利益な事実の承認のうち自白については319Ⅰにより任意性が要件とされている。自白以外の不利益な事実についても同様である（322Ⅰ但）。自白の意義、不利益事実の承認の意義については【125】を参照のこと。

　不利益事実の承認でない供述の場合、「必要性」については同じく特別の要件は求められていないが、「信用性の情況的保障」については321Ⅰ③と同様に絶対的特信情況が求められている。法は、不利益な事実の承認については類型的に信用性が高いと考え、有利な事実の供述については類型的に信用性が低いので特信性が必要と考えている。「有罪となるリスクがあるにもかかわらず不利な事実を述べたのだから、その供述は信用できるだろう。よし、信用性の情況的保障については特別の要件なし！　でも、自分に有利な事実についてはどうかな。有罪を逃れるためにあがいて嘘をついている可能性が高いな。よし、特信性を要求だ！」と考えたわけである。まるで被告人を犯人と決めつけているかのようだ。自白が強要されやすい環境にある日本の刑事手続の現状に鑑みると、このような考え方および規定は見直されるべきである。

　322Ⅱに進もう。対象は、「被告人の公判準備又は公判期日における供述を録取した書面」である。321Ⅱ前が対象としている書面の被告人ヴァージョンである。当該被告事件の書面のみが対象になると一般に考えられている。任意性が求められる以外に特別の要件は規定されていない。

　次は323である。対象は、321、322に掲げる書面以外の書面である。いわば、落穂ひろいの条文である（特に323③）。323①は、戸籍謄本など、「公務員がその職務上証明できる事実についてその公務員が作成した書面」を挙げている。戸籍謄本と公正証書謄本が例示されているが、その他、戸籍抄本、不動産登記簿、商業登記簿謄本・抄本、印鑑証明書、住民票の写しなどが該当すると考えられている。本号に該当する書面については、特別の要件が求められていない。高度の「信用性の情況的保障」が類型的に認められると立法者は考えたようだ。また、書面の記載内容の性質に鑑み、公務員に証言させるよりも書面を用いたほうが合理的であるという配慮も働いている。

　323②は、商業帳簿など、「業務の通常の過程において作成された書面」を挙

げている。商業帳簿と航海日誌が例示されているが、航空日誌、医師のカルテ、代用刑事施設における留置人出入簿なども該当すると考えられている。本号に該当する書面についても特別の要件は求められていない。業務遂行の基礎になるものとして正確に記載され、かつ規則的・機械的・連続的に作成されるので虚偽が入り込みにくいからだと考えられている。また、性質上、作成者に公判廷で供述させるよりも書面を用いたほうが合理的であるという配慮はここでも働いている。

　323③は、その他「特に信用すべき情況の下に作成された書面」を対象にしている。公的機関が作成した統計や確定有罪判決の判決書（謄本）などがこれにあたる。規定の位置に鑑み、323①②の書面に準ずる程度の高度の信用性および必要性が認められねばならないと考えられている。しかも、書面自体の性質から類型的に高度の信用性および必要性が認められねばならない（ただし判例はケース・バイ・ケースで判断しているようである。例えば服役者とその配偶者との間にかわされた一連の手紙を323③該当書面とした最判昭29・12・2参照）。

　なお、アメリカにおいては、「メモの理論」というものがある。直接体験した事実について被告人や証人が体験当時にメモを作成していたのだが、現在では体験事実を忘れてしまった、しかしメモを正確に記載したことは記憶しているという場合には、そのメモを伝聞例外として許容するという法理である。これを日本にも導入し、323③該当書面としてメモに証拠能力を認めるべきだという見解もあるが、そのためには、323①②に準じたものでなくてもよいこと、そして、類型的に判断しなくてもよいことを認めなければならず、条文の構造を破壊することになろう。

　以上が書面に関する条文であった。これらの条文に続く324は、「被告人以外の者の公判準備又は公判期日における供述」を対象にしている。原供述者が被告人の場合が324①で、322を準用せよと規定している。原供述者が被告人以外の場合が324②で、321Ⅰ③を準用せよと規定している。はっきりと規定されていないが、322Ⅰ柱および321Ⅰ柱に規定されている署名・押印要件は準用されない。324の対象となる供述は二重伝聞ではないからである。

　さて、長々と続けてきたこの節も、終盤にさしかかってきた。残る325、326、327、328についてはあっさりと済ませよう。

　325は、任意性について調査せよと裁判所に命ずる規定である。争いはあるが、一般的には、本条の任意性は証拠能力の要件ではなく、証拠評価のための前提条件と考えられている。したがって、判例は、証拠採用の後に調査してもよいと述べている（最決昭54・10・16）。

　326Ⅰは、当事者が証拠とすることに同意した伝聞証拠につき、321～325の要件を満たさない場合であっても、相当な場合（証明力が著しく低くない等）に証拠能力を認める規定である。実務においては、検察官が証人尋問の請求をいきなりすることは稀で、最初はまず当該人物の調書を証拠調請求する。被告人や弁護人が同意すれば、321～324の要件該当性判断をすることなく、325の任意性調査もすることなく、326に基づき当該書面が証拠として採用される。被告人や弁護人が同意しない場合、検察官は書面の証拠調請求を撤回し、証人尋問の請求を行う。326は証人尋問を極力行わずに調書を多用することにより証拠調を簡略化する「調書裁判」「効率的裁判」を実現する装置なのである。

　326Ⅱは、いわゆる擬制同意の規定である。なお、「被告人が出頭しないでも証拠調を行うことができる場合」の典型は284、285である。

　327は、いわゆる合意書面の規定である。条文を読んでおこう。実務ではほとんど使われず、死んだ法となっている。裁判員裁判により、公判を迅速に進めるために合意書面の活用が規定された（規198の2参照）が、実際は活用されていないらしい。

　328は、一般的な考え方によると、伝聞例外を規定したものではなく、非伝聞となる一類型を注意的に規定したものである。「証明力を争うため」の証拠として承認されているのは、自己矛盾供述である。公判廷でＡが「被告人は鉄パイプで被害者を殴りました」と証言したときに、「被告人はナイフで被害者を刺しました」と記載されている（つまり自己矛盾に陥っている）Ａの検察官調書を提出し、「Ａはころころ供述を変える人なので公判証言は信用できない」と思わせるのである。検察官調書記載内容のほうが正しいことを立証しようとするのであればそれは供述内容の真実性を問題にするので伝聞証拠であり、321Ⅰ②後の要件を満たさないと証拠として採用されないが、ここでは、検察官調書では公判廷証言と異なる内容の供述をしていること自体を立証しようとしているので非伝聞であり（【107】参照）、伝聞法則は適用されないのである。

【109】伝聞例外規定の解釈論序説

　伝聞例外規定を頭に叩き込んだところで、解釈が争われる基本的論点を検討していく。まずは解釈論の基底にあるアプローチの対立を頭に入れておこう。

　実務においては、書面を多く読みたいという欲求がある。証拠が多いほど精緻な事実認定ができるという考え方が背景にあるのだろう。そこで、拡大・類推解釈を施し、明文規定のない書面を既存の伝聞例外規定に該当させたり、要件が厳しい規定に該当しそうな書面を緩い規定に該当させたりする。

　これに対し伝聞例外の拡大を警戒する者は、縮小解釈したり、321〜328に「規定する場合を除いて」という320Ⅰの文言に依拠し、類推解釈を禁止したりする。類推解釈を許容する場合、それが認められる条件を個々の論点において争う。もっとも、定義上は「供述証拠」・「伝聞証拠」にあたらない証拠であっても、供述証拠・伝聞証拠と類似する場合には伝聞法則の準用を認める。

【110】供述不能要件①

　321Ⅰ①前、321Ⅰ②前、321Ⅰ③、324Ⅱ・321Ⅰ③には、原供述者が「死亡、精神若しくは身体の故障、所在不明若しくは国外にいるため」公判期日等において供述することができないとき、という供述不能要件が記されている。

　判例は、この文言は供述不能にあたる場合を例示したものにすぎない（例示列挙と呼ぶ）と解釈し、明文で規定されていないケースであっても供述不能要件を満たす場合があることを認めている。147に基づき証言拒絶権を行使した場合（最大判昭27・4・9 64c）、記憶喪失を理由に事実上証言拒否した場合（最決昭29・7・29 64c）、宣誓を拒否して尋問手続においても事実上黙秘した場合（東京高判昭63・11・10）等の判例・裁判例を参照のこと。

　供述不能要件の文言は、例示であると明記しているわけではない（「その他〜」と規定している323①②と比較せよ）。その意味で、例示列挙説は、実質的に類推適用を認める考え方といえる。生きた法の世界では、この例示列挙説に基づく運用がすっかり固まってしまっており、学界でも、条文に直接規定された場合のみが対象となる（限定列挙と呼ぶ）と考える解釈は鳴りをひそめてしまった感がある。判例を批判する見解は、例示列挙と解すること自体は争わず、個々の事案におけるあてはめに注目して論じるものが多い。

　例えば証言拒否の事案の場合、いったん拒否しても後から翻意するかもしれず、死亡の場合とは異なるので、翻意させる手段を尽くしたのにもかかわらず翻意せず、かつ、供述不能の状態が相当程度存続するといえる場合でなければ実質的類推適用はできないと主張されている（この点に関連し、証言拒否に対する制裁の告知や尋問期日を改めるなどの措置をとっていたことを考慮に入れた東京高判昭63・11・10や、証言拒絶を理由に供述不能要件を満たすと判断した原審の措置を違法とし、証言してくれそうな時期を見極めて審理予定を定める必要があったと判示した東京高判平22・5・27 64 参照）。

　しかし、私は限定列挙説を堅持したい。類推解釈の必要性が認められるとしても、伝聞法則（320Ⅰ）を骨抜きにしかねない類推解釈（すなわち司法による法の創造）は行われるべきでない。立法府による法改正を待つべきである。

【111】　供述不能要件②

　条文に列挙されている供述不能要件についても解釈を要する点はある。例えば、「精神若しくは身体の故障」について、回復を待つことができるのであればこの要件を満たさないと考えるのが一般である。「国外にいる」についても、帰国を待つことができるのであればこの要件を満たさないと考えるのが一般である。これらの解釈・あてはめは、【110】で挙げた、「供述不能の状態が相当程度存続するといえる場合でなければ実質的類推適用はできない」という解釈と同じ考え方に基づいている。

　なお、「国外にいる」の解釈については、外国人の強制退去との関係で別の問題が生じる。退去強制手続は、刑事手続の進行に関係なく進められることになっているため、退去強制を利用して「国外にいる」という状態を検察官が作り出すこと等ができるわけである。そこに問題はないか。

　321Ⅰ②前「国外にいる」の適用が問題となった事案につき最高裁は、321Ⅰ②が320の例外を定めたものであり、憲37Ⅱが「被告人に証人審問権を保障している趣旨にもかんがみると」、「（退去強制処分を行う入国管理当局と）同じく国家機関である検察官において当該外国人がいずれ国外に退去させられ公判準備又は公判期日に供述することができなくなることを認識しながら殊更そのような事態を利用しようとした場合」や「裁判官又は裁判所が当該外国人について

証人尋問の決定をしているにもかかわらず強制送還が行われた場合」など、「当該外国人の検察官面前調書を証拠請求することが手続的正義の観点から公正さを欠くと認められるときは、これを事実認定の証拠とすることが許容されないこともあり得る」と判示した（最判平7・6・20 65 77c）。

　この判例が、手続的正義の観点から公正さを欠くと認められるときは「国外にいるとき」にあたらないと考えるのか、それとも、「国外にいるとき」にあたるのだが証拠禁止にあたるので（おそらく317により）証拠能力を認めないと考えるのかは、明らかでない。伝聞法則を憲37Ⅱ前の要請とは考えない判例理論（【107】参照）を前提とすると、後者のような理解が整合的である。

　ところで、本書の定義（【107】）によると伝聞証拠にはあたらないものであっても、供述不能類似の状況が生じることがある。例えば、第2回公判において、犯行を目撃した者本人が公判廷に登場し、検察官による主尋問に答えたとしよう。しかし、反対尋問が予定されていた第3回公判の前日にこの証人が死亡した場合、何らの手当てもなくこの証言に証拠能力を認めてよいか。

　伝聞法則の趣旨（【107】参照）に鑑みると、反対尋問によるチェックがなされていないという点で伝聞証拠と同様の問題があるから、少なくとも被告人に不利益な事実認定がなされる可能性のある場合には、いわば非常の権利保障手段として320Ⅰを類推適用すべきである（文理に反するから類推適用を認めない見解もある）。類推適用を認める場合、例外的に証拠能力を付与するために321Ⅰ③を準用する等、伝聞例外規定の準用を考える者が多い。私は、被告人の不利益にはならないので非常の権利保障手段として準用することにはならないから、伝聞例外規定の準用はしてはならないと考えている。証拠能力を認めたいのであれば、立法府による法改正を待つしかない。

【112】321Ⅰ②の諸問題

　321Ⅰ②の検察官調書は、どの事件においても証拠調べ請求がほぼ必ずなされるため（関連して300参照）、解釈が争われる論点も多い。第一に、321Ⅰ②前が、明文上は、供述不能要件を満たすだけで証拠能力を認める規定となっていることである。実務では、文理解釈による運用がなされている。しかし学界では、特信性（比較すべき供述がないので、321Ⅰ③のような絶対的特信情況）を「書

かれざる要件」として付加する見解が多い。立法趣旨（【108】参照）はともあれ、訴訟当事者である検察官が作成した調書に「信用性の情況的保障」が類型的に認められるとはいえないからである（宣誓がないこと等も挙げられる）。実際、検察官が証拠を変造する事件も起きている。

　第二に、321Ⅰ②後の「相反するか若しくは実質的に異なった供述」の解釈である。321Ⅰ①の「異なった供述」よりも絞られた表現であるため、異なる事実の認定に導く程度のものでなければならないと一般に解されている。しかし判例は、「供述調書の方が詳細」という理由で「実質的に異なった供述」であるとのあてはめを行っており（最決昭32・9・30 66 ）、強く批判されている。

　第三に、321Ⅰ②後の「前の供述」の解釈である。証人が公判廷で証言した後、検察官が公判廷外でその証人を取り調べ、調書を作成し、証人が再度公判廷で証人尋問を受けたとする。この調書は「前の供述」にあたるか。判例は、二度目の証人尋問の前に行われたのであるから該当すると述べた（最決昭58・6・30 66c ）。しかし、公判証言を無にするために取調を行い、調書を作成すること、そしてそれを利用することは、公判中心主義に反するアンフェアな手続であり、許されないといわねばならない。もっともこれは、「前の供述」の解釈で解決すべき問題というよりも、証拠禁止により対処すべき問題かもしれない。

　第四に、321Ⅰ②後の相対的特信情況の判断方法である。特信性は証明力の判断そのものではなく、証拠能力の要件であるから、供述がなされた際の外部的事情（取調の状況、供述者と被告人の人間関係等）から判断すべきであり、供述そのものを検討対象としてはならないはずである。さもないと、伝聞法則は事実認定を誤らせる危険のある資料を事実認定者に見せないという法律的関連性の問題であるはずなのに、伝聞例外要件に該当するか否かは当該証拠を見て判断するという奇妙な結果をもたらす。しかし判例は、外部的事情によらずとも、調書に記載されている供述内容自体により判断できるとする（最判昭30・1・11）。なお、裁判所は、証拠決定をするにあたり必要があると認めるときは、訴訟関係人に証拠書類または証拠物の提示を命ずることができる（規192。「提示命令」と呼ぶ）。裁判所はこれにより心証形成してはならないとされているが、本人の自制以外の担保措置はない。

【113】 書面作成者の証人尋問を要件とする規定の問題①

321ⅢⅣは、321Ⅰ③と比べると要件が緩い。そこで321ⅢⅣを準用し、321Ⅲ Ⅳが明記していない書面にも証拠能力を認めようとする動きが生じる。問題と なる書面の大半は、321ⅢⅣの準用が認められなければ321Ⅰ③書面となり、最 も厳しい要件をクリアーしなければならないので、大変なのだ。

私は、被告人に対する非常権利保障手段として機能する場合にしか伝聞例外 規定を類推適用することは許されないと考えるので、被告人に不利な書面につ いてはこのような類推適用は認められないと考えている。しかし、実務では有 利不利如何にかかわらず類推適用することを認めている。そこで争点は、当該 書面が類推適用できるものか否かに絞られることになる。以下、最高裁が判断 を示した書面を列挙する。類推適用を認める理由も個々に付しておくが、どの 書面にも、強制処分である検証や鑑定人による鑑定とは同じではないので類推 適用する条件が整っていないという批判が存在するので、調べてみよう。

最高裁が321Ⅲを準用した書面として、❶検証（218）の任意処分版である実 況見分の結果を示した実況見分調書（最判昭35・9・8 67c。理由は示されていな いが、強制か任意かが違うだけでやることは同じなため準用可能と考えたのだろう）、 ❷酒酔い鑑識カードの科学判定欄および被疑者の外部的状態に関する記載欄 （最判昭47・6・2。刑集にはこのカードが添付されているから直接確認せよ。警察官 による観察の結果を記したものなので「検証（実況見分）」にあたるとされた）、❸警 察犬による臭気選別の結果等を立ち会った警察官が記載した臭気選別結果報告 書（最決昭62・3・3 60c。理由は付されていないが、警察官による観察の結果を記し たものなので「検証（実況見分）」にあたると考えたのだろう）がある。❶❷❸いず れも警察官が作成したものである。❹私人が作成した同種の書面（燃焼事件報 告書抄本）については「検察官、検察事務官又は司法警察職員の」という文言 を重視し、321Ⅲの準用を否定している（最決平20・8・27。この書面は特別の学 識経験を有する者により行われたものであるから321Ⅳを準用すればよいと判示してい る）。

最高裁が321Ⅳを準用した書面として、❺裁判所・裁判官が鑑定を命じた鑑 定人ではなく、捜査機関から任意で鑑定の嘱託を受けた鑑定受託者の作成した 鑑定書（最判昭28・10・15。理由は示されていないが、命令によるものか任意の受託に

よるものかが違うだけでやることは同じなため準用可能と考えたのだろう）、❻鑑定人
でもなく鑑定受諾者でもない医師の診断書（最判昭32・7・25。理由は示されてい
ないが、命令や任意の受託によるものとやることは同じと考えたのだろう）がある。

【114】　書面作成者の証人尋問を要件とする規定の問題②

　321Ⅲにより証拠能力の有無が判断される書面の中に、被疑者や第三者の供
述（言葉で叙述するものや、犯行を再現する等の動作で叙述するもの）が記載されて
いることがある。その供述の法的意味について検討しなければならない。

　例えば、目撃者がある地点を指差した姿が写っている写真が貼り付けられ、
横に「目撃者は『ここで犯人はAに襲いかかりました』と供述した」と記載さ
れていたり、人形の首を両手で絞めている被疑者の姿が写っている写真が貼り
付けられ、「被疑者は『このように両手でAの首を絞めました』と供述した」
と記載されていたりしている実況見分調書をイメージしてほしい。これらの供
述は、原供述者である被疑者や第三者の供述を警察官が聴き取ったり撮影した
りしたものである。なお、被疑者や第三者の署名・押印はない。

　これらの供述が、単に「そのような供述をした」という事実を示すために記
載されているのであれば、原供述は供述証拠として扱われず、非伝聞となるか
ら、特別な問題立てをする必要はない。実況見分の結果と一体のものとして扱
われる（最判昭36・5・26 67c ）。

　しかし、これらの供述から、実際に被疑者が「ここでAに襲いかかった」と
か、「被疑者は両手で被害者の首を絞めた」という事実を立証しようとする場
合は、供述内容の真実性が問題となる。このとき、当該供述を記載した部分は
供述録取書に等しい。当該実況見分調書は、いわば、実況見分調書と供述録取
書の複合体と考えられるわけである。したがって、供述録取書に相当する部分
は、321Ⅲの要件を満たすだけでは足りず、第三者の供述であれば321Ⅰ柱（署
名・押印）および321Ⅰ③の要件、被疑者の供述であれば322Ⅰの要件を満たさ
ねば証拠能力が認められない（最決平17・9・27 67 ）。ただし本判例は、写真に
ついては321Ⅰ柱や322Ⅰで求められている原供述者の署名・押印を不要として
いる。その意味については【115】で検討しよう。

【115】写真その他の記録媒体

【114】で述べたように、最決平17・9・27<u>67</u>は、写真につき原供述者（被写体）の署名・押印を不要とした。これは、被写体の動作は（その真実性が問題になるので）供述証拠だが、写真それ自体は供述証拠でないと捉えているためである。写真の撮影、現像、（デジカメの場合には）記録・保存・プリントは機械的に行われ、知覚・記憶・叙述という人間の心理プロセスをたどるものではないからである。したがって、当該写真は「公判期日における供述」（320Ⅰ）ではないので伝聞ではあるが、録取者が誤る危険に鑑み原供述者の署名・押印を要する供述録取書（321Ⅰ柱、322Ⅰ）とは異なり、撮影者が誤る危険を考慮しなくてよいので、被写体の署名・押印を要しないことになる。

　このように考えると、供述（動作）が写真に写っていないとき、または、写っていても供述（動作）内容の真実性が問題にならないとき（犯行現場写真など）は、写真は非伝聞となる。したがって、実況見分調書等に添付された場合は別だが（調書と一体のものとして伝聞証拠として扱われ、321Ⅲの要件を満たさねば証拠能力が認められない）、そうでない場合には当該写真に伝聞法則（320Ⅰ）は適用されず、撮影者不明等の理由により撮影者に証人尋問ができなくとも、他の立証方法により要証事実との関連性（自然的関連性）が認められれば証拠能力が認められることになる（最決昭59・12・21<u>67c</u>参照）。

　以上のアプローチは、供述を録音・録画した記録媒体にも適用できるだろう。記録媒体については、一定事件につき被疑者取調の録音・録画を必要的とする法改正が2016年に行われた（301の2参照）こともあり、記録媒体を実質証拠として用いる（つまり、供述内容の真実性が問題になる用い方をする）ことができるか否かについて争われている（ただし301の2Ⅰ自体は、自白の任意性立証のために用いる、つまり、取調の様子を明らかにする等、供述内容の真実性を問題にしないで用いることのみを規定していることに注意）。写真その他の記録媒体それ自体は非供述証拠と捉えるならば、「公判期日における供述」ではない自白そのものの伝聞性さえ考慮すればよいことになり、322Ⅰ「被告人の供述を録取した書面」を類推適用（ただし被疑者の署名・押印という要件はカット）して証拠能力を認めることとなろう。

　以上のようなアプローチを批判する見解は、写真その他の記録媒体にも誤謬

や人為的操作が加えられる危険性があるので、供述証拠と捉える（ただし【106】で示した供述証拠の定義には当てはまらないので、類推適用である）。したがって、原供述の真実性が問題にならないときも写真それ自体の伝聞性は残るので伝聞法則が適用され、321Ⅲを準用し、撮影者に証人尋問を行って真正性立証を行わなければ証拠能力は認められないと考える。原供述の真実性が問題になる場合には二重伝聞となるから、被疑者取調の場合には322Ⅰを準用する。原供述者の署名・押印要件をカットすることは許されず、供述者が署名・押印した紙片等により媒体を封印する等の措置が必要となる。

　どちらのアプローチが妥当か、各自考えてほしい。ただし私は、そもそも写真その他の記録媒体は「書面」（320Ⅰ）ではないというところから議論を出発させるべきだと考えている。「書面」とは朗読という方法で証拠調が行われる証拠方法である（305Ⅰ）。写真その他の記録媒体は、朗読という方法で調べることは性質上無理なので「書面」ではなく、320Ⅰは適用されない。ちなみに、「写真」の証拠調方法は展示である（306）。また、「記録媒体」の証拠調方法については、調書の一部（157の6Ⅳ）とされたビデオリンク尋問の記録媒体について述べた305Ⅴ（朗読に代えて再生）を除き、規定がない。ゆえに、記録媒体に対する証拠調はそもそもできないので、証拠能力もない（【139】参照）。

　ただし、法の不備のために被告人の証拠調請求権が害されてはならないから、被告人側が記録媒体の証拠調を請求した場合には超法規的措置として適宜の方法で証拠調を行うべきである（【139】参照）。とはいえ、記録媒体が書面でないことには変わりがないから、320Ⅰは適用されず、321以下の伝聞例外規定も適用の余地がない。写真も同様に、320Ⅰや321以下の規定は適用されない。

　なお、写真については306があるので、検察官も証拠調請求が可能である。しかし、写真を供述証拠とみなす見解が指摘するように、操作の誤りや改ざんの危険は供述証拠における危険と同質のものである。そこで、これまで再三述べてきたように、被告人に不利益な事実認定がなされる可能性のある場合には非常の権利保障手段として320Ⅰを類推適用すべきであるから、検察官請求にかかる写真についても類推適用すべきである。そして伝聞例外規定を準用することは、非常の権利保障手段にはならないから、認められない。このような解釈・適用による不都合を是正できるのは立法府のみである。

【116】再伝聞・多重伝聞

❶目撃者Ｚの友人Ｙの友人であるＸが公判廷において「『Ｚから～～という話を聞いた』とＹが語っているのを私は聞いた」と供述した場面をイメージしてみよう。Ｚ供述をＹが語り（第一伝聞）、それをＸが語っている（第二伝聞）。このように伝聞証拠を内容とする伝聞証拠を再伝聞という。供述過程がさらに連なっていく場合には多重伝聞と呼ばれる。ただし、❷目撃者Ｙの友人Ｘの検察官調書中に「Ｙから～～という話を聞いた」との記載があった場合、Ｙ供述をＸが語り（第一伝聞）、それを検察官が録取し（第二伝聞）、書面にした（第三伝聞）ので三重伝聞のようにみえるが、Ｘは署名・押印しているため、検察官の録取過程（第二伝聞）は法的には解消される（321Ⅰ柱参照）ので、再伝聞として扱われることになる。

　再伝聞や多重伝聞の証拠能力を明文で示した規定はないが、伝聞の過程それぞれに伝聞例外の要件が備わっているならば証拠能力を認めてよいと考えるのが一般である。上述の❷を例に説明してみよう。書面という伝聞性が321Ⅰ②の要件を満たすことによりクリアーされれば、「第三百二十一条乃至第三百二十八条」の規定により「公判期日における供述に代えて」証拠とできる（320Ⅰ）。調書の中からＸがぴょんと外に飛び出して公判廷で供述し始めた場面をイメージするとよいだろう。ただしこの疑似証言中にはなお伝聞（Ｙ供述）が含まれているが、324Ⅱの要件をクリアーすればＹ供述についても証拠能力が認められるというわけである。とはいえ、本当にＸが飛び出してきたわけではなく、実物は調書であるから、324Ⅱは「類推適用」される。判例理論も以上の見解を採用していると考えてよいだろう（最判昭32・1・22 68 ）。

　この見解に対しては二方面からの批判が可能だろう。第一に、324を類推適用する条件が整っていないという批判である。原供述者がそのような供述をしたことを自ら肯定確認することを必要的とする等の要件を付加しないと類推適用できないと主張する。第二に、法は再伝聞・多重伝聞の証拠能力を認めていないという、より積極的な批判である。私もそのように批判したい。❷の検察官調書の場合、321Ⅰ②の要件をクリアーした段階において証拠能力が付与されたのは再伝聞以外の部分のみにすぎず、再伝聞の部分についてはいまだ「公判期日における供述に代えて」「証拠と」する（320Ⅰ）ことは認められていな

い。したがって324を類推適用する段階に進むことはできない。320Ⅰは、324
の類推適用へと歩みを進めることを許す規定ではなく、むしろ歩みを阻む規定
ではないか。現行法の解釈によって再伝聞に証拠能力を認める規定を創出する
ことはできず、問題の解決は立法府に委ねるべきである。

【117】326の同意

　326の同意の性質については、❶原供述者に対する反対尋問権の放棄と捉え
る見解と、❷伝聞例外要件を問題にすることなく証拠能力を付与する訴訟行為
（他の証拠能力要件についてまで同意しているわけではないことに注意）と捉える見解
に分かれている。伝聞法則を憲37Ⅱに由来するものと捉えるならば❶のように
考えるのが素直だが、憲37Ⅱに由来するものとは捉えない実務（【107】）では、
❷を前提とした運用がなされているようである。❷をとると、書証に同意しつ
つ、原供述者に対して証人尋問請求をすることができる。

　書証に同意したのに証人尋問もしたいと法律家が考える理由は何か。検察官
調書を例にとると、反対尋問が成功するということは、調書と「相反するか若
しくは実質的に異なった供述」（321Ⅰ②後）をさせたということに他ならな
い。調書を不同意にしてもどのみち後で321Ⅰ②後を根拠に採用されるのであ
れば、最初から調書に同意し、調書の取調を先行させた上で原供述者を反対尋
問したほうが有利な供述を引き出せる場合も出てくるのである。

　さて、同意の手続について簡単に説明しておこう。生きた法の世界におい
て、検察官がいきなり証人尋問請求することはあまりなく、まずは調書等の書
面を証拠調請求してくる。これに対して相手方の意見が求められる（規190Ⅱ。
被告人と弁護人の意見が割れた場合につき、最判昭27・12・19 70c 参照）。ここで同意
すれば、326の同意があったということになり、伝聞例外の要件該当性を判断
することなく証拠能力が認められる（規178の6も参照のこと。また、公判前整理
手続において証拠開示を受けた場合につき316の16、316の19を参照のこと）。

　なお、証人尋問が認められた後にも同意が問題になりうる。公判廷で証人が
証言している際に伝聞供述が登場した場合、即座に異議を出さないと「特段の
事情がない限り、黙示の同意があったものとして」証拠能力が認められてしま
う（最決昭59・2・29 5 ）。気をつけよう。

【118】 328の諸問題

　本条において解釈を要する点を検討しよう。第一に、証明力を争う対象について。「公判準備又は公判期日における……供述」(328) と規定されているが、書面も対象になると解するのが一般である。そう解さないと範囲が狭すぎるからである。321～323、325～327の要件を満たした書面は「公判期日における供述に代え」て用いられる (320Ⅰ) ため、328の「供述」には供述代用書面も含まれるのだと解しておけばよいだろう。

　第二に、「証明力を争うため」の解釈について。321～327の適用が問題となる書面や供述は、実質証拠、すなわち要証事実の存否を証明する証拠 (【139】) として使用するものであった。これに対し328は、「証明力を争うため」と規定していることから、補助証拠、すなわち実質証拠の証明力に影響を与える事実 (補助事実) を証明する証拠 (【139】) を問題にしていることがわかる。

　321～324の規定により「証拠とすることができない書面又は供述」(328) なのに補助証拠としてならば証拠能力が認められる理由、そしてその理由から導き出される補助証拠の範囲については、「限定説」という考え方が学界では有力である。限定説は、補助証拠として使用される場合に証拠能力が認められるのは当該証拠が非伝聞だからだと捉える。したがって、「証明力を争う証拠」を「非伝聞として用いられる補助証拠」と解釈する。その典型が自己矛盾供述である (【108】)。最判平18・11・7 71 も、328は「矛盾する供述をしたこと自体の立証を許すことにより」、「その者の供述の信用性の減殺を図ることを許容する趣旨」であると判示し、限定説を採用することを明らかにした。

　なお、本判例は、いわゆる「純粋補助事実」(内容が主要事実・間接事実と関わりがなく、供述の証明力を左右するにとどまる補助事実。Aは誠実な人だといった「性格」、Aの視力は2.0だといった「能力」、Aは被告人から暴行を受けていた等の「利害関係」など) が問題になる場合を射程に入れておらず、純粋補助事実について伝聞使用を認める可能性はあるという見解もある。しかし、後述するが、本判例は自己矛盾供述の存在について厳格な証明を要すると判示している。自己矛盾供述が存在するという補助事実については厳格な証明が必要だが、それ以外の純粋補助事実は証拠能力不要の自由な証明でよい (から伝聞使用もOK) と最高裁が考えているとは思えない。

　さて、限定説に立つならば、「証明力を争うため」の証拠として認められるか否かを決する基準は、「非伝聞か否か」である。この点につき、弾劾証拠（他の供述の証明力を減殺する証拠）のみならず回復証拠（弾劾された供述の証明力を復活させる証拠）や増強証拠（弾劾を前提とせずに供述の証明力を高める証拠）も328の適用対象となるかという問題立てがなされて議論されているが、おそらく不良設定問題である。要は「当該証拠が伝聞ならば×、非伝聞ならば○」である。この基準さえ意識しておけばよい。

　とはいえ、回復・増強証拠の場合も認められるかという問題立ては当分の間存続するだろうから、弾劾、回復、増強という類型に分けて例を示しておこう。まずは弾劾証拠として使用する場合である。❶Ａの公判廷供述に対し、異なる内容のＢの公判廷外供述を用いる場合。Ｂの供述が真実であり、Ａの供述よりもＢの供述のほうが信用できると認められないと弾劾は成功しないので、Ｂの供述内容の真実性が問題になる伝聞であるから×である。❷Ａの公判廷供述に対し、異なる内容のＡの公判廷外供述を用いる場合。要証事実は「公判廷外では異なる内容の供述をしたことそれ自体」であり、当該事実により「Ａは時と場合によってころころ供述内容を変える人である」と推認させ、公判廷供述の信用性を弾劾することになる。したがって公判廷外供述の真実性が問題にならない非伝聞であるから○である。これが「自己矛盾供述」である。

　次に、回復証拠として使用する場合である。❸Ａの公判廷供述（ａ）が、公判廷外でなされたＡの自己矛盾供述（ｂ）により弾劾されたときに、公判廷供述の信用性を回復するため、Ａの公判廷外供述ではあるが公判廷供述と同内容のもの（ｃ）を出すことはできるか。弾劾の弾劾（弾劾証拠であるｂを自己矛盾供述であるｃで弾劾する）と捉えることができるから○だという見解もある。しかしｂはそもそも非供述証拠であり、「供述」（328）に対する弾劾とはいえない。また、ｂが存在している以上、ｃを出しても「Ａは一貫した供述をしている」ことを推認させることはできない。ｃは、「ｃの内容が真実である」と評価されたとき、つまり伝聞証拠として用いたときに、回復証拠の機能を果たす。伝聞として使用しないと関連性がないので×とすべきだ。

　もっとも、❹「Ａは、自身が経営する会社が破たんした際にＸ（被告人の共犯者とされる人物）に多額の金銭的支援を受けたため、Ｘに頭が上がらなかっ

た」という事実によって「全ての犯罪の実行は被告人が行っていました」というAの公判廷供述が弾劾されたとき（つまり、「AはXの罪責を被告人になすりつけようとする動機があるので信用できない」と推認）に、Xから金銭的支援を受ける以前に作成された、公判廷供述と同内容の供述を含むAの調書を回復証拠として使用する場合はどうか。回復証拠といえども、要証事実は「AとXの人間関係と公判廷供述との因果関係の否定」であり、供述内容の真実性は問題とならないから非伝聞であり、○と判定できよう。

　最後に、増強証拠について。❺「私は●▲学園の理事長から賄賂をもらったこともありませんし、●▲学園が大学の設置認可を申請した際に、認可するよう文科省に働きかけたこともありません」とAが公判廷で供述したときに、同内容のAの公判廷外供述を増強証拠とすることはできるか。「供述が一貫している」ことを要証事実とし、非伝聞として用いるならば、○かもしれない。しかし、「同じことを繰り返し供述している場合、その供述は真実である」という経験則は存在するだろうか。「そのような経験則はない」と考えるならば、公判廷外供述が真実であると評価しないと増強にはならないことになり、伝聞なので×となる。「そのような経験則を用いるべきかはケース・バイ・ケースで判断する」と考えるならば、当該事件に固有の事情に鑑みて伝聞か非伝聞かをその都度判断するということになる。

　第三に、補助証拠の成立過程について。例えば、公判で証言した後に検察官がその証人を検察庁に呼んで取り調べ、自己矛盾供述を引き出して作成した検察官調書を弾劾証拠として用いることができるだろうか。実質証拠として検察官調書を使用する場合にも同種の問題は発生していた（【112】参照）。判例は、この調書を補助証拠として使用しても328に反しないとする（最判昭43・10・25 99 87c）。しかしこのような証拠を使用する手続は公判中心主義に反するアンフェアなものであり、証拠として使用すること自体許されないと考えるべきである。ただし、328の解釈・適用によってではなく、証拠禁止にあたると捉えて317により証拠能力を認めないとするほうが明快だと思う。

　第四に、補助証拠の証拠能力について。最判平18・11・7 71 は、自己矛盾供述の存在という補助事実につき厳格な証明を要すると判示し、公判廷外供述が記載されている書面に原供述者の署名・押印、または「これと同視し得る事

情」を求めた。録取過程の伝聞性を解消するための要求である。この結論が妥当か否かは、あなたが補助事実に対して厳格な証明が必要と考えるか、それとも自由な証明でよいと考えるか（【140】）により判断が分かれることになる。

【119】 伝聞法則のふりかえり

　長かった伝聞法則の学びもこれでひとまず終了である。伝聞法則に苦手意識を持つ者は多いが、以下の５つのツボを押さえて復習を繰り返せば、必ずや苦手意識を克服できるはずである。❶供述証拠の定義、伝聞証拠の定義を理解し、伝聞と非伝聞を区別できるようになること。❷諸規定の文言および趣旨を確実に理解し・記憶すること。❸登場する書面のサンプルにアクセスし、問題となっている書面を正確にイメージすること。❹個々の論点を検討する際には、伝聞法則プロパーの考慮事項（供述証拠か否か、伝聞証拠か否か、必要性と信用性の情況的保障のバランシングがポイントとなる問題なのか否か等）と、その他の問題（関連性や証拠禁止がポイントなのか）を区別すること。❺類推解釈が問題になる場合には、類推解釈を認める条件が整っているかを意識し、どのような条件が整えば類推解釈を認めてよいかを個々の論点ごとに詰めること。

　慣れてきたら、類推解釈により伝聞例外の範囲を拡大することそれ自体の問題についても考えてみてほしい。伝聞法則は法律的関連性の問題である。法律的関連性とは、裁判官を信頼せず、誤った事実認定を防ぐために事実認定者を縛る概念装置である。それなのに、裁判官（判例）が自ら類推解釈を行い、縛りをゆるめていくことを認めてよいのだろうか。裁判官を法律により縛ること、裁判官に対し法によって民主的統制を及ぼすことの重要性を意識してほしい。生きた法の世界では、伝聞例外を広く認めたうえで、裁量で証拠を絞ったり絞らなかったりしている。証拠の採否に関し裁判所はフリーハンドの状態に近いといってよい。伝聞例外規定の類推解釈を許容するか否かという問題は、証拠の採否に関する裁判所のフリーハンド状態を是認するか否かという問題と深く関連しているというのが私の考えである。これまであちらこちらで示してきた私見は、裁判官の民主的統制という観点から法改正を行う必要性を念頭に置いたものである。

【120】 証拠禁止①：違法収集証拠排除法則入門

　違法に収集された資料に証拠能力を認めないことを違法収集証拠排除法則と呼んでいる。排除法則の根拠については大きく３つの見解が示されてきた。第一に、違法捜査に対する救済策と考える見解である。証拠排除により違反手続を無意味化・無害化しようとするのである。この見解は、憲法・刑訴法の手続規定が証拠排除の要請を内在させていると捉えるので、法規範説と呼ばれている。憲法違反の手続により得た証拠の使用を憲法が許容していると考えるには無理があるので、私はこの見解が最も憲法適合的なものだと考えている。

　第二に、違法捜査はダメだと言っておきながら証拠能力を認めてしまうと、裁判所が違法捜査を是認していると受け止められ、裁判所に対する信頼が失われてしまうので証拠排除するという見解である（司法の廉潔性保持説）。

　第三に、排除することにより、捜査機関が今後そのような違法捜査をしなくなる効果を期待するという見解である（違法捜査抑止説）。

　第二と第三の見解は、手続を定める法令が直接違法排除を求めているとは解さない。諸利益を比較衡量して証拠排除するか否かを決める政策的な判断と解しているので憲法上の根拠条文を直接挙げることができない。刑訴法上は、一定基準を満たした資料が317条の「証拠」であると解釈することになるだろう。

　リーディング・ケースとなった最判昭53・9・7 73 においては、「令状主義の精神を没却するような重大な違法があり、これを証拠として許容することが、将来における違法な捜査の抑止の見地からして相当でないと認められる場合」に証拠排除すべきと述べた。違法捜査抑止説に立つものと考えられる。

【121】 証拠禁止②：自白法則入門

　憲38Ⅱは、強制等により得られた自白の証拠能力を認めてはならないと規定している。これを受け319Ⅰは、憲38Ⅱが列挙する障害事由を挙げると同時に「その他任意にされたものでない疑のある自白」という文言を付加している。不任意であることを主張・立証する責任を被告人に負わせず、その疑いが生ずれば証拠排除するよう求めていることから、書かれた法が自白を証拠排除しやすいよう配慮していることがわかる。

　しかし生きた法の世界では、任意性が肯定され、信用性も認められ、有罪と

されたが、実は冤罪であったという事案が後を絶たない。これは、319Ⅰの解釈運用に何かおかしな点があることを示唆している。

　自白法則の性格をどのように捉えるかについては激しい争いがある。第一に、不任意自白は虚偽である危険性が高いので排除する（自然的関連性や法律的関連性の問題として捉える）見解がある。第二に、黙秘権等の権利侵害を救済するために自白法則はあると捉える（証拠禁止の問題として捉える）見解がある。しかし、これらの見解によるとどのような気持を抱いて被疑者が自白したのかが任意性の立証テーマとされることになるが、これを客観的証拠によって明らかにすることは難しい。そこで第三に、違法・不当な取調を無くすために自白法則はあると捉える（証拠禁止の問題であり、かつ、違法収集証拠排除法則における抑止説の自白版と捉える見解）が登場した。この見解によれば、被疑者の心理状態を立証する必要性は低下し、取調官のふるまいが不当か否かだけを問題にすればよくなる。取調の可視化が進み、取調官のふるまいを明らかにすることが容易になりつつある現在、第三の見解は魅力的である。しかし生きた法の世界では、依然として第一や第二の見解に立っている裁判例が多い。これが、自白法則が機能不全に陥っている原因の１つである。

　なお、任意性を否定しても上訴審でひっくり返される危険性があるので、任意性をあえて肯定しつつ、信用性の領域で勝負する、と元裁判官たちは割と公然と語っている。319Ⅰを無視する運用がとられてきたことも、自白法則が機能不全に陥っている原因の１つといえよう。

【122】証拠禁止③：余罪と量刑

　余罪を量刑資料として用いてよいか。❶余罪を実質的に処罰する趣旨ならば、不告不理原則（憲31）違反、場合によっては補強法則（憲38Ⅲ）違反、後に余罪が起訴されたならば二重処罰禁止（憲39）違反となるので許されないが、❷量刑のための一事情として考慮するだけであれば許される、というのが一般的見解である（最大判昭42・7・5 72c 参照）。❶なのか❷なのかは、判決理由に書かれたテキストによって判断されている。文章作成の巧拙によってあてはめ・結論が決まるのはよろしくないので、他の証拠がほしいところである。一審を担当した裁判官を証人尋問するというのはいかがだろうか。

【123】 違法収集証拠排除法則のあてはめ①

　最判昭53・9・7 73 が定立した違法収集証拠排除の規範を、最高裁がさま
ざまな事例においてどのようにあてはめてきたかを検討しておこう（令状主義
の規制とは直接関係のない違法については判学 76 参照）。

　前述のように、最高裁は排除法則の根拠をもっぱら違法捜査の抑止に求めて
いる。違法捜査抑止説は、各種法規範が排除を直接要請するものではないと捉
えるので、さまざまな要素を比較衡量したうえで違法捜査抑止以外の他の利益
を優先させる余地を残す基準を立てる。この考え方は相対的排除説と呼ばれて
いる。この説は、手続違反を認定したうえで（最判令３・７・30参照）、手続違
反の程度はどのくらいか、手続違反がなされた状況はどのようなものであった
か、手続違反を捜査官が認識していたか否か、当該手続違反がどれほど頻繁に
起こっているか・起こりうるか、手続違反と証拠の関連性、事件の重大性、証
拠の重要性といったさまざまな要素を比較衡量する。

　それではまず、手続の違法を認めつつも証拠排除しなかった事例を検討して
ほしい。これまでの判例群をみるかぎり、❶当該処分を行う実体的要件は存在
していたこと、❷当該処分に対する被処分者の態度、❸法逸脱の程度の低さ、
❹捜査官の法軽視の意識の不存在、❺有形力行使等の有無または程度、の５要
素が証拠排除を抑制する方向に働かせていることがわかる。例えば、リーディ
ング・ケースである最判昭53・9・7 73 において最高裁は、職務質問に伴う
所持品検査等を違法としつつも、❶職務質問の要件が存在し、所持品検査の実
体的要件（必要性・緊急性）も存在していた、❷被処分者の態度が明白でなかっ
た、❸所持品検査して許容される限度をわずかに超えたにすぎない、❹令状主
義潜脱の意図が警察官になかった、❺所持品検査に際し強制等のされた跡もみ
られないことを挙げて証拠能力を認めている。その他、最判昭61・4・25 73c 、
最決昭63・9・16 73c 、最決平6・9・16 73c 、最決平7・5・30 73c 、最決
平21・9・28 73c 、最判令4・4・28のあてはめもよく検討しておくこと。

　なお、最判平15・2・14 75 および最決平21・9・28 73c では❻「証拠の重
要性」という要素も掲げられている。

　次に、排除した事例を検討してほしい。最判平15・2・14 75 である。最高
裁は、逮捕状の執行に関する手続上のミスだけでなく、その手続的な違法を糊

塗するため、逮捕状へ虚偽事項を記入し、内容虚偽の捜査報告書を作成し、公判廷において事実と反する証言をしているという事実に注目し、「本件の経緯全体を通して表れたこのような警察官の態度を総合的に考慮すれば、本件逮捕手続の違法の程度は、令状主義の精神を潜脱し、没却するような重大なもの」と評価した。違法行為後の事情もあわせて前述の❹に掲げた法軽視の態度を考慮していることがわかる。おそらく、最高裁が定立した「令状主義の精神を没却するような重大な違法」という規範は、純粋に違法の程度だけをみて判断することを求めているわけではなく、当該事案においてみられたような不当な手続が再び生じないように証拠排除という強い制裁措置をとるべきかという政策的見地から広い目で判断するよう求めているのだろう。

　以上のように最高裁があてはめていることを確認したうえで、あらためて、違法捜査抑止説と相対的排除説のセットが妥当か否かを検討し、自説を据えよう。ちなみに法規範説に立つと、少なくとも憲法が要請していることを遵守しなかった場合には問答無用で証拠排除するという厳格な基準を立てうるし、折衷的な基準を立てることもできよう。

　最後に、最高裁が定立した規範である❶「令状主義の精神を没却するような重大な違法があり」と、❷「これを証拠として許容することが将来における違法な捜査の抑制の見地からして相当でない」の関係について検討しておこう。❶または❷の要件いずれかをみたせば排除されると解する「競合説」と、❶をみたせば原則排除されるが、例外的に❷の見地から排除の必要がないと考えられる場合には証拠排除を不要と考える「重畳説」がある。

　しかし、判例テキストを読む限りは、最高裁がどのように考えているかはわからないというしかないように思う。そして、最高裁が扱ってきた事例全てにおいて、❶と❷はセットで登場し、分離して判断されたことは一度もないこと、最判昭53・9・7 73 が違法収集証拠を排除すべき根拠として明示しているのは将来の違法捜査抑制という政策的観点しかないこと、純粋に法規範違反のみを問題にして「重大な違法」の有無を判断しているわけではないことをも併せて考えたうえで、今のところ、❶と❷は同じことを言っていて、分離して検討することに意味はないという「❶❷一体説」を唱えておく。

【124】 違法収集証拠排除法則のあてはめ②

❶覚せい剤自己使用の嫌疑で被疑者を逮捕したが、この逮捕は違法であったとする。逮捕留置の間に採尿が行われ、採取した尿の中に覚せい剤成分が検出されたとする鑑定書が作成された。採尿手続を単体でみた場合、法令違反行為はなかったとしよう。逮捕が違法でも採尿手続に違法はないから鑑定書を証拠排除しなくてもよいだろうか。

❷違法な無令状捜索が行われ、被疑者が書いた犯行メモ（第一次証拠）が差し押さえられた。この犯行メモには凶器を隠した場所が記載されていた。このメモを根拠に捜索差押許可状が発付され、捜査機関が捜索を行い、凶器（第二次証拠）を発見して差し押さえた。凶器の捜索差押手続を単体でみた場合、法令違反行為はなかったとしよう。犯行メモの捜索差押が違法でも凶器の捜索差押手続に違法はないから凶器を証拠排除しなくてもよいだろうか。

❶❷はいずれも、違法収集証拠排除法則をどこまで波及させるかという問題として論じられている。学界では、❶と❷を一応区別して論ずる（❶がいわゆる違法承継の問題、❷がいわゆる毒樹の果実の問題）のが通例だが、判例群は両者を特に区別することなく同じように処理しているようにみえる（❶に相当するものとして、最判昭61・4・25[74]および最判平15・2・14[75]における尿の鑑定書に関する判示部分参照。❷に相当するものとして、最判平15・2・14[75]における覚せい剤等に関する判示部分参照）。判例理論を大雑把に一言で表現すれば、「先行手続に重大違法があり、先行手続と後続手続とが密接に関連している場合には、後続手続により得られた証拠も排除する」ということになると思う。そして多くの論者がこの解釈を受け容れている。先行手続により得られた資料を証拠排除しても、後続の手続により得られた資料に証拠能力を認めたのでは違法収集証拠排除法則の趣旨が無になってしまうからである。

ただし、判例群を細かくみていくとあいまいなところも多数あるし、論理的でないようにみえるところもある。さまざまな評釈を調べて判例群の意義と射程についてじっくり検討してみよう。

さて、それでは、先行手続と後続の手続との密接関連性をどのように判断するかが問題になるが、判例は、「同一目的・直接利用」（最判昭61・4・25[74]）や、先行手続がとられた当日に後続手続がとられたこと（最判平15・2・14[75]に

おける覚せい剤等に関する判示部分）を、積極方向の事情として用いている。逆に消極方向の事情として挙げられてきたのは、毒樹の果実論の用語を用いると、❶被疑者が後続手続に応じた（最判昭61・4・25⑭）とか、司法手続が介在した（最判平15・2・14⑮における覚せい剤等に関する判示部分、最決平21・9・28⑮c）等、「希釈法理」に該当する事情、②違法手続とは関連性のない他の適法手続により発見されていたであろう（最判平15・2・14⑮における覚せい剤等に関する判示部分）という「不可避的発見の法理」に該当する事情である。排除法則の趣旨を害するようなあてはめになっていないかという観点から、これらの事情を用いたあてはめの当否もよく検討しておこう。

　最後に、違法収集証拠に関する他の論点をまとめて紹介しよう。第一に、被告人が同意している場合は証拠能力を認めてよいだろうか。司法の廉潔性説や違法捜査抑止説によると排除法則は被告人の権利ではないので、否定されることになる。法規範説によると、排除法則は被告人の権利であるから、権利放棄することを認めるのであれば肯定されることになる。「証拠排除の結果証拠が存在しなくなったために証明不十分で無罪となるのは嫌だ、完膚なきまでに無実を証明して、被告人は犯人ではないと裁判所に断言してもらいたい！」と思っている被告人の気持ちを無視できないので、私は権利放棄を認めたい。

　第二に、違法な手続を受けたのが第三者であった場合、証拠排除を申し立てる資格が被告人に認められるだろうか。どの説に立っても認められるだろう。排除法則を内在させている憲法・刑事訴訟法を正しく適用せよ（法規範説）、公明正大な司法を維持せよ（司法の廉潔性説）、将来の違法捜査を抑制せよ（違法捜査抑止説）と主張をする資格は被告人にない、と唱える根拠は見出せない。

　第三に、私人による違法収集証拠は排除すべきか。捜査機関が依頼するなど捜査の一環として私人が関与した場合は、捜査機関と一体と考え、証拠排除されうる。そうでない場合、違法捜査抑止説によると、捜査機関の違法捜査を抑止することにはならないから排除しないという結論になる。司法の廉潔性説からは、汚い証拠であることには変わらないのであるから排除すべしという結論になりうる。法規範説からは、私人が証拠収集したという法規範違反が認められるので、排除すべしという結論になりうる。

【125】自白の意義

　学修が進んできたところで、自白の定義について説明しておこう。自白とは、自己の犯罪事実の全部または主要部分を肯定する供述を意味する。有罪であることまで肯定している必要はない。構成要件事実を肯定しつつ、正当防衛などの違法阻却事由や責任能力なしなどの責任阻却事由を主張していても、主要部分を肯定する供述なので、自白として扱われる。

　このような定義づけをしなければならないのは、類似概念と区別する必要があるからである。322は「不利益事実の承認」という文言を置いている。犯行日時に犯行現場付近にいたことを認めるなど、自己に不利益な間接事実の承認なども含む、自白より広い概念である。逆に、自白より狭い概念もある。291の２が規定している「有罪である旨を陳述」である。これは、構成要件事実を認め、違法・責任阻却事由も主張せず、有罪を承認する被告人の意思表示を意味する。これがあると、さまざまな制約から解放される簡易公判手続に移行できる（291の２、307の２、320Ⅱ参照）。また、同様にさまざまな制約から解放される即決裁判手続の申立がなされていた場合には即決裁判手続により審判する旨の決定をしなければならない（350の22）。有罪陳述があると法律は一気に緊張を解き、効率性を優先させる手続に移行させようとするのだ。

　英米ではさらに効率性を重視した有罪答弁制度というものを設けている。有罪であると被告人が答弁すると、なんと証拠調を省略してすぐさま量刑手続に入ってしまうのである。しかし319Ⅲは、有罪の自認も自白法則や補強法則の適用を受けると規定し、有罪答弁制度を採用しないことを宣言している。冤罪防止という観点からは妥当な選択だといえよう。もっとも、最近は政治の世界で刑事手続の効率化を強く進めているので、その採用が政治的議題として正式に取り上げられる時がすぐ近くまでやってきているのかもしれない。

【126】自白法則に関する解釈論上のツボ

　【121】で述べたように、自白法則の趣旨をどのように捉えるかにより319Ⅰの解釈やあてはめが変わってくるので、まず重要点を確認しておこう。第一に挙げた、「不任意自白は虚偽である危険性が高いので排除する」と考える見解は虚偽排除説と呼ばれている。第二に挙げた、「黙秘権等の権利侵害を救済す

るために自白法則はある」と考える見解は人権擁護説と呼ばれている。両者は
ともに被疑者の内心を問題にするので、「任意性説」と一括りにされることも
多い。第三に挙げた、「違法・不当な取調を無意味化する、あるいはなくすた
めに自白法則はある」と考える見解は違法排除説と呼ばれている。

　任意性説と違法排除説の決定的な相違は、以下の点に見出される（ただし学
説にはさまざまなヴァリエーションがあることに注意）。すなわち、「その他任意に
されたものでない疑のある自白」かが問題になった場合、任意性説は、この文
言を文理解釈する。そして、虚偽自白を誘発する危険性の高い取調、あるい
は、供述の自由を侵害する危険性の高い取調と一般的には認められたとして
も、当該事件固有の状況を検討し、当該事件の被疑者自身は任意に供述してい
たと証明できれば、疑いは払拭されたとして自白に証拠能力を認める。

　例えば、両手に手錠をかけられた状態で取調がなされた事案について最高裁
は、「その心身になんらかの圧迫を受け、任意の供述は期待できないものと推
定せられ、反証のない限りその供述の任意性につき一応の疑いをさしはさむべ
きであると解するのが相当である。しかし、本件においては、原判決は証拠に
基づき、検察官は被告人らに手錠を施したまゝ取調を行つたけれども、終始お
だやかな雰囲気のうちに取調を進め、被告人らの検察官に対する供述は、すべ
て任意になされたものであることが明らかであると認定している」から証拠能
力が認められると述べている（最判昭38・9・13）。

　「強制、拷問又は脅迫による自白、不当に長く抑留又は拘禁された後の自白」
については、これらに該当するが被疑者は任意に自白したのでOKと主張・立
証することを正面から認める見解はさすがにないようだが、これらの事由と自
白との因果関係がないことを立証すれば自白法則を適用しなくてもよいと解す
るのが一般なので、結局、任意性立証を裏から許しているのと同じである。

　これに対し、違法排除説（違法収集証拠排除法則について厳格な法規範説をと
り、それと自白法則は同じものと解した場合）は、個別の事件において実際に任意
だったかを問題にするのではなく、一般的に任意性に影響を与えるような不当
な取調があったかを問題にする。「任意にされたものでない疑のある自白」と
は、「不任意自白をもたらしうる不当な捜査に基づく自白」と解釈され、あて
はめられることになる。したがって、「少なくとも本件被疑者は任意に供述し

た」という任意性立証を許さない（ただし、違法収集証拠排除法則について司法の廉潔性説や違法捜査抑止説に立ち、それと自白法則は同じものと解した場合は、当該被疑者が任意に供述したという事情や、取調官に悪気はなかったといった事情を考慮し、違法の重大性を否定することを認めるだろう。しかしそれでは任意性説と異なるあてはめ・結論はほとんどでてこない）。

　「強制、拷問又は脅迫による自白、不当に長く抑留又は拘禁された後の自白」の該当性判断も同様で、これらの事由と当該自白との因果関係なしという主張・立証は許さない。

　なお、301の２Ⅰは、供述を録音・録画した記録媒体を任意性立証に用いることを想定した規定の仕方をしている。拷問を加えた等のわかりやすいケースであればともかく、そうでない場合には、仮に任意性説に立った場合、かえって判断を誤らせることになりはしないか。記録媒体を見たかぎりでは自発的に自白をしているので問題なしとされ有罪判決が出たが実は冤罪だったという事件が数多くアメリカで報告されている。われわれ素人は、記録媒体をちょっと見たくらいで、赤の他人である被疑者の内心を理解することなどできないのだ。そこで、自然的・法律的関連性なしとして任意性立証のための使用を認めないのを原則とすべきである。ただし、心理学者等の専門家が多数の記録媒体を分析して、素人目には気づかないが不当な取調手法や不当な取調環境だといえるものを抽出し、一般化するという研究は必要だと思う。取調の改善および自白法則の進展に大いに寄与することとなろう。

【127】自白法則のあてはめ①

　さて、自白法則のあてはめ問題へと話を進めたいのだが、少々やっかいな状況がある。判断基準を一般的に示した判例もなく事例判例ばかりであり、かつ、そもそも最近の最高裁判例がほとんどないのである。昭和20〜40年代に出されたものが多く、違法収集証拠排除法則の採用を宣言した最判昭53・9・7 73 以降、自白法則に関する判例はほとんど出されていない。最高裁は、自白法則に関してはなぜか寡黙になっているのだ（自白の信用性に関してはそれなりに判断を示してきているのに）。このため指標が十分に示されず、自白法則を活性化させようとする動きが生じにくくなっているように思う。

　このような問題があるので、「最高裁判例を検討して生きた法を理解したうえであるべき法を模索する」といういつもの手法をとりにくい。判例の検討については、取り上げられることの多い少数の判例を押さえ、違法排除説よりの書き方をするものもあるが基本的には任意性説にもとづくあてはめをしていることを理解しておく程度でよいと思う。取り上げられることの多い最高裁判例として、以下のものを挙げておく。❶黙秘権を告知しなかったという事情から直ちに任意性が否定されるわけではないとしたもの（最判昭25・11・21 80c 等）、❷違法逮捕中になされた自白だからといって直ちに証拠能力が否定されるわけではないと判示したもの（最判昭27・11・25）、❸起訴猶予の約束により得られた自白に証拠能力を認めなかったもの（最判昭41・7・1 78 ）、❹偽計による自白に証拠能力を認めなかったもの（最大判昭45・11・25 79 ）、❺接見妨害があっても自白に証拠能力を認めたもの（最決平元・1・23 81 ）である。

　さて、みなさんはどのような自説を組み立てるのだろうか。私は今のところ違法排除説に立ち、かなりリジッドな法規範説をとるが、このように解するならば、代用監獄に拘禁されている中での自白は捜査と拘禁分離原則違反の手続中の自白であるから全て排除すべきこととなり、198に違反して取調受忍義務を課した取調による自白も全て排除すべきこととなる。自白法則はこのように、捜査実務を一変させるだけの力を本来有しているはずなのである。しかし、その力を十分に発揮できていないのが現状である。違法排除説は非現実的だと批判する論者も多いが、そのような論者は、さまざまな事柄を忖度しすぎていないか、自問してみるべきではなかろうか。

【128】 自白法則のあてはめ②

　違法排除説に立った場合、319Ⅰに該当する自白がなされた後、再度取り調べられた結果再度自白がなされたという、いわゆる反復自白のケースについては、【124】で述べた排除法則の波及効の問題と同じように処理すればよい。任意性説に立った場合は、再度の自白の任意性を検討すると同時に、自白法則とは別個に違法収集証拠排除法則に基づいて判断することになる。捜査官に対する反復自白に関する判例として最判昭32・7・19 80c 、裁判官に対する反復自白に関する事例として最判昭58・7・12 83 参照。

【129】 補強法則の意義

　憲38Ⅲは「自己に不利益な唯一の証拠が本人の自白である場合には、有罪と
され」ないと規定し、これを受けて319Ⅱは「被告人は、公判廷における自白
であると否とを問わず、その自白が自己に不利益な唯一の証拠である場合に
は、有罪とされない」と規定している。これらを補強法則という。自白以外の
証拠は自白を補強するものなので「補強証拠」と呼び、補強証拠を求める法則
なので「補強法則」と呼んでいるのである。自白の証明力を制限していること
になるので、この法則は自由心証主義（318）の例外と考えられている。

　補強法則の趣旨は、❶自白が過度に信用されやすい証拠であることに鑑み、
他の証拠をも求めることにより誤判を防止することである。なお301は、犯罪
事実に関する他の証拠が取り調べられた後でなければ公判期日外でなされた自
白の証拠調請求はできないと規定し、最初に自白に触れて抱いてしまった先入
観に引きずられて他の証拠も評価してしまう危険を抑えようとしているので、
関連規定として憶えておこう。また、❷自白だけで有罪にできるとすると、捜
査機関が地道な捜査を行わず、自白を強要して一丁上がりとするお手軽かつ人
権侵害甚だしい捜査を行う危険性があるので、それを防止するという目的もあ
る（❷を補強法則の趣旨に含めるか否かについては争いがある）。

　ところで、❶❷に照らし、自白と同様に危険な証拠に補強法則を準用しても
よいはずである。共犯者とされる者の供述については議論がある（【136】）が、
第三者の目撃供述や情況証拠についても議論が必要である。実は最高裁は、
「情況証拠によって認められる間接事実中に、被告人が犯人でないとしたなら
ば合理的に説明することができない（あるいは、少なくとも説明が極めて困難であ
る）事実関係が含まれていることを要する」という判例を出している（最判平
22・4・27 89）。これを、証明力の微小な証拠を多数集めて「合わせて一本」
と推認することを禁じたものと捉えるならば、補強法則と同種の証明力制限
ルールを最高裁が設けたと評価できる。

【130】 補強の範囲①

　補強法則につき、明文規定がないため解釈を要する点がいくつかある。ま
ず、補強の範囲が問題になる。この点につき、❶範囲を形式的に定める必要は

なく、自白とあいまって自白の真実性を担保できればよいとする見解（実質説）
がある。ただし純然たる補助証拠（取調が穏やかに行われたことを示す証拠等）で
はおそらくダメで、何らかの形で罪体の一部を証明するものが求められている
ことに注意する必要がある。この見解は補強証拠の趣旨を「自白だけによっ
て、客観的には架空な、空中楼閣的な事実が犯罪としてでっち上げられる危
険」の防止と捉えている（最判昭24・4・7）。したがって、架空ではないこと
を示す客観的な何かがあればよいのであり、その何かは事件によって異なりう
るので、補強証拠の範囲を一律に定めることは不要と考えるのである。

　これに対し、❷罪体（犯罪の客観的側面）の主要部分につき補強証拠が必要と
する見解（形式説。罪体説ともいう）がある。罪体のどこを主要部分と捉えるか
により、この説はさらに3つに分かれる。❷a：客観的な被害が発生したとい
う事実（例えば「Aが死んだ」という事実。Aの死体等が必要）、❷b：その被害は
犯罪行為によるものであったという事実（例えば「Aが死んだのは何者かにより首
を絞められたためである」という事実。絞殺されたことを示す証拠が必要）、❷c：そ
の被害は被告人によるものであったという事実（例えば「Aが死んだのは被告人が
首を絞めたからである」という事実。被告人が絞殺したことを示す証拠が必要）である。

　判例は実質説を採っているようである（強盗事件につき被告人が強盗に参加した
事実を補強不要とした最判昭23・10・30 86c 、強盗致傷事件につき強盗の部分を補強
不要とした最判昭和24・4・30 86c 、盗品有償あっせん事件につき、有償あっせんの部分
を補強不要とした最決昭和29・5・4 86c 等）。ただし形式説のような書きぶりの
ものもある（無免許運転事件につき、運転行為のみならず運転免許を受けていなかっ
たことについても補強証拠を必要とした最判昭42・12・21 86 ）。「空中楼閣的な事実
が犯罪としてでっち上げられる危険」を防ぐために（車を運転した事実それ自体
はニュートラルなものであり、運転免許を受けていなかった事実が加わらないと犯罪に
ならないことに注意）この事件ではそのような補強証拠が必要と判断した事例判
例と捉えておこう。

　さて、どの見解が妥当か。滅多に生じない「空中楼閣的な事実が犯罪として
でっち上げられる」事件にのみ対処しようとする❶は、補強法則をほぼ無意味
化するものである。滅多に生じない「犯罪被害を示す証拠がないのに捜査を開
始した」事件にのみ対処しようとする❷aおよび❷bも同様である。自白が強

要されるのは、「犯罪が発生したことはわかっているが、誰が犯人かがわからない」ときである。補強法則の目標を自白強要の防止に置くならば、❷cを採る以外の途はない。それでは捜査機関に酷だというので❷bにとどめる見解が一般的だが、科学的捜査手法等が発展し、警察官を増員し続けている現在の状況は刑訴法制定当時とは全く異なるし、補強証拠に高度の証明力を要求しているわけでもない（【132】）から、❷cはことさら酷な見解ではない。

【131】 補強の範囲②

　罪体説に立つ場合、補強の範囲についてさらに2点問題になる。第一に、ある事実が罪体すなわち「犯罪の客観的側面」なのか、それとも「犯罪の主観的側面」なのかが争われることがある。刑訴の世界では「主観 subject」は「主体」「属性」と表現したほうがよい概念なので混乱が生じるのである。例えば、無免許運転罪における「無免許」という要件を「身分犯における身分」と捉えるならば「主観的側面」（当該運転者の属性）なので罪体には含まれず、補強証拠不要と解される（最判昭42・12・21 86 の原判決）。自動車を運転することそれ自体を「犯罪」と呼ぶことはできず、無免許運転罪の「無免許」は犯罪の中核的部分だと捉えると、罪体に含まれるという主張になる。

　第二に、違法阻却事由や責任阻却事由は罪体に含まれないので、実体法（刑法）の解釈によりあてはめが変わることがある。覚せい剤所持・譲渡・使用罪における「法定の除外事由がないこと」（例えば覚取14 I 参照）を違法阻却事由と捉えるならば、罪体には含まれないので補強証拠不要となる（東京高判昭56・6・29 86c ）。構成要件要素と捉えるならば補強証拠が必要となる。

【132】 補強証拠の証明力

　補強証拠にはどの程度の証明力が要求されるか。❶自白と補強証拠とがあいまって自白にかかる事実を証明できればよいとする考え方（相対説。最判昭24・4・7）と、❷補強証拠だけで事実を立証できる一応の証明力が必要だとする考え方（絶対説）がある。形式説をとる者はここで❷をとることになる。❶は実質説と結びつきやすいが必然的とまではいえないかもしれない。

【133】補強証拠の適格性

　補強証拠も犯罪事実を認定するための証拠であるから、厳格な証明（【140】参照）の対象となり証拠能力を要すると考えるのが一般的である。ただ、被告人の自白を補強する証拠なのであるから、問題となっている自白以外の被告人の供述があり、証拠能力の要件を満たしていても、それを補強証拠としてはならないようにも思える。しかし最高裁は、「被告人が犯罪の嫌疑を受ける前にこれと関係なく、自らその販売未収金関係を備忘のため、闇米と配給米とを問わず、その都度記入した」備忘録は、「被告人の自白と目すべきものではなく」、（322Ⅰではなく）323②の書面として証拠能力を有し、補強証拠となるという事例判例を出している（最決昭32・11・2 [2-88]）。被告人の供述とはいえ自白から独立しているので自白の証明力を誤らせる危険があまりないものや、捜査機関による自白強要の危険があまりないものであれば、補強証拠適格を認めてよいという考えに基づいているのだろう。

　なお判例は、公判廷の自白は憲38Ⅲ「本人の自白」に含まれない（ので補強証拠不要）と解している（最大判昭23・7・29。公判廷自白にも補強証拠を求める319Ⅱは「憲法の趣旨を一歩前進せしめ」たものだという。最大判昭24・6・29参照）ので、公判廷外の自白を公判廷自白で補強することは違憲ではないことになる（319Ⅱがあるため現在はそのような処理はできないが旧法が適用される事件ではそのような処理を認めていた）。

　最高裁がこのような判断を示したのは、憲法を改正することなく有罪答弁制度（【125】参照）を日本に導入する可能性を残すためなのかもしれない（2016年の刑訴法改正の際にもこの制度の導入が議論の対象となったが、導入は見送られた）。しかし、取調官が傍聴席に座ってプレッシャーをかけたり、公判廷で否認に転じたことを理由に検察官が「被告人取調」を行って否認を撤回させたりすることもある日本の現状に鑑みると、公判廷は自白の証明力を誤らせる危険が低い場所とはいえず、捜査機関による自白強要の危険が及ばない安全地帯ともいえない。憲38Ⅱ「本人の自白」は公判廷自白も含むと解すべきである。

　なお、被告人の供述以外に、共犯者とされている人物の供述にも補強証拠適格を認めるべきでないという議論がなされている。これについては【136】参照。

【134】 共犯者たる共同被告人を証拠にする方法

　自己負罪拒否特権、反対審問権、伝聞法則、補強法則などを学んだところ
で、いわゆる共犯者の供述（共犯者の自白）の取扱を検討しよう。最初に検討
のポイントをおさえておく。以下、「被告人Aに対する証拠として共犯者とさ
れるXの供述を得ようとしている」という想定で話を進めていこう。

　第一に、Xの公判廷供述をどのような方法で得るかが問題となる。前提知識
としてまず「弁論の併合」という手続を理解しておこう。裁判所は、適当と認
めるときは、弁論を併合または分離することができる（313Ⅰ）。本条に言う「弁
論」とは公判手続全体を意味する。複数の事件を1つの手続により審判するこ
とを弁論の併合という。1人の被告人に対する複数事件を併合する場合（客観
的併合）と、複数の被告人が関わっているとされる事件を併合する場合（主観
的併合）がある。共犯事件の場合には主観的併合がなされることが多い。同一
の事件なのだから共通する証拠も多く、同一の手続で審理を進めることは訴訟
経済に資するし、同一の裁判所が事実認定・量刑を行うので事実認定や量刑を
そろえることもできるからだ。併合を受けた被告人は共同被告人と呼ばれる。

　したがって、共犯者Xに供述してもらってそれを被告人Aに対する証拠とし
て用いたい場合、Xは共同被告人の地位にあるわけだから、普通に考えれば被
告人質問によることになる（311ⅡⅢ）。しかし被告人質問によってAに望まし
い供述を得ることができるだろうか。例えば、Xは検察官の主質問に流ちょう
に答え、「本件の実行に際して主導的役割を果たしたのはAである。自分（X）
はAに脅されてわずかな部分を手伝わされたにすぎない」と答えたとしよう。
Aの弁護人はXに反対質問し、主導的役割を果たしたのは実はXであって、A
が主導的役割を果たしたというのは嘘八百であることを明らかにしたい。しか
し共同被告人Xは黙秘権を有している（311Ⅰ）から、答えてくれないかもしれ
ない。どうすればよいだろうか。この問題は【135】で扱う。

　第二に、Xの公判廷外供述の取扱が問題となる。公判廷外でなされたXの供
述を証拠として用いようとする場合である。伝聞例外要件をクリアーしなけれ
ばならないが、さて、どの条文が問題になるのだろうか。書面だと「被告人」
の自白を扱う322だろうか。それとも、AにとってXは第三者だから、第三者
供述として321Ⅰ①②③が適用されるのか。この問題も【135】で扱う。

　第三に、補強法則の適用が問題となる。Aが否認しており、積極証拠はX供述しかない場合、補強証拠のないX供述のみを用いてAを有罪としてよいだろうか。また、Aが自白している場合はどうか。X供述をAの自白の補強証拠としてよいだろうか。この問題は【136】で扱う。

【135】共犯者たる共同被告人の証人適格・共犯者供述の証拠能力

　【134】で述べたように、共同被告人Xに被告人質問を行って公判廷供述を得ようとしても、黙秘権を行使されてしまう危険がある。そこで、共同被告人Xを証人尋問したらどうか。この方法によると、証言拒絶権（146〜149）が及ぶ事項を除き供述義務を負わせることができる。2016年の法改正により刑事免責制度（157の2、157の3）が導入され、146の証言拒絶権をはく奪することも可能となった（【054】参照）。

　しかし、被告人の証人適格は認められていない。共同被告人も同様である。刑訴法に定めのある場合（144、145）を除き、何人にも証人適格（証人となしうる資格）があると刑訴法は規定している（143）が、理論上、被告人や共同被告人に証人適格はないと解されている（ちなみに、当該事件を担当している最中の裁判官、書記官、検察官、弁護人といった訴訟関係人もまた然り）。黙秘権と供述義務の負荷とは両立しないからである。ただし、被告人が自ら黙秘権を放棄すれば、証人適格を認めることは理論上可能かもしれない（英米ではそのように運用されている）。しかし日本の刑訴法は被告人質問の規定しか置いていないので、被告人が証人となることを認めていないと解されている。

　以上のように、Xが共同被告人の地位にある限り、証人適格を認めることはできない。そこで実務では、審理の途中で弁論を分離する（313Ⅰ）という方策をとっている。つまり、Xの審判を別の手続で行うと決定するのである。Xはもはや共同「被告人」ではなく「第三者」となるので、Aの公判で証人尋問することが可能となるというわけである（最判昭35・9・9[53]）。Xは黙秘権を失うが証言拒絶権は保持しているし、Aは思う存分反対尋問ができるので、win-winの関係になるという理由による。そして証人尋問が終わるとまた弁論を併合し、Xは再び共同被告人となる。

　この方法は実務で定着しているが、証言拒絶権を行使することは自己の有罪

を認めるに等しいので行使できず（あらゆる質問に黙秘できる包括的黙秘権に比較し、146の証言拒絶権は「自己が刑事訴追を受け、又は有罪判決を受ける虞のある」事項しか拒めないことに注意）、Ｘの黙秘権侵害という結果を招いてしまう等の批判が今なお強くなされている。刑事免責制度が用いられると、証言拒絶権もはく奪されてしまう。使用免責があるにはあるが、自己に不利益な事実を自ら語ったことが事実認定者に何ら影響を与えないと言い切ることはできない。Ｘはよりシビアな環境に置かれることになろう。このように批判する者は、例えば、弁論の分離をせず、被告人質問のみ行えるとしてＸの黙秘権を保障し、その代わり、Ｘの供述全てには証拠能力を認めず、Ａ側の反対質問に答えた限度において証拠能力を認めることにして、Ａの防御権にも配慮する見解を唱える。こちらのほうがより良き win-win の関係といえる。

　次に、Ｘの公判廷外供述の取扱について説明しよう。❶Ｘの公判廷外供述（書面）をＡに対する証拠として使おうとする場合、共同「被告人」なのだから322によるとの見解もあるが、判例はＡとの関係では第三者なのであるから321Ⅰによるとする（検面調書につき最決昭27・12・11参照）。したがって、検面調書を例にとると、Ｘが被告人質問に黙秘したり、弁論分離され証人喚問されても証言を拒んだりした場合に321Ⅰ②前の供述不能要件が満たされることになる（類推適用だが）。被告人質問に答えるのであれ証言であれ、調書とは相反するか実質的に異なる供述をした場合は、相対的特信情況の立証が検察官からあり、かつ、調書に関する反対質問または反対尋問がなされたならば、321Ⅰ②後の要件が満たされることになる。

　❷弁論分離され「第三者たるＡ」の公判でＸが証人尋問を受けた場合、証人尋問調書という書面が作成される。これを弁論併合されて再び共同被告人となったＸ自身に対する証拠として使うことはできるか。できるとするのが判例である（最判昭35・9・9 [53]）。実務では被告人供述と捉えて322により証拠能力が認められている。包括的黙秘権の保障がない中での供述に対し、極めて緩い要件を規定している322により証拠能力を認めることには批判が強い。黙秘権の保障がない中での供述であるから証拠禁止とすべきであろう。なお、刑事免責制度による場合は、Ｘに不利益な証拠として使用することはできない（157の2Ⅰ、157の3Ⅰ）。

【136】共犯者供述と補強法則

　第一に、Aが否認している場合に補強証拠のないX供述のみを用いてAを有罪とできるかという問題について。これは、共犯者供述にも補強証拠を要するかという問題である。憲38Ⅲ「本人の自白」、319Ⅱ「その自白」を文理解釈すると、いずれも「被告人の自白」を意味することとなり、XはAとの関係では第三者であるからX供述に319Ⅱは適用されず、補強証拠のないX供述に基づいてAを有罪にすることができる。判例はそのように処理している（最大判昭33・5・28[87c]、最判昭51・10・28[87]）。

　しかし、共犯者供述の信用性評価は非常に難しい。冤罪者は全く当該犯罪に関わっていないため、その自白については、内容の全てが嘘か否かを判断すればよいことが多い。しかし真犯人たる共犯者が自白する場合は、真実の体験に基づくリアルな供述となる。リアルな供述の中に、Aに責任転嫁を図るべくちょこちょこと嘘を織り交ぜていくため、どこまでが嘘で、どこまでが真実なのかを判断しなければならない。この非常に困難な作業、判断を誤る危険の高い作業の性格に鑑みると、319Ⅱを準用すべきである。

　第二に、Aが自白している場合にX供述をAの自白の補強証拠とできるかという問題について。これは、共犯者供述に補強証拠適格を認めるかという問題である。補強法則の趣旨と相いれない証拠か否かで決することになる（【133】）。

　判例は補強証拠適格を認めている（最大判昭23・7・19）。A、X、共に自白しているならば責任転嫁や引っ張り込みの危険はないので証明力評価を誤る危険は低いと考えているのだろう。

　しかし、補強法則の趣旨には「自白強要の危険防止」もある。捜査機関は、AとXを犯人と見立てたのであれば、何が何でもAにもXにも見立てと一致する内容の自白をさせようとするはずだ。2人の自白は、捜査機関が不当な強制・暗示・誘導を2人にかけた結果なのかもしれない。しかし世の中には、「複数人がそろって同内容の自白をしているのだから信用性が高い」などと考えてしまう人も依然として多い。となるとこれは、「自白強要の危険防止」も「証明力を誤らせる危険」も共に高い状況だということになる。やはり、X供述の補強証拠適格は否定されるべきだ。

【137】 事実認定に関する諸原則

　事実の認定は、証拠による（317）。これを証拠裁判主義という。証拠による事実認定については３つの基本原則がある。

　第一に、証拠の証明力は、裁判官の自由な判断に委ねる（318）。これを自由心証主義という。対立するポリシーは、法定証拠主義である。証拠の証明力をあらかじめ法律で定めておくというものである。日本でも明治の初期までは法定証拠主義が採用されており、有罪判決を出すには被告人の自白がなければならなかった。そして自白を引き出すために拷問が公式に認められていた。この拷問に伴う人権侵害の歴史に終止符を打つべく自由心証主義が採用されたのである。したがって、「自由」とは、証拠の証明力を法律で定めないという意味にすぎず、裁判官が好き勝手に証拠を評価してよいというわけではない。

　そこで、証拠評価に関する裁判官の裁量逸脱を防止する必要が生じる。忌避（21）、合議（裁26）、公開（憲37、82）、証拠能力（317）、判決理由（44）、起訴状一本主義（256Ⅵ）、上訴（上訴され、破棄されるかもしれないというプレッシャーを与える）などの制度が用意されている。もっとも、これらの制度が実務において十分に機能しているか、検証が必要である。

　第二に、刑事裁判における証明責任は検察官にある。証明責任とは、証明がなされなかった場合に不利益を受ける地位を意味する。検察官の主張、被告人の主張、いずれが正しいかわからないときは、検察官が負けるのである。

　第三に、訴因どおりの犯罪があった、被告人が犯人である、として有罪判決を出すためには、合理的疑いを差し挟む余地がない証明（proof beyond reasonable doubt）が必要である。「疑い doubt」とは無罪の可能性を指す。なお、有罪の可能性を指したい場合は「嫌疑 suspicion」という語を使う。

　この定式は、刑事裁判における証明の程度が非常に高度なものであることを示している。最高裁も、情況証拠による事実認定の場合に、「情況証拠によって認められる間接事実中に、被告人が犯人でないとしたならば合理的に説明することができない（あるいは、少なくとも説明が極めて困難である）事実関係が含まれていることを要する」と判示し（最判平22・4・27 89 ）、そのような状態でないと合理的疑いを差し挟む余地がない証明があったとは言えないとのメッセージを発している。

　もっとも日本では、合理的疑いを差し挟む余地がない証明の定義中に、❶「裁判官が自らの良心に照らして確実と考える」ことと、❷「合理的判断力をもつ一般人を納得させうるような資料と論理法則に支えられた」心証であることの２要素を含めてきた。最高裁も、「抽象的な可能性としては反対事実が存在するとの疑いをいれる余地があっても、健全な社会常識に照らして、その疑いに合理性がないと一般的に判断される」場合には合理的疑いを差し挟む余地がない証明ありと述べ（最決平19・10・16⟨88⟩）、❷の客観的要素を強調している。しかし、この定義でよいかは議論の余地がある（【147】）。

　なお、この合理的疑いを差し挟む余地がない証明原則と関連して、択一的認定の可否が問題とされることがある（札幌高判昭61・3・24⟨90⟩）。Ａ罪またはＢ罪を被告人が犯したことは確かなのだがどちらなのか特定できない場合に、「Ａ罪またはＢ罪で有罪」という判決を出すことができるかという問題である。できないと考える見解が主流である。Ａ・Ｂいずれについても合理的疑いを差し挟む余地がない証明がないこと、そして、「ＡまたはＢ」という犯罪構成要件を作り出しているのに等しいので罪刑法定主義に反することがその理由である。

【138】適正な証拠評価

　自由心証主義のもとにおいて、どのような証拠評価方法をとるのが合理的といえるか。実務においては、❶供述内容の具体性、迫真性、詳細性に着目し、細部にこだわることなく証拠全体から得た印象を重視する「直観的・主観的評価方法」をとる裁判官と、❷供述内容の変遷状況や客観的証拠との整合性等に着目する「分析的・客観的評価方法」をとる裁判官がいると評されている。直観に頼る❶よりも❷のほうが良いのだが、この❷の方法がよるべき準則（経験則、論理則、注意則）がいささか心もとない。誰もが同意する確固たる経験則はほとんどない。論理則に違反するような裁判官はほとんどいないと思いたい。証拠を検討する際のチェックポイントとなる「注意則」（自白と客観的証拠との符合性に注意せよ等）も抽出されてきているが、発展途上である。

　そのため、証拠評価が妥当であるか否かについて決着をつけるのは、最終的に合理的疑いがあるか否かである。しかしながら、この合理的疑いの定義には問題があり、合理的疑いの高度化をもたらしている（【147】）。

【139】 証拠・証明に関する用語

　証拠能力や事実認定について学修を進めてきたところで、この領域においてよく用いられている講学上の概念・用語を整理しておこう。

　まずは「証明」の定義をおさえておこう。証明とは、事実の存否につき裁判官が一定の心証を得ること、または、裁判官にこのような心証を得させることをいう。通常は「合理的疑いを差し挟む余地のない」程度の心証が必要であり、「狭義の証明」と呼ばれている。例外として、一応確からしいという程度の心証でよいとされる場合がある。これは「疎明」と呼ばれている（19Ⅲ、206Ⅰ、227Ⅱ、382の2Ⅲ、383参照）。

　次に、証拠に関する用語をおさえておこう。第一に、「証拠方法」と「証拠資料」の区別がある。証拠方法とは、事実認定の資料となる媒体を意味する。証拠資料とは、証拠方法を取り調べた結果得られた情報を意味する。証人が出廷して証言した場合、証人が証拠方法である。得られた証言が証拠資料である。

　証拠方法により、公開法廷で行われる証拠調のやり方は異なるので、セットで学んでおこう。❶証拠方法が人である場合、「人的証拠」または「人証」と呼ばれる。口頭で供述を得る場合、証拠調の方法は「尋問」である（304）。ただし被告人には「質問」となる（311Ⅰ参照）。人の体を見るなどして情報を得る場合には、「身体検査」（131参照）となる。❷凶器のナイフや使用した覚せい剤粉末などの証拠方法は、「証拠物」と呼ばれる。証拠調の方法は「展示」（その物を示すこと）である（306）。❸証拠が書面の形をとる場合、「証拠書類」または「書証」と呼ばれる。書面の内容を知りたい場合、証拠調の方法は「朗読」である（305Ⅰ～Ⅳ）。規203の2は、朗読に代えて要旨の告知でよいとしているが、規則による法改正に等しく、疑問である。書面の内容だけでなくその状態等も知りたい場合、「証拠物たる書面」と呼ばれ、証拠調の方法は「朗読および展示」となる（307）。

　なお、304～307に規定されている方法では調べることができない証拠についてはどうすればよいか。例えば犯行シーンに遭遇した通行人がそのシーンを自前のスマホで録音・録画したとする。この動画ファイルを証拠として使用したいのだが、そのためには、尋問、朗読、展示ではなく、再生しなければならない。しかし、そのような証拠調方法を法は規定していないのである。

　判例は、録音テープを再生して証拠調した第一審の措置につき「第一審裁判所はその用法に従つて、証拠調をした」ので適法（最決昭35・3・24）と述べている。法の規定がなくてもよいと考えているようである。

　しかしそれでは、証拠調の方法を規定する意味がなくなってしまう。証拠調の方法は、情報を正確に認識できるとともに弊害を生じないものが熟慮されねばならず、法定を要する性質のものと言わねばならない。実際、被害者等の保護のためになされたビデオリンク尋問（157の6）を記録した記録媒体（157の6Ⅲ）は、訴訟記録に添付して「調書の一部」（157の6Ⅳ）とされ、この調書の取調については、「記録媒体を再生」するという証拠調の方法をとるよう明文で規定されている（305Ⅴ）。その際には、弊害を考慮して遮蔽措置をとることもできる（305Ⅵ）。ビデオリンク尋問の記録媒体の証拠調についてはこれだけ手厚い規定を置いておきながら、他の記録媒体については法の規定なく現場の裁量で証拠調を適宜行えというのは妥当でない。法定された証拠調の方法では調べることができない資料には証拠能力が認められないと解すべきである。ただし被告人の防禦権を害するわけにはいかないので、被告人側が証拠調を請求した場合には、超法規的措置として、適宜、証拠調を行うしかあるまい。

　第二に、「供述証拠」と「非供述証拠」の区別がある。これについては【106】で詳しく検討した。

　第三に、「直接証拠」と「間接証拠」の区別がある。直接証拠とは、要証事実を直接証明する証拠をいう。間接証拠は、要証事実を推認させる間接事実（情況証拠ともいう）を証明する証拠をいう。

　第四に、「実質証拠」と「補助証拠」の区別がある。実質証拠とは、要証事実の存否を証明する証拠をいう。補助証拠とは、実質証拠の証明力に影響を与える事実（補助事実）を証明する証拠をいう。補助証拠（および弾劾、回復、増強証拠）については【118】で説明した。

　第五に、「本証」と「反証」の区別がある。本証とは、要証事実の証明責任を負う当事者が提出する証拠をいう。反証とは、要証事実を否定するために相手方が提出する証拠である。反証を提出する行為も反証と呼ぶことがある。

　第六に、「積極証拠」と「消極証拠」の区別がある。積極証拠とは、有罪のための証拠をいう。消極証拠とは、無罪のための証拠をいう。

【140】証明の方式

　要証事実を証明するには、厳格な証明と自由な証明の二方式があるとされている。厳格な証明とは、証拠能力のある、適法な証拠調を経た証拠による証明のことをいう。「証拠能力のある」については特に説明の必要はないだろう。「適法な証拠調」はイメージできるだろうか。公開された（憲37Ⅰ、82Ⅰ）公判廷（282）において、冒頭陳述（296）がなされ、証拠調請求がなされ（298）、請求の際には証拠開示がなされ（公判前整理手続を経ない場合は299）、証拠調の範囲、順序、方法が定められ（297）、法律に定められた通りに証拠調が行われ（304、305〜307）、証拠の証明力を争う機会を与えられる（308）。この一連の流れをイメージするとよい。

　自由な証明とは、厳格な証明以外の証明のことをいう。証拠能力からも解放され、証拠調に関する法のしばりからも解放されうるわけである。なお、論理的には自由な証明の中に含まれることになるが、「証拠を公判に顕出し当事者に争う機会を与え、当事者に異議のある伝聞証拠は許容しないけれども、適法な証拠調を要しない」という方式が法定されている。簡易公判手続（307の2、320Ⅱ）と即決裁判手続（350の24、350の27）における証明方式である。これを「適正な証明」と呼ぶことがある。

　一般的な考え方によると、厳格な証明を規定しているのは317である。「事実の認定は、証拠による」の「証拠による」とは、法が適法と予定したものであるはずであるから、「証拠能力があり適法な証拠調を経た証拠による」と解釈する。厳格な証明を求めているということになる。また、「事実」とは、主要事実（国家刑罰権の存否および範囲を定める事実）のみを指すと解釈する。317の前身である、改定律例318「およそ罪を断ずるは証に依る」（1876年）に鑑み、罪を断ずるための事実と解すべきことや、有罪判決について規定する現行刑訴法335が、理由として「罪となるべき事実」に対する証拠説明（証拠の標目）を要求していることと統一的に理解すべきことが、その理由として挙げられる。

　「国家刑罰権の存否および範囲を定める事実」とは何かを正確に理解しておこう。構成要件該当事実、違法性・有責性を基礎づける事実（例えば、故意や過失を構成要件要素と捉えない見解によると、これにあたる）、違法・責任を阻却する事実（刑36Ⅰの正当防衛など）、法律上の刑を加重減免する事実（刑36Ⅱの過剰防

衛、刑37Ⅰ但の過剰緊急避難、刑43の中止犯、刑42の自首、刑47の併合罪加重、刑57の再犯加重など）、処罰条件（刑197Ⅱにおける公務員就任など）である。

　さて、317はさらに「主要事実以外の事実の認定は、厳格な証明に必ずしもよらない証拠による」と反対解釈される。317は、主要事実以外の事実については自由な証明でよいと規定していることになる。とはいえ、自由な証明とは「厳格な証明以外の証明」という意味にすぎない。具体的にどのような証明方式が妥当なのかについては、証明対象ごとに個別に検討されることになる。

　以上のようなフレームのもとで、主要事実以外の事実についての証明方式についてさまざまな議論がなされている。特に、刑罰権行使の前提となる「訴訟条件」、罪責問題に直結するだけでなく後に信用性判断に影響を及ぼす「自白の任意性」、後に証明力判断に影響を及ぼす「伝聞例外要件」、要証事実を証明する証拠の証明力を左右する「補助事実」、被告人の防禦権に配慮すべき「量刑事実（犯罪事実に属さない一般情状事実）」等については厳格な証明を求める見解が多く、実務でも厳格な証明によることがほとんどだと言われている。実際、刑事裁判の傍聴に行けば、高い確率で、身元引受人などの情状証人に対し尋問を行っている（つまり厳格な証明を行っている）様子がみられるだろう。

　なお、判例は事例判例ばかりで、かつ、個々の判例の射程が狭いことから、証明の方式について最高裁が一般的にどのような考えを有しているのかはよくわからない。主要事実に関しては、共謀（最大判昭33・5・28 91c）、累犯加重の理由となる前科（最大決昭33・2・26 91c）について厳格な証明が必要と判断している。それ以外の事実については、伝聞例外（非伝聞）要件を規定する328に関して、自己矛盾供述の存在につき厳格な証明が必要と判断した（最判平18・11・7 71）。おおむね、学説の大勢や実務の動向と一致している。

　なお、自白の任意性調査については、自由な証明でよいと判断したと解されている判例もある（最判昭28・2・12 91c、最判昭28・10・9）が、前者は被告人側が争点形成責任を果たしていない事例、後者は証人の採否を決するにあたり裁判所に裁量があることを確認しただけの事例と捉えることもでき、証明方式に関する判例とは言い切れない。その他、証人の採否を決定するための調査につき証拠能力不要とした判例（最決昭58・12・19 91）などがある。この判例も、最判昭28・10・9と同様に捉えることが可能かもしれない。

　種々の観点から重要と考えられる事実についてはおおむね厳格な証明による運用になっている現在、317の「事実」を縮小解釈して主要事実に限り、同時に反対解釈してその他の事実については自由な証明でよいとしつつ、重要な事実については（おそらく）317の縮小の程度を変えたり、いったん縮小解釈した317を準用したり、317により「自由な証明」とされたにもかかわらず「厳格な証明」を要求したりするという複雑な過程をとらねばならない従来のフレームが妥当か否か、再考の余地があろう。また、量刑事実や自白の任意性についても実務ではおおむね厳格な証明がとられている現状に鑑みても、厳格な証明の対象を主要事実に限定するところから出発するこのフレームが本当に必要なのか（時代遅れではないのか）再考の余地があろう。試論は以下の通り。

　第一に、改定律例の時代には厳格な証明という概念が日本に導入されていなかったので沿革を重視する必要は特になく、335が証拠の標目を要求しているのは有罪認定の合理性担保のためであるから335と317との整合性を考える必然性はない。したがって、317の「事実」を主要事実に限る必然性がないばかりか、そもそも317が証明方式を規定するものと捉える必然性もない。

　第二に、証拠調に関する規定は全て公判期日において証拠調が行われることが前提になっていることに鑑みると、証拠調の方式を決する真のポイントは、公判期日において証明を行うべき事実か否か、のはずである。公判期日において証明を行うべきものについては全て法定の証拠調を経る必要がある。公判期日において証明を行うべきでないものについては法定の証拠調を経る必要がない。それだけの話ではないか。

　第三に、証拠能力については、いかなる証明方式であろうと常に必要と考えるべきである。自然的関連性がないものはそもそも証拠とはいえないし、公判期日で証拠調を行わないのであれば違法収集証拠もOKという理屈は成り立たない。実際上問題となるのは伝聞法則（320Ⅰ）くらいである。しかし320Ⅰは、本来公判期日において供述すべき場合における代用品の証拠能力を規定したものであり、もともと公判期日において供述すべきでない場合、すなわち公判期日において証明を行うべきでない場合を適用の対象にしていないと解釈すればよい。かくして、「厳格な証明」「自由な証明」という概念は不要、317を根拠条文とすることも不要であり、証拠能力の要否について特別に議論するこ

とも不要である。公判期日において証明を行うべきでない正当な理由があるか否か——このシンプルな基準で十分ではなかろうか。

【141】 証明の必要

　証拠決定の際に問題となる「証拠の必要性」の話ではないので注意しよう。「証拠」ではなく「証明」の必要の話である。

　証明すべき事実は全て証明するのが当たり前のように思えるが、証明することなく当該事実を認定してよい例外的場合があると考えるのが一般的である。証明不要と多くの人が認めるのが、公知の事実である。一般人ならば知っている事実（一般人が容易に知りうる事実を含む見解もある）をいう。このような事実は誤認のおそれがないから証明しなくてもよいと解されている。被告人が市長選に立候補し当選した事実（最判昭31・5・17）や、東京都内において普通自動車の最高速度が原則として40キロ毎時に規制されている事実（最決昭41・6・10）などが公知の事実とされている。なお、心証形成の準則となる一般的経験則や法規も証明不要とされているが、一般的に実務で「経験則」と呼ばれているものは、誰もが同意するような確実なものではない場合がほとんどであるから、当該経験則についても証明が必要となることが多いだろう。

　これに対し、異論の多いものが、裁判所に顕著な事実である。裁判所が職務上知り得た事実をいう。ヘロインが「塩酸ヂアセチルモルヒネ」を指すことは裁判所に顕著な事実であるから証明不要とした判例がある（最判昭30・9・13）。裁判所にとっては証明不要かもしれないが、当事者や市民にとって明白でない事実を、当事者に争う機会も与えずに認定するのは公正とはいえない。裁判所に顕著な事実であっても証明が必要だと解すべきである。

　ここまでは、対象となる事実が知られていれば証明の必要がないかという問題だった。これとは全く異なる理由に基づき、証明の必要がないとされる場合がある。いわゆる争点形成責任（または証拠提出責任）が当事者に課される事実である。この責任を果たさない限り、証明不要とされる。これは証明責任の問題と深く関わるので、【142】で論じよう。

【142】 証明責任の諸問題

　証明責任（厳密には「客観的証明責任」）とは、証明がなされなかった場合に不利益を受ける地位を意味する（【137】）。国家刑罰権の発動を原告たる検察官が求めている以上、証明責任は検察官が負担する。しかし、犯罪成立要件の全てについて証明責任を検察官に負わせるのは酷だという問題意識を持つ者もあり、何らかの形で検察官の負担を軽減させられないかが議論されている。

　第一に、証明責任を被告人が負うことを刑法理論から正当化できるか。法令行為・正当業務行為（刑35）、正当防衛（刑36Ⅰ）などの違法阻却事由、責任能力（刑39）などの責任阻却事由、故意・過失（刑38Ⅰ）などの主観的要素等について被告人が証明責任を負うことを刑法理論から導く見解もあった。しかし、このような見解を採用する者はおそらく、もういない。これらの不存在を証明できなければ、犯罪の成立を証明したことにはならないからである。なお、構成要件には違法・責任推定機能があると言われるが、これは、構成要件に該当する行為は原則違法・有責といえるので、違法・責任の領域ではもっぱら阻却事由があるか否かを検討すればよいという刑法理論上の意味にすぎず、刑訴法上の証明の話ではないので注意されたい。

　第二に、刑法の中には証明責任の転換を図ったような個別規定がある（刑207における同時傷害、刑230の2における真実性の証明、児福60Ⅳや児買9における年齢不知の無過失など）が、そのように解釈してよいか。児福60Ⅳにつきそのように最高裁はそのように解釈している（最決昭29・9・11参照）。

　学説においては、❶検察官に証明責任のある部分から当該部分を推認するのが合理的であること、❷被告人の反証が容易なこと、❸当該部分を除いてもなお可罰性があること等の要件を満たせば転換は認められるという見解が多数である。しかし、❶合理的だというだけでは他の推認を排斥していないので不十分であり、❷被告人の反証が容易であるならば、圧倒的な証拠収集力を有する検察官が当該部分につき本証を提出することも容易なはずであり、❸当該部分の有無によって処罰の可否が決まるのであれば、残りの部分の可罰性を論じることに意味はない。やはり、証明責任の転換は一切認められないというべきである。証明責任の転換を図ったとしか解釈できない規定は、証明責任を負担させられない被告人の権利を侵害するものとして憲31に違反し無効である。

　第三に、前提事実が立証された場合に要証事実を立証されたものとする法律上の推定規定（公犯5における因果関係の推定、麻特14における薬物犯罪収益の推定など）は、証明責任を被告人に転換するものではないか。前提事実に加えて、被告人が反証しない事実も考慮し、合理的な疑いを差し挟む余地のない程度の心証が得られれば推定事実を認定できるという「許容的推定」の規定と解釈する見解が一般的である。しかし、被告人が反証しない事実を積極的に不利益に用いている点で、これも証明責任の負担を被告人に負わせるものである。法律上の推定規定もまた憲31に違反し無効と言わねばならない（麻特14に関し、最決令2・6・23参照）。

　第四に、違法・責任阻却事由や刑の減免事由につき、証明責任を被告人に転換することなく検察官の負担を軽減できないか。確かに、阻却・減免事由は多種多様である。これらの事由の「不存在」について、常に、いちいち、証明せよと検察官に要求するのは酷であるし、いたずらに審理が混乱し遅延するのもまずいという意見も強い。そこで多数説は、争点形成責任という概念を導入する。被告人側は、争いたい事由の有無について具体的な主張を行ったり、場合によっては証拠を提出したりするなどして、裁判所に「この事由を争点としなければならず、証明の必要がある」と思わせなければならないというのである。被告人側が争点形成責任を果たさない限り、阻却事由の不存在については証明の必要なしとされる。争点形成責任を果たした場合には証明の必要が生じ、原則どおり検察官がその不存在について証明責任を負うことになる。

　検察官の負担の重さや訴訟経済のことを考えると、被告人側にも一定の負担をかけることもやむを得ないのかもしれない。しかし、証明の必要ありと裁判所に納得させるために証拠を提出することまで要求すると、実質的に証明責任の転換をもたらす危険がある。刑訴法上も、公判前整理手続における主張予定明示（316の17）や、有罪判決において主張に対する判断を示す義務（335Ⅱ）など、被告人が主張することを前提とした規定はあるが、証拠を提出する義務まで負わせる明文規定はない。応訴強制されている被告人に求めることができる負担は、何について証明の必要が生じるかを明らかにする限度において具体的に主張することのみであろう。

【143】 裁判の意義

　学修が進んできた現段階において、裁判という言葉について整理しておこう。裁判とは、裁判所・裁判官の意思表示を内容とする訴訟行為をいう。裁判はさまざまな観点から分類されている。第一に、判決（43Ⅰ）、決定（43Ⅱ）、命令（43Ⅱ）という分類である。裁判所が口頭弁論を経て行うのが判決（有罪・無罪判決、公訴棄却の判決、免訴判決など）、裁判所が口頭弁論を必ずしも経ることなく行うのが決定（公訴棄却の決定、保釈に関する決定、証拠決定など）、裁判長または裁判官が口頭弁論を必ずしも経ることなく行うのが命令である（裁判長の場合は訴訟指揮、裁判官の場合は逮捕状や検証許可状の発付など）。

　第二に、終局裁判と非終局裁判という分類である。審級離脱の効果を持つのが終局裁判（有罪判決、無罪判決、公訴棄却の判決・決定など）、持たないのが非終局裁判である（証拠決定や訴因変更許可請求など）。

　第三に、実体裁判と形式裁判という分類である。申立の理由の有無を判断するのが実体裁判（有罪判決や無罪判決など）、申立の有効・無効を判断するのが形式裁判である（公訴棄却の判決・決定など）。

【144】 裁判の成立と内容

　裁判はいつ成立するのだろうか。内部的成立と外部的成立の二段階に分けて論じるのが通常である。❶内部的成立とは、裁判内容が裁判機関の内部で決まることをいう。原則として、単独体の場合には裁判書成立のとき、合議体の場合には評議・評決があったときと解するのが一般的である。内部的成立を論ずる意味は、裁判官の交替があった場合に手続を更新する必要があるか否かにある。いったん内部的に裁判が成立してしまえば、その後に裁判官の交替があったとしても手続を更新する必要がない（315但）。

　❷外部的成立とは、裁判が対外的に認識可能な状態になることをいう。外部的に裁判が成立してしまうと、原則として撤回・変更が不可となる（例外として、上告審につき415〜418、抗告された際の原審につき423Ⅱ参照）。告知（342、規34、規35参照）によって外部的に成立すると解するのが一般的だが、実務においては、公判期日において判決を宣告した後（または途中で）、誤りに気付いて、その場で変更しようとすることがある。ちょっと恥ずかしい場面である。

このような時の処理につき最高裁は、判決の宣告は「全体として一個の手続」なので、宣告のための公判期日が終了するまでの間は訂正や内容変更を可としている（最判昭51・11・4）。

　なお、裁判の告知により、身体拘束に関する付随的効果が生じる。❶禁錮（拘禁刑）以上の刑に処する（実刑）判決の宣告があったときは、保釈又は勾留の執行停止が失効し（343）、勾留更新の回数制限および権利保釈の適用がなくなる（344）。保釈等が失効するのは刑の執行確保のためだと捉える見解もあるが、そう解するほかないのであれば、これら2条は身体不拘束原則（比例原則）および無罪推定原則に違反し無効と言わねばならない。❷無罪判決等が宣告された場合には、勾留状が失効する（345）。無罪判決の宣告後に勾留状が失効したが、検察官が控訴し再び勾留された場合に、その適否が問題とされることがある。最高裁は、345の趣旨に触れることなく、勾留時期を制約する規定がないという形式的理由を挙げ、再勾留ができる時期や段階に制約はないと述べた（最決平12・6・27 92）。もっとも後の事件において最高裁は、345の趣旨を「本来、無罪推定を受けるべき被告人に対し、未確定とはいえ、無罪の判断が示されたという事実を尊重し、それ以上の被告人の拘束を許さないこととしたもの」と敷衍し、ゆえに「被告人が罪を犯したことを疑うに足りる相当な理由」（60Ⅰ）の有無の判断は「無罪判決の存在を十分に踏まえて慎重になされなければならず、嫌疑の程度としては、第一審段階におけるものよりも強いものが要求される」と述べた（最決平19・12・13 92c）。

　次に、裁判の内容についてみておこう。裁判は主文と理由からなる（44Ⅰ、規35Ⅱ）。有罪判決の理由については335に特則があるが、事実認定が争われた際に、証拠評価に関する説明を理由中に書くことを要求する明文規定はない。最高裁も不要としていた（最決昭34・11・24）。しかし実務においては、証拠説明（「事実認定の補足説明」）がなされることが多い。近年に至り最高裁は、控訴審が事実誤認を理由に原判決を破棄する場合には「第一審判決の事実認定が論理則、経験則等に照らして不合理であることを具体的に示すことが必要」（最判平24・2・13 96）と判示した。控訴審のみならず第一審も証拠説明を理由中に書くことを前提にしているように思われる（【147】）。

【145】 評議・評決

　評議・評決により合議体の裁判は内部的に成立する（【144】）。評議・評決について規定しているのは刑訴法ではなく、裁75〜77である（裁判員裁判については【170】参照。裁員66〜70に特則がある）。すなわち、評議は非公開のもとで行われ（裁75Ⅰ）、評議の内容等も秘密にされる（裁75Ⅱ）。評議を主宰するのは裁判長である（裁75Ⅱ）。裁判官は、評議において意見を述べねばならない（裁76）。評決は原則として過半数の意見による（裁77Ⅰ。例外は憲82Ⅱの場合）。しかし、意見が3説に分かれると、3人で構成される刑事の裁判所では過半数に達する意見が存在しなくなる。そのような場合は、「過半数になるまで被告人に最も不利な意見の数を順次利益な意見の数に加え、その中で最も利益な意見」による（裁77Ⅱ柱、77Ⅱ②）。例えば量刑につき7年とする意見、5年とする意見、3年とする意見に分かれてしまった場合、「最も不利な意見」である7年の意見を、次に不利益な5年の意見に加える。つまり5年の意見が2人いるという状態にしてしまうのである。そうすると5年の意見が過半数となるので、宣告刑を5年とする裁判が内部的に成立する。

　以上、書かれた法を説明してきたが、実は、明文規定がなく、解釈が争われている点が1つある。それは、罪責問題について評決の対象とすべきなのは何かという問題である。たとえば、有罪という意見、正当防衛で無罪という意見、責任無能力で無罪という意見に分かれてしまったとしよう。結論を評決の対象とすると、有罪1人対無罪2人ということで、無罪という意見が過半数になり、無罪という裁判が内部的に成立する。

　しかし理由を評決の対象とすると、理由ごとに評決することになる。したがって、構成要件該当性の有無については全員一致、正当防衛の有無については正当防衛にあたらないとの意見が過半数、責任無能力の有無については責任能力ありとの意見が過半数となる。まとめると、構成要件には該当するが正当防衛にはあたらず、責任能力も有するという裁判が内部的に成立する。

　どちらが妥当か。理由説は、理由を裁判に付す（44）ためには理由を揃えねばならないことを根拠とする。しかし、有罪心証を持つ者が1人しかいないのに理由を揃えるためだけに有罪判決を出すというのは不合理であるから、結論説が妥当である。理由については、無罪という結論に沿う理由を寄せ集めれば

よい。すなわち、「構成要件に該当するが正当防衛が成立し、責任無能力にも
あたる」とすればよい。これを不合理と思う人もいるかもしれないが、「評議
の経過並びに各裁判官の意見及びその多少の数」は秘密（裁75Ⅱ）とされてい
るのだから、結論に沿う理由のみを記す以外なかろう。

　ところで、有罪か無罪かを本当に過半数で決めてしまってよいのだろうか。
合理的疑いを差し挟む余地がない証明原則に違反する制度ではないか。

　【147】で述べるが、事実認定者が証拠を評価し、疑問を言語で指摘できるな
らば、それは全て合理的疑いである。合理的疑いという概念はこのように、ま
ず個人の心証を示すものとして現れる。

　しかし、合理的疑いという概念はこれにとどまらない。一般的抽象的には当
該疑いが合理的疑いか否か意見が分かれうるのにもかかわらず、それでもな
お、事実問題について判断する権限と責任を有する者全てが、合理的疑いを差
し挟む余地がない証明があると判断すること（moral certainty：英米では proof
beyond reasonable doubt をこのように表現する）が、もう１つの意味である。
moral という言葉は「間接的」という意味である。moral certainty とは、「直
接に知覚できず、媒介（証拠）を通して間接的に知覚されるにもかかわらず、
偏見なく判断する者全てが結論に同意すること」である。個人の心証を示すの
ではなく、みんなが同意している状態が moral certainty である。すなわち、
一般人が納得するか否かを判断者自身が内省するのでもなく、他者が審査する
のでもない。現に判断者全員が疑問なしと判断したという状態が合理的疑いを
差し挟む余地がない証明の十分条件となるのである。この十分条件が充たされ
て初めて、当該手続において最高度の証明がなされたといえるのである。この
ように考えてくると、過半数の意見で有罪判決を出すよう求めている裁77Ⅰ
は、罪責問題については全員一致評決制に改められるべきである（十分条件を
みたさない有罪判決を阻止するために、自身は合理的疑いを抱いていないが合理的疑い
を抱いた裁判官が複数いたので、有罪判決破棄に票を投じたと思われる裁判官がいる。
最判平22・４・27における那須裁判官の意見参照）。

　なお、量刑問題は合理的疑いを差し挟む余地のない証明原則の射程には入ら
ないが、奪われた生命は二度と戻らないことに鑑み、全員一致でないと死刑に
できない制度にすべきだという見解が唱えられている。もっともだと思う。

【146】 上訴概説

　上訴とは、未確定の裁判に対する上級裁判所への不服申立をいう。どの教科書も上訴の解説は第一審判決の後に置いているが、これは便宜上のものにすぎない。捜査段階で既に準抗告が登場していたし、第一審公判でも抗告が登場していた。ここで上訴の種類等をあらためて整理しておこう。

　第一に、上訴の種類をざっと見ておこう。第一審の判決に対しその取消・変更を求める不服申立を控訴という（372）。高等裁判所の判決に対し最高裁判所にその取消・変更を求める不服申立を上告という（405）。

　決定に対する上訴を抗告という（419）。抗告には、通常抗告と即時抗告がある。通常抗告（普通は単に「抗告」と呼ぶ）とは、決定のうち、❶抗告を禁止している規定があるもの、❷即時抗告ができるもの、❸管轄または訴訟手続に関し判決前にしたもの（420Ⅱに例外あり）を除くもの全般に対し、高等裁判所に不服を申し立てる制度である。即時抗告とは、決定のうち、特に即時抗告ができる旨の規定があるものについて高等裁判所に不服申立をする制度である。

　特別抗告は、不服申立ができないとされている決定・命令について、憲法違反・憲法解釈の誤り、判例違反を理由として最高裁判所に不服申立をする制度である（433）。

　裁判官が行う一定の裁判（命令）、および捜査機関による一定の処分に対する不服申立の制度を準抗告という（429、430）。この「準抗告」という言葉は通称である。「上級裁判所への不服申立」でなかったり（429）、「裁判」に対する不服申立でなかったり（430）と、上訴の定義から外れている要素があるため、「準」がついている。同じく上訴の定義からは外れている（上級裁判所への不服申立ではない）が、高等裁判所のした決定に対する異議申立もある（428）。

　第二に、上訴の趣旨を確認しておこう。一般的には、❶原裁判の過誤の訂正、および❷法令解釈の統一が挙げられている。❶も❷もそれ自体はニュートラルなものであるが、「被告人が控訴をし、又は被告人のため控訴をした事件については、原判決の刑より重い刑を言い渡すことができない」（402。414も参照）という不利益変更禁止の規定をわざわざ置いていることに鑑みると、被告人の誤判からの救済に力点が置かれるべきだろう。

　第三に、上訴の申立について規定を概観しておこう。まず上訴権者について

は351〜356に規定がある。

　次に、申立の方法である。申立期間は制限されている場合が多い（374、414、423、431。抗告は期間の法定になじまないから例外。421）。申立は書面で行う。公訴提起と同様、書面主義がとられている（374、414、423、431）。

　さて、上訴を申し立てるとどのような効果が生じるだろうか。停止の効果と移審の効果が生じると言われる。停止の効果とは、裁判の確定を阻止する効果を持つということである（例外あり。抗告について424、425、434）。移審の効果とは、訴訟係属が上訴審に移動することを意味する。ただし、この効果が発生するのは上訴申立書や訴訟記録が上訴裁判所に到着した時なので、それまでは原裁判所が勾留の更新・取消などに関する裁判を行う（97Ⅱ、規92Ⅱ）。

　なお、上訴は範囲を指定してできるのだろうか。裁判の一部に対して上訴することができるが、部分を限らないで上訴したときは、裁判の全部に対してしたものとみなされる（357）。詳しくは【149】で扱う。

　第四に、上訴が適法であることの要件である。上訴が適法であるためには、❶法定の上訴理由（控訴の場合は377〜383）を挙げること、❷上訴の利益があることが必要と言われている。❷を規定する明文規定はないが、無意味な上訴を門前払いして排除するために認められている。

　それでは、上訴の利益があるか否かをどのような基準で判断すべきだろうか。実務では、法的・客観的基準が用いられている。この基準により上訴の利益なしとされた事例は多数ある。責任無能力による無罪判決に対し、犯人でないとする無罪を求めた事例（最決昭37・9・18）、軽い法定刑の破廉恥罪で有罪になったのに対し、重い法定刑の非破廉恥罪を求めた（要するに、同僚に退職を迫ったところ、強制労働を伴う懲役刑が科される脅迫罪で有罪になったのだが、労働を伴わない禁錮刑が科される国家公務員法上の退職強要罪で処罰されるのを求めた）事例（最決昭28・2・26）、免訴に対して無罪を求めた事例（最大判昭23・5・26）、公訴棄却に対し無罪を求めた事例（最決昭53・5・26）などである。応訴強制された人々の名誉や尊厳を回復すべきことに鑑みると、この法的・客観的基準は厳しすぎはしないか。少なくとも公訴棄却に対して無罪を求める上訴は、一事不再理効が得られることに鑑みると、「法的・客観的基準」に照らしても認められるべきではないか。

【147】 上訴審は趣旨どおりに機能しているか——事実誤認を例に

　上訴審は誤判救済の機能を十分に果たしているだろうか。事実誤認（382、397 I、411③）の審査をとりあげて検討してみよう。

　上訴審が書く判決・決定書のスタイルは、原判決が誤っている理由について詳細な論証をする「審理不尽型」と、原判決の判断が具体的にどのように誤っていたのかを論証することなく自身の考察のみを述べる「一刀両断型」とに分かれる。そして、有罪判決を破棄する際には「審理不尽型」が多く、無罪判決を破棄する際には「一刀両断型」が多かった。有罪判決破棄の際には、合理的疑いが存することを詳細に論証しなければならないのに対し、無罪判決破棄の際には論証をしない。つまり、詳細な論証をしなければ合理的疑いと認めてくれないし、かつ、たとえ詳細な論証をしても一刀両断されるのである。このようにして、日本の実務における合理的疑いは高度な疑いになっている。

　これでは上訴審が冤罪救済を果たすことは難しい。実務の現象に対抗するためのアプローチを2つ紹介しておこう。

　第一に、無罪判決に対する検察官上訴を禁止することである。憲39が規定している一事不再理効は、「一度有罪の危険に直面する手続的負担を受けた者はそれ以上危険にさらされない」という二重の危険禁止の法理に基づいている。一審の無罪判決を二審が破棄するのは、有罪となる危険に2回さらすことになるわけだから、憲39に違反すると考えるのである。二重の危険禁止法理の発祥元である英米においては主流となっている考え方であり、実際にもそのように運用されている。

　しかし日本の最高裁は、二重の危険禁止の法理それ自体は認めつつ、「同一の事件においては、訴訟手続の開始から終末に至るまでの一つの継続的状態」とみるべきであるから、危険は一回しか発生していないとし、無罪判決に対する上訴は憲39に違反しないと述べた（最大判昭25・9・27 1-93 ）。

　第二に、合理的疑いの定義を変更することである。日本の実務において一刀両断型の無罪判決破棄を防げることができないのは、合理的疑いの定義中に「一般人の納得」が含まれているからである（【137】参照）。訴訟の場においては、一般人＝上訴審裁判官となる。上訴審裁判官が納得することが、合理的疑いが認められるための条件となってしまっているのである。

　しかし、合理的疑いを差し挟む余地がない証明原則の発祥元である英米において、「合理的疑い」に「他者の納得」は含まれていない。英米の陪審員は「合理的疑い」について以下のように説示される。すなわち、❶議論してきちんと証拠を評価せよ。❷議論を成立させるために理由を言語で示せ。❸このような過程を経たうえでなお疑問が残ればそれは合理的疑いだ。つまり、有罪派の他者を説得できないからといって自分が抱いた疑いを引っ込めてはならない。

　このように、無罪と考えているものを説得しなければならないのは有罪派であり、その逆ではないことに注意する必要がある。日本においても、無罪判決を出すにあたり、過剰なまでに詳細な判決理由を書いて他者を説得しようとする必要はない。証拠を評価したうえでどのような疑問が残ったかを示すだけでよい。また、上訴審裁判官は、原判決の結論に納得できなくとも、原判決の疑問が論理的に成立しえないことを論証できないかぎり、無罪判決破棄を断念すべきである。これに対し、有罪判決を破棄する際には、詳細な論証なしに自身の抱いた合理的疑いを示すだけでよい。

　実務においても、このアプローチ類似の動きが出てきている。例えば、大学教授痴漢冤罪事件の最高裁判決において、「論理的に筋の通った明確な言葉によって表示され、事実によって裏づけられたものであ」れば、それは合理的疑いと認められるのであり、有罪と考える他の裁判官の意見が「傾聴に値するものであり、一定の説得力ももっている」場合であっても、それだけでは無罪意見を撤回する理由にはならないとの補足意見が付いている（最判平21・4・14 88c）。また、チョコレート缶事件において最高裁は、事実誤認（382）を「第一審判決の事実認定が論理則、経験則等に照らして不合理であること」と解釈し、「事実誤認があるというためには、第一審判決の事実認定が論理則、経験則等に照らして不合理であることを具体的に示すことが必要である」と述べている（最判平24・2・13 96。従来「事実誤認」は「原判決の認定が肯認されないこと」と定義され、一刀両断型を生む温床となってきた）。私が本判決のあてはめ部分を分析した限り、❶有罪判決破棄の際には、有罪仮説を完全には消去できなくても無罪仮説が残ることを論証できれば「具体的に示」したことになるが、❷無罪判決破棄の際には、あらゆる無罪仮説を完全消去できることを論証できないと「具体的に示」したことにはならないと判断しているようだ。

【148】控訴審構造論

　控訴とは、第一審判決に対して高等裁判所に申し立てる上訴をいう（372、裁16①）。控訴に関する条文は少なく、解釈に委ねられる領域が多い。そのため、解釈の指標が求められる。そこで学界では、控訴審構造論と呼ばれる議論が行われてきた。控訴審の構造を明らかにし、その構造に合致した体系的解釈を試みようとするものである。

　控訴審の構造として考えられるモデルは3つある。❶全面的に審理をやり直す「覆審」、❷第一審における判決直前までの手続を引き継ぎ、審理続行する「続審」、❸原判決の当否を審判する「事後審」である。❶は、シミュレーションゲームを最初からやり直す感じ、❷は、ゲームのエンディングに至ったあと、エンディング前のセーブデータをロードしてゲームを再開する感じである。❶❷は第一審判決が存在しなかったかのようにふるまう点で共通している。したがって、第一審判決が正しいか否かは直接の関心事とならない。❸は、エンディングも含めたゲームのセーブデータを解析し、問題点を指摘する感じである。第一審の判決と正面から向き合い、正しいか否かを審査する。

　現行法は❸の事後審だといわれることが多い。そして、事後審だということを指標として、さまざまな問題を解決しようとする見解が多い。特に、裁判員裁判制度の導入後は、裁判員裁判を否定するような控訴審の運用にならないよう事後審性をより強固にしていかねばならないと考える者も多い。

　しかし、以後見ていくように現行法は必ずしも事後審性を徹底させているわけではない。また、控訴審構造論は憲法的権利と関わらない議論である。実際、控訴審を事後審にしようと提案したのは最高裁であり、その理由は裁判所の負担軽減であった。解釈論の主たる指標は、憲法が規定する諸価値でなければならない。事後審性を指標としてよいのは、憲法の諸価値を害さない限りにおいてである。

【149】控訴手続の諸問題

　まず手続の主要部分を概観しよう。直接挙げないものも多数あるが、372～404、規235～250に大抵のことは規定されているので、必要に応じて参照してほしい。また、第一審公判の規定は、特別の定のある場合を除き準用される

(404) ことを念頭に置いておこう。

　それでは控訴提起から。第一審判決に不服がある者が、申立書を第一審裁判所に差し出すという形で控訴を提起する（374。第一審裁判所が行うべきことにつき375、規235参照）。公訴提起と同様、書面主義が採られている。控訴申立人は控訴趣意書等を差し出さなければならない（376ⅠⅡ）。控訴申立期間は14日（373）であるが、この期間内に控訴趣意書を執筆するのは困難な場合が多いので、訴訟記録の送付を受けた高等裁判所は趣意書提出のために期間を定める（376Ⅰ）。

　控訴趣意書には控訴理由を記す（規240）。控訴理由は法定されている。重大な訴訟手続の法令違反があるため判決に影響を与えるか否かに関わりなく原判決を破棄する絶対的控訴理由（377、378）と、判決に影響を与えることが明らかである場合に破棄が認められる相対的控訴理由とに分かれる。相対的控訴理由は、❶判決に到達するまでの訴訟手続の法令違反を問う「訴訟手続の法令違反」（379）、❷実体法の解釈・適用の誤りを問う「法令適用の誤り」（380）、❸宣告刑の当否を問う「量刑不当」（381）、❹事実認定の当否を問う「事実誤認」（382）、❺再審事由の存在や判決後の刑の廃止・変更または大赦があった場合に救済を図る「再審事由等の存在」（383）の５つである。控訴理由書に記すべきことや添付すべき書面は控訴理由ごとに異なるので、以上の条文を注意して読んでおこう。また、被告人が控訴した、または他の上訴権者（353、355）が被告人のために控訴した事件については、刑の不利益変更が禁止されていることにも注意しておこう（402）。「被告人のために控訴した事件」に限られるから、検察官が被告人の不利益に控訴した場合には問題にならない。検察官が被告人の利益に控訴することもありうるが、その場合は被告人のために控訴した事件にはあたらないとする判例（最判昭53・7・7）があるが、不当である。

　控訴審は、控訴趣意書に含まれた事項を調査し（392Ⅰ）、理由があれば原判決破棄（397Ⅰ）、なければ控訴棄却とする（396）。破棄する際には差戻が原則となる（398、400本）。以上の規定からわかるように、控訴審の審判対象は第一次的には控訴理由である。訴因ではない。ここが、覆審や続審ではなく事後審であるとされる大きなポイントである。ただし、控訴趣意書に含まれていない事由の調査も職権で行える（392Ⅱ）ので、その場合、審判対象は原判決とな

る。また、差戻ではなく自判する場合も想定されている（400但）。その場合には有罪判決等の実体裁判を新たに出すことになるので、審判対象は訴因となる。

　以上が手続の主要部分だが、漏れた事項についていくつか記しておこう。裁判所は、控訴趣意書に包含された事項を調査したり（392Ⅰ）、職権で調査すると決めたことを調査したりする（392Ⅱ）が、第一審において証拠とすることができた証拠は全て証拠とすることができる（394）。また、必要があるときは事実の取調をすることができる（393）。「証拠調をすることができる」と規定していないのは、厳格な証明によらない事実取調がありうることを想定しているからである。事実取調が行われた場合、検察官および弁護人はその結果に基づいて弁論できる（393Ⅳ）。なお、控訴審において弁護人となれるのは弁護士のみである（387）。また、被告人のためにする弁論は弁護人のみが行える（388）。控訴審では法律問題の比重が大きいため被告人に弁論能力を認めていないのである。被告人は、第一審のときとは異なり、公判期日に出頭する義務がない（390）。

　それでは、解釈上の論点についていくつか紹介しよう。第一に、控訴申立により移審の効果が生じる（【146】）のだが、その範囲が問題となる。裁判の一部に対して上訴できる（357）と規定されてはいるのだが、限界があるのではないか。この点につき、一罪の一部上訴は不可と考えられている。全体として一個の刑罰が科されるため、分けることができないからである。これに対し併合罪の場合には、原判決の主文が一個の場合には不可だが、複数になっている場合は可と考えられている。判決を分けることができるからである。

　一罪の一部上訴が不可と解されているため、次のような問題が生じる。原判決がA罪とB罪を科刑上一罪として処理し、そのうちA罪については有罪、B罪については無罪とした場合、検察官が控訴せず、被告人がA罪のみ控訴したときも、科刑上「一罪」なのでABともに移審の効果が生じ、控訴審は職権でB罪についても調査を行い（392Ⅱ）、A罪の有罪を維持するとともにB罪について新たに有罪の結論を出すことも可能になってしまう。

　この不都合を回避するため、最高裁は「攻防対象論」と呼ばれる理論を導入した。この理論は、移審の効果論により解決を図るものではなく、392Ⅱの職

権調査に限界を設けることにより解決を図ろうとするものである。すなわち、控訴審は事後審であり、「その事後審査も、当事者の申し立てた控訴趣意を中心としてこれをなすのが建前であつて、職権調査はあくまで補充的なものとして理解されなければならない」から、「当事者間においては攻防の対象からはずされたものとみることができる」部分について「理論上は控訴審に移審係属しているからといつて、事後審たる控訴審が職権により調査を加え有罪の自判をすることは」「被告人に対し不意打を与えることであるから」違法とするのである（最大決昭46・3・24 93c ）。控訴審が事後審であることが理由として挙げられているが、実質は、当事者主義および被告人の防御権に対する配慮である。

　なお、その後に出された事例判例群のうち、単純一罪における予備的訴因を攻防の対象から外されていないと解した最決平元・5・1 93c と、外されていたと解した最決平25・3・5 93 の整合性が問題になっているが、本位的訴因と予備的訴因との間に訴因の同一性が認められるか否かが判断の分かれ目となっているように思われる。

　第二に、各控訴理由それぞれの解釈について検討したいところだが、残念ながら細かな点に立ち入る余裕はないので割愛する。ただし、「審判の請求を受けた事件について判決をせず、又は審判の請求を受けない事件について判決をしたこと」（378④）の解釈については【076】で触れた。また、「事実の誤認」（382）の解釈については【147】で触れた。

　なお、「第一審判決の事実認定が論理則、経験則等に照らして不合理であること」と事実誤認を解釈する判例（最判平24・2・13 96 ）は、「第一審判決を対象とし、これに事後的な審査を加えるべきもの」であり、「第一審において、直接主義・口頭主義の原則が採られ、争点に関する証人を直接調べ、その際の証言態度等も踏まえて供述の信用性が判断され、それらを総合して事実認定が行われることが予定されていること」を理由としている。一見、事後審性を全面に出したようにもみえるが、実は、第一審と控訴審とでは心証を形成するための資料が異なることを指摘しているにすぎない。覆審や続審であれば、第一審判決を審査するものではないから、控訴審が第一審とは異なる結果を出すときに、第一審判決の問題を指摘する必要はないが、事後審の場合は第一審判決

を審査するという建前をとるわけだから、控訴審が第一審とは異なる結論を出したいときには、第一審の証拠評価に問題があることを指摘できなければならない。本判決の理由が示しているのは、それだけである。第一審を尊重し、控訴審段階で新たな証拠の取調請求を認めたりしてはならないといった第一審尊重主義のメッセージを発しているようにはみえない。

　ところで、法令適用の誤りまたは訴訟手続の法令違反があった（つまり、裁判官が悪い）ために事実認定を誤ったにもかかわらず、事実誤認あり（つまり、裁判官と裁判員が悪い）との理由で破棄されてしまう可能性がある（最決平26・3・10はそのようなケースである可能性が高い）。問題の真の所在に触れず、裁判員が悪いことにされてしまうのは問題である。控訴審は、訴訟手続の法令違反、法令（実体法）解釈の誤り、事実誤認、法令適用の誤り（実体法解釈の誤りを除く全て）、量刑不当の順に審査し、先順位のものに理由があれば、後順位のものについて判断を省略できると解すべきであり、かつ、訴訟手続の法令違反や法令解釈の誤りを理由とすべき場合には、事実誤認を理由として挙げてはならないと解すべきである。

　第三に、事実の取調（393Ⅰ）、すなわち第一審の訴訟記録等に含まれていない新資料の取調の範囲に制約を設けるべきか。控訴審は事後審であるから第一審判決が接した資料から第一審判決を正当化できるかを判断すべきだという理由で、新証拠の取調は393Ⅰ但に該当する場合以外不可とする見解もある。しかし事後審は第一審判決の結論の当否を問うものともいえるから、事後審だからといって資料を制約すべき必然性はない（さらに言えば、事後審の本質は訴訟経済にあるから、真の問題の所在を隠して事後審性の意義から結論を導き出そうとするのではなく、訴訟経済上の利益と防御権等の憲法的価値とを端的に比較衡量して結論を導くべきである）。実務では393Ⅰ本を、請求・職権を問わず新証拠の取調を一般的に許す規定であり、393Ⅰ但は382の2の疎明がある証拠の取調を義務的とする規定だと解されている。最高裁も、393Ⅰ本を「控訴裁判所が第一審判決の当否を判断するにつき必要と認めるときは裁量によってその取調をすることができる旨定めていると解すべきである」と述べている（最決昭59・9・20 94 ）。

　ただし、公判前整理手続が創設されたり、裁判員裁判制度が創設されたりしたことに伴い、再び控訴審の事後審性（に基づく第一審尊重の姿勢）を強調する

動きが強まっている。例えば、公判前整理手続を経ていたとき、316の32が規定する「やむを得ない事由」が認められないものを控訴審が取り調べることについては慎重でなければならないとの見解が登場している。しかし繰り返しになるが、事後審性の本質は訴訟経済である。訴訟経済を重視して取調の範囲を制限しようとする見解は、再審事由がある場合（これは435⑥「あらたに発見した」証拠の取調を必要的としていることを意味しよう）を控訴理由に含め（383①）、訴訟経済よりも冤罪救済を優先させている現行法には沿わない。第一審における証拠決定の場面と同様、被告人の証拠調請求権を優先させるべきである。いずれにせよ、期日間整理手続（316の28）が準用される（404）と解するならば、控訴審固有の問題として議論する実益はなくなる。

　第四に、事実誤認を理由に無罪判決を破棄し、有罪を自判する際の手続的条件である。何ら事実取調を行うことなく、訴訟記録のみによって（つまり書面審理のみによって）破棄自判有罪とすることは許されるだろうか。最高裁は、「控訴審に係属しても被告人等は、憲法31条、37条の保障する権利は有しており、その審判は第一審の場合と同様の公判廷における直接審理主義、口頭弁論主義の原則の適用を受ける」ので、被告人等は「公開の法廷において、その面前で、適法な証拠調の手続が行われ、被告人等がこれに対する意見弁解を述べる機会を与えられた上でなければ、犯罪事実を確定され有罪の判決を言渡されることのない権利を保有する」から、「第一審判決が被告人の犯罪事実の存在を確定せず無罪を言渡した場合に、控訴裁判所が第一審判決を破棄し、訴訟記録並びに第一審裁判所において取り調べた証拠のみによって、直ちに被告事件について犯罪事実の存在を確定し有罪の判決をする」ことは許されないと述べた（最大判昭31・7・18 95 ）。

　もっとも本判決は、憲31、憲37、直接審理主義、口頭弁論主義の意義を敷衍しているわけではない。また、本判決以後に積み重ねられている事例判例の中には、核心部分について被告人質問さえ行えばよいとも解せるような判例も出されており（最判昭57・3・16 95c ）、必要とされる事実取調の中身が形骸化していると批判されている。裁判員裁判が導入され、前述のように事後審性に依拠した第一審尊重論が強くなってきている現在、判例変更を迫る事件も登場したが、最判令2・1・23 95c は受け容れなかった。

　第五に、控訴審において訴因変更を行うことは認められるか。404により312が準用され、適宜訴因変更を行うことができるようにも思われるが、一定の制約はあると考えるのが一般的である。すなわち、事後審である以上、原判決を破棄し、自判する場合でないと訴因変更は認められない（最判昭42・5・25 94c）。第一審で審判対象であったものを変更して原判決が誤りであったとするのはおかしいからである。原判決に誤りありとして破棄した後に自判しようとする場合、もはや事後審の枠は超え、続審的運用になっている（原判決破棄により原判決はなかったものとなり、第一審の訴訟記録に控訴審の事実取調結果を加えて新たに実体判断をする）ため、訴因変更も許されるという理屈である。判例もこのような考え方をとっている（最判昭30・12・26 44c）。

　もちろん、訴因変更の許否を判断する枠組（被告人の負担を考慮し、相当性を判断するという枠組み。【084】参照）はここでも通用する。そこであらためて考えてみると、第一審で訴因変更された場合は新訴因につき第一審、控訴審、上告審と3回争えるのに対し、控訴審で訴因変更された場合は控訴審と上告審の2回しか争えない。被告人が有する審級の利益は常に害され、被告人の負担を考慮すると常に不相当といえるのではないか。そのように考えるならば、控訴審における訴因変更は一切許されるべきでない。

【150】上告審の機能

　上告とは、高等裁判所が第一審（裁16④）または第二審としてした判決に対する最高裁判所への上訴をいう（405）。控訴審と同じく、上告審についても上告理由が規定されている（絶対的上告理由はない。410参照）。しかしその数は少なく、憲法違反（405①）と判例違反（405②③）の2種類しかない。この規定から、上告審は、❶違憲審査権を行使する終審裁判所（憲81）として違憲審査機能を果たすべきこと、そして、❷最上級審として法令解釈の統一を図るという機能を果たすべきことが求められていることがわかる。

　なお、本来の上告ではないが、406は、法令の解釈に関する重要な事項を含むものと認められる事件については、判決確定前に限り、最高裁自ら上告審としてその事件を受理できるという「上告受理」制度を規定している。これを受け刑訴規則は、上訴権者は上告受理の申立をできると規定している（規257）。

刑訴規則はその他に、第一審判決が行った、法律等を憲法違反とする判断または条例等を法律違反とする判断が不当であることを理由として、高裁を飛ばしていきなり裁判所に上告する「跳躍上告」（規254）や、憲法違反または憲法解釈の誤りのみを理由とする控訴の申立があった場合に控訴裁判所が最高裁の許可を受けて最高裁に事件を移送する「事件移送」（規247、248）も設けている。最高裁の持つ違憲審査機能や法令解釈統一機能をより迅速に果たすため、このような制度が設けられているわけである。

　とはいえ、憲法違反も判例違反も見当たらないが、妥当な判決が出ていない事件はあるだろう。それらの事件を無視するわけにもいかない。そこで411は、控訴理由とほぼ同様の事由（411①は377〜380、411②は381、411③は382、411④⑤は383に対応する）を挙げ、原判決を破棄しなければ著しく正義に反する（業界では著反正義と呼んでいる）と認めるときは、職権により、判決で原判決を破棄できると規定している（ただし413の2に注意）。そこで、上告審は具体的事件の妥当な解決を図る機能をも有しているといえる。ただし最高裁は1つ（小法廷単位で数えても3つ）しかなく、膨大な事件全てに丁寧に対応する力はない。そこで411を職権破棄事由として構成しているのだろう。上告理由ではないから、411の事由を理由として挙げて上告することはできない。したがって、411に該当する事由がない場合には、弁論を開くことなく、決定書にその理由を丁寧に記すこともなく、ただ「弁護人Aの上告趣意は、憲法違反、判例違反をいう点を含め、実質は単なる法令違反、事実誤認の主張であって、刑訴法405条の上告理由に当たらない」などとだけ記してあっさり上告を棄却できるのである（このようなあっさり棄却決定を業界では「三行半決定」と呼んでいる）。

【151】　上告審の手続

　上告審の手続の大半については控訴の規定が準用される（414）。上告を申し立てるにあたっては、控訴審と同じく上告趣意書を提出する（407）。被告人の召喚は必要的でない（409）。上告審が出す裁判には弁論を経ない判決（408、416）という特殊なものがあるので注意しておこう。破棄後の措置については412、413参照。最高裁より上の審級はない（418参照）ため、セーフティ・ネットとして判決訂正の制度が設けられている（415〜417）。

【152】 裁判の効力

　裁判により生じる効力の内容や分類方法については諸説ある。本書ではあまり理論の深部に入り込まず、主要な点を紹介するにとどめたい。裁判の効力として重要なものは3点ある。第一に、一事不再理効である。審理が終了した事案を蒸し返され防禦の負担を再度強いられることを拒否する被告人の権利を憲39は保障している（英米法に由来する権利で、二重の危険（double jeopardy）禁止原則という）。いったん国家機関に目を付けられたならば、有罪とされるまで何度も何度も再起訴され続けられる制度を想像してみてほしい。被告人は無罪判決を受けても、一生、有罪とされる危険におびえ続けなければならない。そのような非人道的な状況には置かせないと憲法は決断したのである。そのため、同一事件の再起訴を遮断する効力を法は与えた。これが一事不再理効である。既に裁判を経た事件について検察官が起訴すると免訴となる（337①）。

　第二に、拘束力である。確定裁判に付された効力で、後訴において確定裁判と矛盾する判断をすることを禁ずるものである。一事不再理効とは異なり、直接的には被告人の権利に由来するものではない。せっかく裁判をしたのに、後の裁判でそれと反する内容の判断を示されては裁判制度が成り立たなくなってしまうため、それを防止するための政策的な効力である。

　第三に、執行力である。確定した裁判の内容を強制的に実現する効力である。「5年の懲役（拘禁刑）に処する」と裁判したならば、被告人は実際に5年の懲役（拘禁刑）に処せられるのである。これも被告人の権利に由来するものではなく、裁判制度を成り立たせるために認められる効力である。

　第四に、上級審の裁判の拘束力である。上級審の裁判における判断は、その事件につき下級審の判断を拘束する（裁4）。上級審の判断が気にくわないというので下級審がそれと異なる判断を出すことを許すと、事件が下級審と上級審の間を果てしなく往復し、いつまでも終結しない危険があるので認められている効力である。これも、裁判制度が崩壊しないための政策的効力である。

【153】 一事不再理効の諸問題

　それでは一事不再理効に関する主要論点を検討しよう。第一に、一事不再理効を有する裁判は何か。憲39は「既に無罪とされた行為」の訴追と、「同一の

犯罪について、重ねて」訴追することを禁じている。刑訴法において一事不再
理効を有する裁判を憲39の要請に一致させるべき（広げない）と考えるなら
ば、一事不再理効を有する裁判は実体裁判（無罪・有罪判決、略式命令、交通事件
即決裁判）となる。337①は確定「判決」を経たときと規定しているが、略式命
令や交通事件即決裁判は「確定判決と同一の効力を生じる」（470、交即14Ⅱ参
照）ので、特に問題なく337①の対象となる。裁判の内容が誤っているため執
行力等を生じさせない「当然無効の判決」も、有罪の危険はすでに発生してい
るので除外されない。なお、少年事件については少46に一事不再理効の規定が
あるが、問題はある。詳しくは少年法の教科書等で学んでほしい。

　以上の実体裁判に対し、形式裁判（つまり訴訟条件欠缺を理由に実体裁判をさせ
ない裁判）は一事不再理効を有しないと解されている。ただし免訴判決は例外
とする論者が多い。訴因制度がなかった旧法時代においては、起訴状に書かれ
た事実に限らず公訴事実の同一性が認められる範囲全てが審判対象だったの
で、実体審理をしなければ免訴事由があるか否かを判断することができなかっ
た（例えば、遺失物横領で起訴されたとしても、公訴事実の同一性が認められる窃盗で
ある可能性も念頭に置いて審理しなければならないので、結局、遺失物横領なのか窃盗
なのか実体判断しないと公訴時効が完成しているか否かがわからない）。そのため、免
訴を実体裁判（実体判断を経た裁判）と捉えたことには合理性があった。しかし
訴因制度が採用された現行法のもとでは、実体判断をせずに免訴事由の有無を
判断すべきなので、一事不再理効を認めるべき前提を欠く。また、確定免訴判
決には拘束力が発生し、再訴を遮断できるので（【154】参照）、特に不都合も生
じない。

　第二に、一事不再理効はいつ発生するのか。337①は「確定」判決を経たと
きと規定しているが、実体判断が示された時点で一つの危険が終了したと考え
るべきである。したがって、第一審で無罪判決が出たならば、それに一事不再
理効を発生させるべきである（【147】参照）。

　第三に、一事不再理効の及ぶ範囲について。主観的範囲は被告人のみであ
る。客観的範囲は、公訴事実の同一性が認められる範囲全体である。判例（観
念的競合の事案につき最判昭33・5・6 97c、単純一罪の事案につき最判昭35・7・15
97c）や学説の多くもそのように考えている。その根拠については諸説ある

が、本書では、多重処罰を避けるために一個の国家刑罰権に服する事項は一個の手続で処理すべきだというポリシーを立てた（【080】参照）ので、その一環として、公訴事実の同一性が認められる範囲全体に一事不再理効を及ぼさねばならないと考える。公訴事実の同一性が認められる範囲で訴因変更を許し、一個の罪については1個の手続で処理させることにしたのにもかかわらず、当該手続の中で処理可能だった範囲（つまり公訴事実の同一性が認められる範囲）内での後訴を認めてしまうと、訴因変更制度が崩壊し、前記ポリシーを実現するための制度全体が崩れてしまうからである。

　なお、公訴事実の同一性の判断について問題が生じることがある。例えば、❶訴因変更の可否の項でも登場した覚せい剤自己使用事件（【082】参照）において、日時・場所等の幅が広い訴因に基づく有罪判決が確定したにもかかわらず、当該日時・場所で行われたとする自己使用の訴因で後訴があった場合、公訴事実の同一性が認められるかが問題となる。実務では、幅のある訴因に設定した際に検察官が「最終使用行為1回」という釈明をすることが多いと言われているが、そのような釈明を認めては、後訴が最終使用行為なのか否かについて争いが生じる危険性が高く、かつ、そもそもそのような釈明はフィクションに基づくもので不当といえよう。尿検査で陽性反応が出たので覚せい剤を使用したのは確かなのだが、何回使用したかはわからないので、罪数処理上は1回にしておくというのが実際であろう。そこで、幅のある記載の中に含まれる行為についてはもはや起訴しないと約束するという釈明をさせておけば、一事不再理効の及ぶ範囲に争いは生じない。いずれにせよ、前訴における検察官の釈明や審理の経過をふまえ、後訴において検察官に求釈明し、その釈明内容を考慮しながら公訴事実の同一性について判断すべきである。

　また、❷常習一罪についても争いが生じることがある。各行為の間に本来的な結びつきはないのだが「常習性の発露」にあたるならば包括一罪として処理されるので問題が生じる。最高裁は、前訴の訴因も後訴の訴因も単純窃盗の事案において、「いずれの訴因の記載内容にもなっていないところの犯行の常習性という要素について証拠により心証形成をし、両者は常習特殊窃盗として包括的一罪を構成するから公訴事実の単一性を肯定できるとして、前訴の確定判決の一事不再理効が後訴にも及ぶ」という処理を否定し、「前訴の訴因と後訴

の訴因との間の公訴事実の単一性についての判断は、基本的には、前訴及び後訴の各訴因のみを基準としてこれらを比較対照することにより行うのが相当」と判示した（最判平15・10・7 97。最決令3・6・28も参照）。

　裁判所が心証形成をして同一性判断をする処理方法を排斥した点は評価されるべきであるが、訴因だけを比較して判断するのを基本とすることには疑問がある。前述のように、公訴事実の同一性判断は、訴因、検察官の釈明、審理の経過に鑑み、単一性と同一性について行きつ戻りつしながら検討していく性質のものである（【081】【082】参照）。したがって単純に訴因だけを比較して判断することはできない。前訴における訴因、検察官の釈明、審理の経過、そして後訴における訴因、検察官の釈明、審理の経過を考慮に入れて判断すべきである。また、このような判断を経て公訴事実の同一性が否定されたとしても、一回の手続で処理できたにもかかわらず不当に分割起訴したような場合は、後訴が同時訴追義務違反となり、公訴権濫用にあたるので、公訴棄却（338④）にしなければならない。

　さて、客観的範囲については、例外を認めることの当否についても議論がされている。同時捜査・同時訴追・同時審判が事実上不可能だった場合は当該訴因について有罪とされる危険が事実上なかったのであるから例外を認めてよいというのである。捜査段階において分割逮捕・勾留禁止原則に例外を認めるべきかという論点があった（【050】）。そこでは、包括一罪として処理されることになる行為を保釈中に行った場合には、起訴前に当該行為を捜査することは時間的に不可能だったので例外を認める見解が一般的となっていた。❶一事不再理効についても、常習犯などの包括一罪については、同時審判が時間的に不可能になる第一審判決言渡し時を基準に分割してもよいと考えるのが一般的である。

　また、分割逮捕・勾留禁止原則については、時間的不能の場合のみならず、広く同時捜査の現実的困難性を考慮して幅広く例外を認める見解を採用する論者も多い。これに対し、❷一事不再理効について同じように現実的困難性を考慮して幅広く例外を認める論者は少ない。手続の初期段階とは異なり、さまざまな手続を積み重ねて終局裁判に至っているという事実の重みがここでは格段に重視されるのである。

【154】 拘束力の諸問題

　裁判の拘束力に関する主要論点を検討していこう。第一に、拘束力が認められる裁判は何か。裁判の蒸し返しを防ぐという点で実体裁判と形式裁判の間に違いはないので、どちらにも拘束力が認められる（最決昭56・7・14 98c 参照）。形式裁判の拘束力をイメージできるだろうか。親告罪で起訴されたが告訴がないという理由で公訴棄却となった場合、告訴がなかったという判断に拘束力が生じるので、検察官が「実は告訴はあった」と主張して再起訴しても公訴棄却（338④）となる。「後から告訴を得た」と主張して再起訴するのであれば、告訴がなかったという判断と矛盾しないので、当該起訴は適法となる。

　第二に、拘束力が及ぶ範囲について。主観的範囲は被告人のみ、客観的範囲は（被告人の）当該事件のみとされている。したがって、「AはBと共謀のうえCを殺害した」という有罪確定判決があっても、「BはAと共謀のうえCを殺害した」という訴因で別に起訴されたBに対し無罪判決を出すことができる。また、Aの有罪判決が確定した後、Cの遺族が損害賠償請求を提起した場合、裁判所は、Aは犯人でないとの理由で請求棄却の判決を出すことができる。

　ここは拘束力の性質を理解するための重要ポイントである。C殺害という「社会的・実体的には1つの出来事」に関連する裁判（被告人の刑事裁判、共犯者の刑事裁判、遺族の民事裁判）は全てその内容が統一されなければならないとは考えられていないし、内容を統一させるために拘束力という概念が設けられているわけでもない。拘束力はあくまでも、「被告人の事件」の蒸し返しを防ぐためのものにすぎないことに注意しよう。

　ところが、一定の場合には客観的範囲を広げるべきか議論されている。例えば、❶有罪確定判決を受けたAに対し、実はAは犯人ではなく、真犯人をかばうために身代わりとなったのだとして、Aを犯人隠避（刑103）で起訴し、有罪とすることはできるか。同一事件の蒸し返しを避けるために設けられた拘束力を別事件に及ぼすのは拘束力の目的外使用なので許されないと私は考える。これに対し、検察官の矛盾した態度が禁反言の法理（自己の以前の言動と矛盾する主張をすることを許さないとする法理）に反するので拘束力を及ぼすべきだという見解がある。しかし、禁反言の法理違反が問題なのであれば、端的に法理違反を理由に公訴棄却（338④）にすればよい。

　無罪判決を受けていた場合はどうか。例えば、❷自宅の放火事件で無罪判決が確定したＡが火災保険金を請求したのだが、保険会社に対する保険金詐欺未遂で起訴し、有罪とすることはできるか（単一性がないことが前提）。無罪とされた事件について再度の防禦を強いる点で実質的に二重の危険禁止原則に違反するので、詐欺の手段として放火を検察官が主張・立証することは許されないとする見解もある。しかし、二重の危険禁止原則違反を問題にするのであれば、端的に原則違反を理由に当該主張・立証を禁止すればよい。

　なお、❸確定判決中の被告人に不利益な判断につき、後訴において被告人が当該判断に反する主張・立証をすることができるかという問題も立てられている。例えば、自宅の放火事件で有罪判決が確定したＡが火災保険金を請求したところ、保険会社に対する保険金詐欺未遂として起訴された場合、自分は放火していないと争うことができるか。私は、拘束力は当該事件にのみ及ぶという原則に例外を設けないので、このような問題立ては不要である。

　客観的範囲についてはさらに、裁判の理由中のどの部分について認められるかが議論されている。主文について認められることに争いはない。主文のよりどころとなる理由については争いがある。訴因不特定を理由とする公訴棄却判決につき判例（最決昭56・7・14 98c ）は、❶訴因が特定されていないという判断、つまり主文を導いた直接の理由のみに拘束力を認め、❷この判断を導いた根拠には拘束力を認めなかった。しかし、❷の根拠があってはじめて❶の判断を導くことができるのであるから、❷についても拘束力を認めるべきである。

　なお、形式裁判の理由中に実体判断が示されている場合の処理についても議論されている。例えば、同居していない叔父を被害者とする強盗罪で起訴したのだが、「強取の証明がなく恐喝が成立するにとどまり」、「恐喝罪は親告罪なのに告訴がない」との理由で公訴棄却にした場合、実体判断を示す「強取の証明がなく恐喝が成立するにとどまり」にも拘束力が及ぶか。これについては、❶形式裁判では実体的事実が確定されていないとして拘束力を否定し、強盗での再起訴を許す説と、❷公訴棄却となる不可欠の前提である実体判断であり、再度の防禦を強いるのは二重の危険禁止原則に実質的に違反するから拘束力を肯定し、強盗での再起訴を許さないとする説に分かれる。

　このような事態に至るのは、検察官の訴因変更許可請求もないのに勝手に裁

判所が忖度して縮小認定した場合である。縮小認定を許さない本書の見解（【086】参照）によれば、恐喝への訴因変更許可請求がなければ強盗で無罪、請求があれば告訴がないことのみを指摘して公訴棄却となるので、公訴棄却判決中に実体判断は示されない。したがって、形式裁判中に実体判断が示される事態がそもそも生じないので論点にならない。無罪の実体判断を示しているのにもかかわらず、二重の危険禁止原則を顧みず、無罪判決以外の判決を出すことを認めるからこんな論点が生じるのである。

　第三に、被告人が偽計を用いて真実に反する裁判を得た場合、当該裁判には拘束力が生じないとすべきか。例えば、被告人が自身の死亡を偽装した結果公訴棄却（339Ⅰ④）となったが、実は生きていることが判明したならば検察官は再起訴できるか（大阪地判昭49・5・2 98 参照）。❶偽計を用いた被告人には禁反言の法理を主張する資格がないので再起訴できるとか、❷339Ⅰ④の「死亡し……たとき」を「死亡したという証明があったとき」と解釈し、被告人生存の証拠を新たに得た場合には拘束力が及ばないので再起訴できるとか、拘束力を生じさせないことを是とする見解は多い。しかし、裁判の蒸し返しがなされるのを防ぐのが拘束力を認める目的であるから、禁反言の法理等の別の原理をここで持ち出す❶の考え方は妥当でない。また、❷の解釈はトリッキーにすぎる。拘束力は裁判の蒸し返し防止のために設けられた政策的なものにすぎないから、諸利益の比較衡量によって例外を認めるべき場合は当然ありうるだろう。しかし例外を認めるべき場合は、一事不再理効の場合（435以下の再審、454以下の非常上告）と同じく、法定されるべきだろう。

【155】執 行 力

　裁判は、原則として確定後に執行される（471）。例外もいくつかある。❶決定・命令につき、424Ⅰ、428Ⅲ・424Ⅰ、432・424Ⅰ参照。❷罰金・科料・追徴の仮納付の裁判につき、348Ⅲ参照。❸訴訟費用の裁判、死刑、労役場留置につき、それぞれ483、475、刑18Ⅴ参照。裁判の執行を指揮するのは原則として検察官である（472、473）。なお、刑訴法は刑の執行について若干の規定を置いている（474〜507）が、他に被収容者法や少年法など多数の法令をみる必要がある。刑事政策や少年法の授業で詳しく学んでほしい。

【156】 上級審の裁判の拘束力

　上級審の裁判の拘束力に関する主要論点を検討しよう。第一に、拘束される裁判所について。上級審の裁判が下級審を拘束することは当然として、当の上級審も自らの裁判に拘束されるか。上級審が原判決を破棄し、上級審の裁判に拘束されながら出した下級審の裁判が再び上訴されて上級審に戻ってきた場合、かつて自身が出した裁判とは関係なく自らの判断を示してよいとすると、拘束力を認めた意味がなくなってしまう。そこで、上級審もかつて自身が出した裁判に拘束されることが承認されている（最決昭39・11・24 99c 参照）。なお、下級審の裁判に上級審は拘束されない（最大判昭32・10・9参照）。

　第二に、拘束力が生じる事項は何か。法律判断についても事実判断についても生じると解されている（最決昭39・11・24 99c 参照）。

　第三に、拘束力の生じる範囲について。判例は、「破棄判決の拘束力は、破棄の直接の理由、すなわち原判決に対する消極的否定的判断についてのみ生ずるものであり、その消極的否定的判断を裏付ける積極的肯定的事由についての判断は、破棄の理由に対しては縁由的な関係に立つにとどまりなんらの拘束力を生ずるものではない」と判示した（最決昭39・11・24 99c ）。言葉がわかりにくいが、事実誤認により破棄した直接の理由が「被告人の自白の信用性を否定したのは誤りである」だとすると、それが「消極的否定的判断」である。その理由として「被告人の供述内容は現場の客観的状況と一致している」ことを挙げているとすると、それが「積極的肯定的事由についての判断」である。「積極的肯定的事由についての判断」に拘束力を認めないと判例は述べているけれども、「消極的否定的判断」には拘束力を及ぼすので、結局のところ、新証拠を取り調べない限り、当該拘束力からは解放されない。そこで、「積極的肯定的事由についての判断」にも拘束力があり、あらたな証拠があれば拘束力は消滅すると表現するのが正確であると評されている。

　なお、無罪判決には一事不再理効が生じ、上訴することはできないと私は考える（【147】【153】参照）ので、上級審の裁判の拘束力が問題になるのは、上級審が有罪判決を破棄し、自判することなく差し戻した場合に限られる。

【157】 非常救済手段

　判決が確定してもそれが誤判であった場合は是正を図らねばならない。判決確定後の救済手続として、再審と非常上告という2種類が用意されている。

　再審とは、事実認定の不当を理由として、確定判決に対してなす救済手続である。再審が認められると裁判をやり直すことになる。現行法は「有罪の言渡をした確定判決に対して、その言渡を受けた者の利益のために」のみ再審請求を認めている（435）が、これは、憲39が「既に無罪とされた行為については、刑事上の責任を問はれない」と定め、不利益再審を禁じたためである。

　非常上告とは、法令違反を理由として確定判決またはその訴訟手続の破棄を請求することである（454）。

　なお、2つの手続を合わせて「非常救済手続」と称されることが多いが、「非常」という言葉は、確定前の上訴による救済を「通常」と捉え、それ以外という意味で用いているに過ぎないので注意しよう。

【158】 再　　審

　それでは再審の流れを概観しよう。再審は、再審を開始すべきか判断する手続と、再審開始決定後の審判という二段階に分かれる。再審開始決定が出ると大きく報道されるが、この時点では元被告人はいまだ無罪判決を勝ち取っていないので注意が必要である。

　再審請求は435①〜⑦に掲げてあるいずれかを理由としてしなければならない。①〜⑤は、確定判決により原判決の証拠が偽造、変造または虚偽であったことが証明された場合を規定する。⑦は、確定判決によって関与裁判官などに職務犯罪があったことが証明された場合を規定する。これらの再審理由を「ファルサ（偽証拠）型」と呼ぶ。これに対し⑥は、無罪などを言い渡すべき新証拠を発見した場合を規定する。これを「ノヴァ（新証拠）型」と呼ぶ。この2つの型は性格が異なる。ファルサ型は、①を例にみると、原判決の証拠となった証拠物が偽造であったことが証明されただけで再審理由ありとされる。これに対しノヴァ型は、無罪を言い渡すべき明らかな証拠でなければならない。前者は絶対的控訴理由のような性格を持ち、後者は相対的控訴理由のような性格を有している、と一応いえよう。実務においてファルサ型の再審理由あ

りと認めさせることは非常に困難であり、実際はノヴァ型の⑥を理由として再審請求がなされることが圧倒的に多い。⑥の解釈・運用については【160】【161】で検討しよう。

　請求を受けて再審請求審は審査をする。必要に応じて事実の取調も行う（445）。請求方式に法令違反が認められれば請求を棄却する（446）。請求に理由がないときも棄却する（447）。理由があるときは再審開始決定を出す（448Ⅰ）。その際、刑の執行を停止できる（448Ⅱ）。執行停止の決定に対し不服申立ができるかが東住吉事件で争われた。450が即時抗告の対象として448Ⅱをわざわざ外しているのは、448Ⅰの処分から独立して不服申立の対象とすることを立法者が想定していなかったためと考えるのが妥当だが、最高裁は、448Ⅱの決定に対し419に基づいて通常抗告ができると判示した（最決平24・9・18）。

　再審開始決定が確定すると、第二段階に移る。裁判所は、審級に従い審判をしなければならない（451）。

　再審に関する規定は435〜453の19条しかなく、規定の欠缺が多い。国選弁護人、接見交通権（最判平25・12・10 30c は、拘置所に収容されている死刑確定者が再審請求前の打ち合わせのために弁護人と秘密面会をする利益が「正当な利益」（被収121但）にあたると判示したが、39Ⅰの準用までは行っていない）、証拠開示（【095】参照）に関する規定等の整備は焦眉の課題である。

【159】 非常上告

　非常上告の流れもごく簡単に見ておこう。再審とは異なり、一段階の手続である。検事総長が最高裁判所に申し立て（454、455）、陳述をする（456）。最高裁は調査・事実取調を行い（460）、請求に理由がないときは棄却（457）、理由があるときは一定の判決を出す（458、459）。原判決を破棄して最高裁がさらに判決を出した（458①但）最近の事例を１つ挙げておこう。処断刑の上限が懲役１年なのに、検察官が１年６月を求刑し、裁判所が１年２月を言渡し、確定した事件について非常上告が申し立てられ、最高裁が確定判決を破棄し、懲役８月とする判決を言い渡した（最判平28・7・4）。非常上告が認められる事案は、刑事手続に関与する者たちのだらしなさが窺えてしまうものが多いので、実務に変な幻想を抱かないためにも、たくさんチェックしてみよう。

【160】「あらたに発見したとき」

435⑥に含まれる文言のうち、解釈が争われている箇所を2つ紹介しよう。ここでは「あらたに発見したとき」の解釈を扱う。【161】では「無罪を言い渡すべき明らかな証拠」の解釈を扱う。

「あらた」とは誰にとってなのかが問題になっている。請求人にとって新たであるという請求人説と、裁判所にとって新たであるという裁判所説に分かれる。前者の説のほうが再審請求のハードルは高くなる。確定前に当該証拠の存在を知っていたが、さまざまな事情により確定前に法廷に出さなかった場合には、請求棄却となってしまうからである。事実認定の誤りを是正するにあたり請求人の事情は関係がないから、後者の説が妥当である。

この点に関し最高裁は明確な規範を立てていない。身代わり犯人による再審請求に対し、証拠をあらたに発見したときに該当しないとする判例もあり（最決昭29・10・19）、これだけをみると請求人説に立っているように見えるが、明確に裁判所説を採用した布川事件の原決定を是認してもいる（最決平21・12・14）。私がみるかぎり、裁判所説が実務の大勢を占めているといってよい状況だと思う。

【161】「無罪を言い渡すべき明らかな証拠」

さまざまな事件において絶えず争われてきたのが「無罪を言い渡すべき明らかな証拠」の解釈である。白鳥、財田川決定以前の実務においては、❶新証拠のみで評価し、❷無実証明があった場合に、この要件をみたすと考えられ、運用されてきた。疑わしいときは被告人の利益に原則は適用されない。そうすると、完全なアリバイ証明に成功でもしないかぎりは要件をみたせないことになるが、それは現実世界では非常に困難である。そこで、「再審の門を通るのはラクダを針の穴に通すより難しい」との怨嗟の言葉が生み出された。

このような絶望的状況に風穴を開けたのが白鳥、財田川決定である。白鳥決定は、確定判決における事実認定につき合理的な疑いをいだかせ、その認定を覆すに足りる蓋然性のある証拠をいうものと解すべきであるとし、疑わしいときは被告人の利益にという「刑事裁判の鉄則」が適用されると宣言した（最決昭50・5・20 100c）。財田川決定では、鉄則を具体的に適用するにあたっては、

「確定判決における事実認定の正当性についての疑いが合理的な理由に基づくものであることを必要とし、かつ、これをもって足りると解すべきであるから、犯罪の証明が十分でないことが明らかになった場合にも」ＯＫだと判示した（最決昭51・10・12 100 ）。

　白鳥、財田川決定により、❶新証拠と旧証拠を総合評価し、❷確定判決の事実認定に合理的疑いを抱いた場合に、要件をみたすとされた。これにより再審の門は広がり、死刑４事件（免田、財田川、松山、島田）について再審開始決定が出され、再審が行われ、無罪判決が出され、確定した。これら４事件はすべて、新証拠単独で無実を証明することはできない事案であったから、白鳥、財田川以前の解釈では再審開始決定が出なかった事案である。

　しかし、その後に新たな問題が発生した。名張事件第五次再審請求時の最高裁決定（最決平9・1・28 100c ）により顕在化したのだが、確定前・確定後に全く争点とされなかった点につき最高裁が独自に調査し、独自の心証を新たに形成したうえで、合理的疑いを抱かないから「無罪を言い渡すべき明らかな証拠」とはいえないと結論したのである。また、尾田事件において最高裁決定（最決平10・10・27 100c ）は、罪となるべき事実そのものに合理的な疑いを生じさせるに至らない限り435⑥の再審事由に該当するということはできないと述べた。最高裁は、再審請求審においても、自由に心証を形成して、有罪の証明があるか否かという裸の実体判断を行うことを認めているようである。

　しかし、再審請求審は、再審そのものではない。決定手続であり、防禦権を保障するための規定も整備されていない手続である。それにもかかわらず、自由に裁判所が実体判断をしてよいのか、疑問である。

　この問題に対処する道は２つあると思う。１つは、最高裁の解釈を受け容れ、全面的に事実認定を争うことができるような条件整備を主張することである。もう１つは、ファルサ型と同様、実体判断を極力させない解釈を認めさせることである。私は後者の立場をとり、「無罪を言い渡すべき明らかな証拠」とは「仮に無罪判決を言い渡すとしたならば、新証拠はその理由の１つとして使える」ことを意味し、請求審は実体判断に詳細に立ち入ることなく、新証拠が消極証拠であることのみを確認すればよいと解釈している。

【162】 被疑者・被告人（＋略式手続）

　被疑者につき補足すべき点はない。被告人につき、被告人の特定という問題と、被告人の訴訟能力という問題について説明する。まずは被告人の特定について。公訴は「検察官の指定した被告人」にのみ効力が及ぶ（249）が、それが誰であるかは、通常は起訴状の表示により判断される。しかし、❶「中川孝博」が捜査段階から一貫して「高佐智美」と名乗り続け、それを信じた検察官が起訴状に被告人氏名を「高佐智美」と記載したとしよう。このように、起訴状記載の被告人氏名（高佐智美）と、公判廷に出頭している者（中川孝博）が異なる場合、どちらを被告人（実質的被告人）とすべきか。そして、❷実質的被告人と、被告人であるかのような外観を呈した者（形式的被告人）が異なる場合、どのように処理すべきか。

　❶については、起訴状の記載を基礎とし、検察官の訴追意思、被告人としてふるまっている者の行動等を考慮して起訴状記載の氏名を解釈するという見解（実質的表示説）が一般的である（最決昭60・11・29 2-56 ）。❷については、 a ：実質的被告人に対する起訴がなされていないので、338④を準用して公訴棄却、 b ：実体判決が出た後に人違いが判明した場合には、上訴審が378③または411①で破棄し、338④を準用して公訴棄却、 c ：実体判決が確定した場合には、非常上告して確定判決を破棄し、338④を準用して公訴棄却（458①）にすべきだろう。ただし、❶において実質的表示説をとると、起訴状記載の氏名は「高佐智美こと中川孝博」と解釈される可能性が高く、「中川に対する起訴がなされていない」と判断される事案はほとんど生じない可能性が高い。

　ところで、略式手続がとられた場合に❶がよく問題となるので紹介しておこう。まずは前置きとして略式手続を概説する。簡易裁判所は、検察官の請求により、100万円以下の罰金または科料を科す略式命令を発することができる（461）。この略式命令を出す手続が略式手続である。軽微事件の多くは、公判請求（256Ⅰ）されることなく略式手続により処理されている。略式手続の規定は、461〜470、規288〜294である。本書でこれら全てに触れる余裕はないが、触れていない条文も必要に応じて確認してほしい。

　さて、略式手続においては、起訴状送達もなく（463Ⅳ、規165Ⅳ）、起訴状一本主義もなく（規289）、公判も開かれず（したがって裁判は非公開、被告人の出頭

は不要となる）、事実認定は自由な証明により行われる（319Ⅰ、319Ⅱ、違法収集証拠排除法則は適用されるべきとする見解が多い）。略式手続は、憲法上の諸権利を無しにして軽微事件を簡易迅速に処理する手続なのである。しかし、略式命令に納得できない被告人は正式裁判請求ができ（465）、その請求が適法である場合には通常の規定に従い審判をしなければならず（468Ⅱ）、略式命令には拘束力がない（468Ⅲ）ので憲法違反の手続とはいえないと一般に解されている（関連して最判昭24・7・13参照）。とはいえ、被疑者がこの手続を理解したうえで諸権利を放棄した（正式裁判請求ができるから全面的放棄ではないが）という体裁を整えたい。そこで検察官は、この手続について被疑者にあらかじめ説明し、異議がないことを確認しなければならない（461）。この説明や確認がかえって脅しになっていないか警戒しなければならない（【047】）。

　なお、法律に規定が全くないが、実務上、略式命令請求には３つの形態がある。❶被疑者在宅のまま処理する「在宅略式」、❷被疑者を検察庁にとどまらせ、略式命令請求し、即日のうちに裁判所が略式命令を発付し、その謄本の交付も行ってしまう「在庁略式」、❸逮捕されている者に対して処理する「逮捕中在庁略式」である。この３形態が存在することが被告人特定に関しやっかいな問題を生じさせている原因である。

　というわけで、ここで被告人特定の問題に戻ろう。実質的表示説によると、❶の場合、起訴状以外に被告人を特定する資料がないとされ、氏名被冒用者（高佐）が実質的被告人とされる。❷の場合、被冒用者（高佐）が実質的被告人だと解したようにみえる判例（最決昭50・5・30）があるが、出頭した者を訴追する意思が明らかだとして、冒用者である出頭者（中川）が実質的被告人だとする見解もある。❸の場合、現に逮捕されている者を訴追する意思が明らかだとして、冒用者である被逮捕者（中川）が実質的被告人とされる。

　しかし、このような区別に合理性があるとは思えない。どの方式であれ、捜査機関に取調を受け、調書等に署名・押印した者は冒用者（中川）であり、この署名・押印や、写真・指紋等その他の資料により特定できるのであるから、❶❷❸いずれも冒用者（中川）を実質的被告人としてよいのではないか。さらに言えば、❶❷❸の類型ごとに一律に決めるのではなく、事件の具体的状況に照らしてその都度判定すればよいのではないか。被冒用者が実質的被告人とさ

れてしまうと、正式裁判請求や裁判確定後の再審請求によらないと救済されないので踏んだり蹴ったりである。被冒用者が実質的被告人とされてしまわないよう、事件ごとにきめ細やかに調査・認定する必要があるのではないか。

このように考えてくると、検察官の訴追意思のみを基準として実質的被告人を判定する見解（意思説）が妥当である。「高佐こと中川」という技巧に走った起訴状の解釈をしないので、起訴状記載の氏名（形式的被告人）が実質的被告人と異なる場合は公訴棄却等の措置を躊躇なくとることになる。

次に、被告人の訴訟能力について。訴訟能力とは一般に「有効に訴訟行為をなしうる意思能力」と定義されている。判例は、被告人の訴訟能力について「被告人としての重要な利害を弁別し、それに従って相当な防御をすることのできる能力」をいうと判示した（最決平7・2・28 56）。このような能力を欠く被告人は、訴訟主体として闘うことができない。闘うことのできない者を訴訟の土俵に上げて刑罰を科すことは不公正であるため、訴訟能力が必要とされている。

訴訟能力は、どのような形で問題となるか。まず、被告人がなした個々の訴訟行為が問題となることがある。例えば、第一審判決の宣告刑が死刑であったため量刑不当を理由に控訴したにもかかわらず、しばらくして被告人自ら控訴を取り下げる（359）ことがある。拘禁反応を出現させた被告人が、正常な判断ができない状態に陥った結果である。そこで、訴訟能力に欠ける状態で行われた行為であるから控訴取下は無効となる（最決平7・6・28参照）。

次に、個々の訴訟行為のみならず手続全体の継続が危ぶまれることがある。もともと最初から訴訟能力を欠いている被告人の場合、その行動一つ一つを無効にするだけでは足りない。そこで判例は、公判停止について規定する314Ⅰの「心神喪失の状態に在るとき」を訴訟能力の欠如と広く捉え、被告人が訴訟能力を欠いている場合には公判停止にすべきと判示した（最決平7・2・28 56）。

しかし、被告人に回復の見込みがない場合には、公判を停止するだけでなく手続を打ち切るべきではなかろうか。この問いに答えたのが最判平28・12・19 56c である。この判例は、「事案の真相を解明して刑罰法令を適正迅速に適用実現する」という刑訴法の目的を規定した1を援用し、「形式的に訴訟が係属しているにすぎない状態のまま公判手続の停止を続けることは同法の予定す

るところではなく、裁判所は、検察官が公訴を取り消すかどうかに関わりな
く、訴訟手続を打ち切る裁判をすることができる」と判示した。結論は妥当だ
が、手続の公正さへの配慮や、被告人の救済という観点が理由中に明示されて
いないのは問題である。

　なお、打ち切りの形式については、当該事件が「訴訟能力が後発的に失われ
てその回復可能性の判断が問題となっている場合であることに鑑み、判決によ
る公訴棄却につき規定する同法338条4号と同様に、口頭弁論を経た判決によ
るのが相当」なので、338④を準用して公訴棄却の判決を出すべしと判示して
いる。

【163】被 害 者

　犯罪被害者は訴訟当事者ではない。刑事裁判は国家刑罰権の発動を求めて開
始される。刑罰権を持っているのは国家である。国家刑罰権は、社会の秩序維
持のために発動される。私権の実現を目指す民事裁判ではないのである。そこ
で被害者は、刑事裁判においては、もっぱら証拠（情報提供者）として扱われ
てきたが、2000年以降、被害者等の保護を図る法改正や新立法が多数なされて
いる。その内容を簡単に紹介しておこう。

　第一に、被害者に対する金銭的支援の制度である。1980年に制定されていた
「犯罪被害者等給付金支給法」が2008年に改正され、「犯罪被害者等給付金等に
よる犯罪被害者等の支援に関する法律」と改称された。給付の対象や給付額が
拡大されている。

　第二に、主として公判段階における被害者の保護である。❶法廷に設置され
ている傍聴席の数は限られているが、被害者が傍聴できるよう配慮される（被
保2）。❷損害賠償を求める民事裁判の準備等に配慮し、刑事公判が係属中で
あっても訴訟記録を閲覧・謄写できる（被保3）。❸証人として尋問される場合
には、被害者特定事項を秘匿することができる（290の2、291Ⅱ、299の3）。し
たがって被害者特定事項にわたる尋問は制限されうる（295Ⅲ。299の2も参
照）。❹尋問の際には、証人・被告人や傍聴人との間に衝立を置く遮蔽措置
（157の5）や、証人を法廷外に在席させ（従来は訴訟関係人が在席する場所と同一
の構内とされていたが、2016年に157の6Ⅱが新設され、一定の場合には同一構内以外

でもよくなった）、映像と音声の送受信により証人と尋問者の状態を相互に認識
しながら通話をするというビデオリンク方式（157の6）をとることもできる
（ビデオリンクの合憲性につき、最判平17・4・14 55 参照）。❺尋問の際に不安や緊
張を緩和させるのに適当な者を付き添わせることもできる（157の4）。❻聞か
れたことに答えることしかできず、反対尋問にもさらされる証人尋問の形をと
らない意見陳述の機会も設けられている（292の2。ただし反対尋問ができないこ
ともあり、当該陳述は犯罪事実の認定のための証拠とすることができない。292の2
Ⅸ）。

　なお、2016年の法改正により、対象は被害者に限らないが、証人等特定事項
の秘匿を認める規定（290の3、291Ⅲ）、証人等特定事項にわたる尋問の制限を
認める規定（295Ⅳ）、証人等特定事項を秘匿するために必要な一定の措置を検
察官がとることを認める規定（299の3〜299の7）が新設された。最決平30・
7・3は、299の4、299の5が憲37Ⅱに違反しないと判断した。

　第三に、被害者による手続参加も一定範囲で認められている。自ら、または
委託した弁護士が証人尋問すること（316の36）、被告人質問すること（316の
37）、論告・求刑すること（316の38）である。このように手続に参加する被害
者を「被害者参加人」と呼ぶ（316の33Ⅲに定義がある）。被害者参加人に対して
も付添いや遮蔽の措置をとることができる（316の39）。

　第四に、犯罪や刑事手続の進行に関する情報を受ける。❶法律では定められ
ていないが、警察は被害者連絡制度を1996年に設け、捜査状況、被疑者を検挙
したこと、被疑者の氏名・年齢等、被疑者の処分の状況（送致先の検察庁、起
訴・不起訴の処分結果、起訴された裁判所）等の情報を被害者に提供している。❷
検察も、1999年に被害者通知制度を設け、被害者等の希望がある場合には事件
の処理結果、公判期日、刑事裁判の結果、被疑者・被告人の身柄の状況等を通
知している。もともと刑事訴訟法上には、告訴人に対する事件処理の通知
（260）や不起訴理由の告知（261）という規定を置いていたが、それを拡大した
形である。不起訴処分に納得がいかない被害者は、検察審査会に申し立てるこ
とができる（【063】参照）。なお、性犯罪について、かつて設けられていた6カ
月の告訴期間は撤廃された（235Ⅰ①）。さらに、2017年の刑法改正により強制
性交罪（かつての強姦罪）等は非親告罪化されている。

第五に、損害賠償請求にかかる負担が軽減された。従来は、刑事裁判とは全く別に、民事裁判所に訴を提起する必要があった。しかし2007年に損害賠償命令制度（被保23〜40）が設けられ、刑事裁判終了後にその刑事裁判官がそのまま民事裁判の審理を行い、刑事と民事の訴訟を1回で終結させることができるようになった。この制度により、精神的苦痛の回避・軽減に資し、刑事裁判と民事裁判の結論が矛盾するという事態を回避し、簡潔・迅速に被害者救済を図ることができるようになった。他に、被告人と被害者の和解が公判調書に記載された場合、それに裁判上の和解と同一の効力を持たせる制度も設けられた（被保19〜22）。

以上のような制度はおおむね好意的に評価されているが、疑問・懸念の声が寄せられている領域もある。❶被告人が犯人であると確定していない段階で、なぜ「被害者」という存在が確定されるのか。❷証言にまつわるさまざま措置は、被告人の防御権等を侵害していないか。❸被害者の意見陳述や参加人の論告・求刑等が証拠評価や事実認定に影響しないだろうか。法廷が応報感情に満たされないだろうか。事実認定と量刑の手続を二分する必要があるのではないか。❹被害者参加人の地位があいまいである。参加人が訴訟当事者なのだとすると、検察官 VS 被告人という当事者主義の構造に矛盾をきたすことになる。❺被害者救済の施策は（あまり予算を要しない）刑事司法のフィールドに限られていないだろうか。❻刑事裁判に参加したくない被害者の救済は十分か。

【164】救援者

被告人の冤罪を晴らすべく救援活動を行う市民がいる。救援者たちは弁護人から証拠等について情報を得ようとする。しかし2004年に法改正が行われ、法定されているもの以外の目的で開示証拠を使用することが禁じられた（281の4、281の5）。弁護人が委縮し、情報開示をしぶり、救援活動が妨げられる危険がある。実際、再審請求審における開示証拠は281の4の対象外であるにもかかわらず、弁護人が市民集会で開示証拠の情報提供をしたことに検察官が強く異を唱えている事件もある。マスコミに情報を提供している検察官が弁護人には圧力をかけている現状に鑑みると、281の4が冤罪救済を妨げる装置として機能してしまう危険性はリアルなものだと捉えておかねばならない。

【165】弁護人

　弁護人の意義、選任、解任、権限、義務について落穂拾いをしておこう。

　第一に、弁護人の意義について。弁護人とは、法律的な専門知識に基づき、被疑者・被告人の訴訟法上の権利・利益を擁護する者をいう。憲37Ⅲは「資格を有する弁護人」を依頼する権利を保障しているため、弁護士が選任されることになっている（31Ⅰ）。ただし第一審に限り、裁判所の許可を得て弁護士でない者を弁護人にすることができる（31Ⅱ。特別弁護人と呼ぶ）。心理学者が特別弁護人に選任された例がある。

　第二に、選任について。ここでは審級代理と併合代理の話だけをしておう。❶弁護人の選任は審級ごとに行う（32Ⅱ）。これを審級代理という。「審級」は、終局裁判の確定または上訴申立による移審の効果が発生するまでをいうと解するのが一般である。したがって判決宣告によって弁護人選任の効力は失われない（最決平4・12・14）。❷数個の被告事件が併合審理されている場合は、一事件について弁護人を選任したときは他の事件についても選任されたものとされる。追起訴の場合も同様である（規18の2）。これを併合代理という。国選弁護人についても同様である（313の2）。

　第三に、解任について。ここでは国選弁護人の解任について述べておこう。解任事由は38の3Ⅰが規定している。解任は、裁判長または裁判所が一方的に行う意思表示によって効果が生じる裁判であり、弁護人が辞任を申し出ても、裁判所が解任しなければ弁護人たる地位を失わないと解するのが一般的見解であり、判例である（最判昭54・7・24）。

　第四に、権限について。弁護人は、❶被疑者・被告人のなしうる訴訟行為であって性質上代理に親しむ全ての行為を個別の授権なしに代理できる。これを包括的代理権という。「被告人は」などと規定しているものがそれにあたる（8Ⅰ、19Ⅰ、326Ⅰ、331Ⅰ、351Ⅰ、465Ⅰ）。代理権であるから、被疑者・被告人の明示・黙示の意思に反して行うことはできず、少なくとも追認が必要となる。また弁護人は、❷刑訴法に特別の定めのある場合、被疑者・被告人の意思から独立して訴訟行為を行うことができる（41）。これを独立行為権という。「被告人又は弁護人は」「弁護人は」などと規定しているものがそれにあたる。性質上代理に親しむ訴訟行為の場合は「独立代理権」と呼ばれる（21Ⅱ本、82

Ⅱ、87Ⅰ、88Ⅰ、179Ⅰ、298Ⅰ、309ⅠⅡ、355。ただし21Ⅱ但、356参照）。代理に親しまない訴訟行為の場合は「固有権」と呼ばれる（40、170、388、414・388、39Ⅰ、113Ⅰ、142・113Ⅰ、157ⅠⅢ、311Ⅲ、293Ⅱ）。

　第五に、義務について。弁護士は「基本的人権を擁護し、社会正義を実現する」という「使命に基き、誠実にその職務を行」わねばならない（弁1ⅠⅡ）。そこで被疑者・被告人を誠実に弁護する義務（誠実義務）を負う。同時に、「社会正義を実現する」使命に照らし、誠実義務と両立する限りにおいて、真実発見に協力する義務（真実義務）を負う。これらの義務の意味内容をめぐってさまざまな争いが生じている（例えば最決平17・11・29 52 参照）。

【166】検 察 官

　ここでは検察官の組織について概説する。検察官は「公益の代表者」（検4）としてその職務（検4、6Ⅰ。検察事務と呼ばれている）を行う。公益の代表者とされていることから、適正手続の擁護者でなければならないという意味の「客観義務」を検察官は負うという考え方もある。しかし、被疑者・被告人と対立する検察官に人権擁護の役割を期待することが合理的といえるかは疑問である。また、「公益」は個人の権利・利益と対立するものなので、「公益の代表者」という規定から客観義務を導き出すのは無理があると思う。

　検察官の組織については、「独任制官庁」「検察官同一体の原則」という2つのキーワードを理解しておこう。❶検察官はそれぞれ独立して検察事務につき意思決定を行い外部に表示する独任制官庁である。同時に❷検察官はいずれかの検察庁（検察官の行う事務を統括するところ。検1参照）に属し（検5）、組織化され、一体として検察事務を行う。独任制官庁である1人の検察官の事務を（検12が定める上級者の事務引取・移転権を介して）別の検察官が取り扱うことができ、1つの官庁が事務を処理したのと同じ法律効果が与えられる。これを検察官同一体の原則という。

【167】裁判所・裁判官

　ここでは、「裁判所」の意義、管轄、除斥・忌避・回避について概説しよう。第一に、「裁判所」の意義について。裁判所には、❶裁判機関としての裁

判所を意味する「訴訟法上の裁判所」と、❷司法行政上の単位としての裁判所を意味する「国法上の裁判所」の2つの意味がある。本書のあちこちで用いてきた「裁判所」のほとんどは❶であった。❶と❷の使い分けを意識してみよう。例えば、殺人事件の管轄は地方裁判所（❷の意味。裁24②）なので、検察官は地方裁判所（❷の意味）に公訴を提起する。公訴が提起されると、その地方裁判所（❷の意味）に所属する裁判官により構成される裁判所（❶の意味。刑事第1部等）に事件が配点され、受訴裁判所（❶の意味）となる。

　❶には1名の裁判官による単独体と、複数の裁判官により構成される合議体がある。簡裁は常に単独体（裁35）、最高裁・高裁は常に合議体（裁9ⅠⅡ、18Ⅰ）である。地裁は複雑である。原則は単独体（裁26Ⅰ）だが、裁26Ⅱ①②③④の場合は合議体で行われる。合議体で審判する旨の決定を合議体でした事件（裁26Ⅰ①）を裁定合議事件、その他（裁26Ⅱ②③④）を法定合議事件という。裁26Ⅱ④は「その他他の法律において合議体で審理及び裁判をすべきものと定められた事件」と規定しているが、「他の法律」である刑事訴訟法に規定されているものとしては、忌避申立に対する決定（23ⅠⅡ）、準起訴手続の審判（265Ⅰ）、裁判官の処分に対する準抗告の決定（429Ⅲ）がある。

　第二に、管轄について。❶事件の軽重・性質による第一審管轄の分配を意味する「事物管轄」、❷事件の地理的関係による第一審管轄の分配を意味する「土地管轄」、❸上訴の管轄の分配を意味する「審級管轄」がある。

　❶の管轄は簡易裁判所、地方裁判所、高等裁判所が有する。簡易裁判所の事物管轄については裁33Ⅰ②（簡裁の専属管轄。裁24②も参照）、裁33ⅡⅢ（科刑権が制限されていることに注意）、332参照。地方裁判所の事物管轄については裁24②参照。簡裁と地裁の管轄が競合する場合が多いが、いずれの裁判所に起訴するかは検察官の裁量による。高等裁判所の事物管轄については裁16④参照。なお、同一事件が数個の裁判所に継続する場合につき、10、11参照。

　❷については2Ⅰ、12参照。住所が長崎県の被疑者が東京に出頭し任意取調を受けたところ、東京を「現在地」（2Ⅰ）として起訴された事件がある（最判昭33・5・24）。このように生活拠点から遠く離れた裁判所に起訴されたならば、公判出頭は大変になり、防御に支障を来し、社会生活上の影響も著しく、無用の負担が増える。そこで、移送の規定が置かれている（19ⅠⅡ）。

　なお、❶❷の管轄は、関連事件（9）の場合に修正を受ける（3〜8）。また、管轄の指定（15、16）、管轄の移転（17、18）というシステムもある（移転請求に伴う訴訟手続の停止について最決令3・12・10参照）。市民が加わる裁判員裁判制度の施行により、今後は移転を検討すべき事件が増えるかもしれない（ただし最高裁は、裁判員裁判であることそれ自体に特別な注意を払う必要はないと考えているようだ。最決平28・8・1参照）。

　第三に、除斥・忌避・回避について。被告人は公平な裁判所による裁判を受ける権利を有している（憲37Ⅰ）。公平な裁判所とは「偏頗や不公平のおそれのない組織と構成をもった裁判所」をいうと判例は解している（最大判昭和23・5・26）。公平な裁判所にするためには、事件に予断をもつおそれのある裁判官の関与を排除しなければならない。そこで刑訴法および刑訴規則は、❶裁判官が当該事件に関する一切の職務から法律上当然に（つまり当事者の申立を待つことなく）排除される「除斥」（20）、❷当事者の申立により職務から排除する「忌避」（21〜25）、❸忌避されるべき原因があると裁判官が思料するときに自ら職務から退く「回避」（規13）の制度を置いている。これらの規定に対する違反は絶対的控訴理由とされている（377②）。

　しかしこれらの制度は機能しているだろうか。最高裁は、20⑦「前審の裁判」を「上訴により不服を申し立てられた当該事件のすべての裁判」と解し、確定判決に関与した裁判官が再審請求審に関与することを認めた（最決昭34・2・19）。他にも、公訴棄却された事件で証拠調を行った裁判官が再起訴された事件の審判に関与すること（最決平17・8・30）、破棄差戻の控訴審判決に関与した裁判官が第二次控訴審の審判に関与すること（最決昭28・5・7）、起訴前に令状を発付し起訴後第1回公判期日までの間に保釈請求を却下した裁判官が第一審の審判に関与すること（最大判昭25・4・12）、家裁で検察官送致決定をした裁判官が第一審の審理に関与すること（最決昭29・2・26）等を認めている。

　また最高裁は、忌避につき「手続内における審理の方法、態度などは、それだけでは直ちに忌避の理由となしえない」と述べている（最決昭48・10・8）。

　これらの判例群をみる限り、最高裁は除斥・忌避・回避の対象範囲を狭く捉えているようだ。実際、忌避の申立に理由ありとされた事例など聞いたことがない。除斥・忌避・回避の規定は「死んだ法」と化している。

【168】 裁判員①：裁判員制度の目的

　裁判員制度の目的は「裁判員が裁判官と共に刑事訴訟手続に関与することが司法に対する国民の理解の増進とその信頼の向上に資する」ことである（裁員1）。本制度は司法の広報の手段にすぎないのではないかと勘繰りたくなるが、最高裁は、「理解の増進」と「信頼の向上」とはすなわち「国民主権の理念に沿って司法の国民的基盤の強化を図るものであることを示している」、「裁判員の職務等は、司法権の行使に対する国民の参加という点で参政権と同様の権限を国民に付与するものであ」ると述べた（最大判平23・11・16 59）。

　いずれにせよ、裁判員制度の創設に真っ向から反対する人はさほど多くなかった。それは、制度が実際に果たす機能に期待する人が多かったからである。❶調書裁判を脱し、直接主義・口頭主義、公判中心主義が果たされるのではないか、❷頭と体が凝り固まっていない市民が参加することによって無罪推定原則に従った判断がなされるのではないか、といった期待である。

　現時点までの運用をみると、❶の期待はかなり果たされていると多くの者が評価している（ただし、「公判と捜査の分離」に関する評価は別）。❷については評価が難しい。少なくとも覚醒剤関連事件の無罪判決は増えた。この種の事件は裁判員裁判になじまないから対象から外すべきだという立法提案が検察サイドからなされたが、受け容れられなかった。

【169】 裁判員②：対象となる事件

　死刑または無期の懲役若しくは禁錮（無期拘禁刑）に当たる罪に係る事件、および、法定合議事件で、故意の犯罪行為により被害者を死亡させた罪に係るものである（裁員2Ⅰ）。ただし、一定の場合には裁判官の合議体で取り扱う（裁員3、3の2）。裁判員裁判を受けるか否かにつき被告人に選択権はないが、この点につき最高裁は合憲と判断している（最判平24・1・13 59c）。

【170】 裁判員③：裁判員選任手続と公判

　まず、市町村の選挙管理委員会が裁判員候補者予定者名簿を作成する（裁員21）。その送付を受けた地方裁判所は、裁判員候補者名簿を調製する（裁員23）。名簿に記載されると本人に通知される（裁員25）。

　次に、事件ごとに候補者をくじで選定する（裁員26）。選定された候補者は呼び出しを受ける（裁員27）。出頭した候補者に対し一定の者に対し不選任決定をする。検察官および被告人も不選任決定請求をすることができる。残った者の中からくじを行い、選任決定をする（裁員34〜37）。

　裁判員裁判においては公判前整理手続が必要的となる（裁員49）。公判については、冒頭陳述に関し、証拠により証明すべき事実と証拠との関係を具体的に明示せよとの特則がある（裁員55）。合議体は裁判官３人、裁判員６人で構成する（裁員２Ⅱ本。ただし裁員２Ⅱ但、２Ⅲ参照）。裁判員が関与する判断は、事実の認定、法令の適用、刑の量定の３つである（裁員６Ⅰ）。裁判員は、一定の事項について証人、被告人、被害者等に尋問・質問できる（裁員56〜59）。

　評決は、裁判官・裁判員の双方の意見を含む過半数の意見による（裁員67Ⅰ）。したがって、全体の過半数が有罪票であっても、裁判官のうち少なくとも１人が有罪に票を投じていないかぎり無罪となる。また、裁判員の中では有罪２人無罪４人と無罪派が相当多数になっても、裁判官全員および裁判員２人が有罪票であれば有罪となる。量刑については意見がばらばらになり過半数に達しないことがありうる。そのような場合の処理方法については裁員67Ⅱ参照。

　なお、裁判員裁判では、審理の長期化が見込まれるなど、裁判員の負担が過大と考えられる場合には、併合事件を分け、分けた事件ごとに順次審理するという決定をすることができる（裁員71）。この決定に基づく審判を区分事件審判という。区分事件ごとに審理が行われ、部分判決を言い渡す。すべての区分事件の審判が終わった後、併合事件全体の裁判を行う（裁員77〜89）。

【171】　裁判員④：裁判員の保護と裁判員の義務

　裁判員を保護するために、個人情報の保護（裁員101Ⅰ、109）、裁判員に対する請託・威迫の犯罪化（裁員106、107）、危険な事件の排除（裁員３）などが規定されている。仕事を休んでも不利益に扱わないよう雇用主に要請もしている（裁員100）。

　裁判員には出頭義務（裁員52。ただし裁員63Ⅰ参照）および守秘義務（裁員９Ⅱ）が課される。守秘義務等に違反した場合には秘密漏示罪を犯したとして処罰されうる（裁員108）が、範囲が広すぎるとの批判もある。

判例索引

296

事項索引

中川 孝博（なかがわ・たかひろ）

1969年　生まれ
1993年　一橋大学法学部卒業
1999年　一橋大学大学院法学研究科博士後期課程修了／博士（法学）
2000年　大阪経済法科大学法学部助教授
2004年　龍谷大学法学部助教授
2006年　龍谷大学法学部教授
2008年　國學院大學法学部教授（現在に至る）

[主要著書]
『合理的疑いを超えた証明』（現代人文社、2003年）
『刑事裁判・少年審判における事実認定』（現代人文社、2008年）
『法学部は甦る！（上)』（現代人文社、2014年）
『判例学習・刑事訴訟法［第3版］』［共編著］（法律文化社、2021年）

Horitsu Bunka Sha

刑事訴訟法の基本〔第2版〕

2018年4月15日　初　版第1刷発行
2023年4月10日　第2版第1刷発行

著　者　　中川孝博

発行者　　畑　　　光

発行所　　株式会社 法律文化社

〒603-8053
京都市北区上賀茂岩ヶ垣内町71
電話 075(791)7131　FAX 075(721)8400
https://www.hou-bun.com/

印刷：中村印刷㈱／製本：㈲坂井製本所
装幀：白沢　正

ISBN 978-4-589-04269-9

葛野尋之・中川孝博・渕野貴生編

判例学習・刑事訴訟法〔第3版〕

B5判・406頁・3630円

丁寧な解説に定評のある判例集の改訂版。「GPS捜査事件（最大判平29・3・15）」「リベンジポルノ事件（東京高判平27・2・6）」「おとり捜査事件（札幌地決平成28・3・3）」など、第2版刊行（2015年）以降の注目判決を含む100判例を収録。

中川孝博・葛野尋之・斎藤 司著

刑事訴訟法講義案〔第2版〕

B5判・238頁・2970円

情報量を抑えて要点を例挙し、基本的な論理の流れや知識間の関連づけを整理した講義パートと、そこで得た知識を定着させるための短答パートからなる好評のテキストの第2版。『判例学習・刑事訴訟法』とのリファーも充実。

川崎英明・葛野尋之編

リーディングス刑事訴訟法

A5判・430頁・6050円

日本の刑事法学が蓄積してきた膨大な知見を俯瞰し、判例・学説のもとになった基本文献を解説するリーディングス刑事法シリーズの刑事訴訟法篇。現在および今後の刑事法学の基礎として、第一線の研究者が理論的到達点を個別領域ごとに確認し、提示・継承する。

伊東研祐・松宮孝明編

リーディングス刑法

A5判・520頁・6490円

日本の刑事法学が蓄積してきた膨大な知見を俯瞰し、判例・学説のもとになった基本文献を解説するリーディングス刑事法シリーズの刑法篇。現在および今後の刑事法学の基礎として、第一線の研究者が理論的到達点を個別領域ごとに確認し、提示・継承する。

赤池一将・中川孝博著／玄 守道・斎藤 司補訂

刑 事 法 入 門〔第2版〕

B5判・214頁・2750円

法学・刑法・刑事訴訟法・刑事政策の基礎的な知識や考え方、使いこなすためのエッセンスを修得できるテキスト。学習効果をあげるために構成や表記を含めさまざまな工夫を凝らす。最新の情報を取りいれ、読みやすい大判とした第2版。

木谷 明著

刑 事 裁 判 の い の ち

四六判・178頁・2090円

東電OL殺人事件、足利事件、一連の検察不祥事……なぜ、検察官の主張だけが通るのか。強すぎる検察を批判し、その問題点と解決の道筋を説く。冤罪を生まない社会を実現するために、法曹関係者とすべての市民に「裁判で一番大切なこと」を問いかける。

———法律文化社———